华信经管 创新系列

Comprehensive Training Course Of Enterprise Human Resource Management

企业人力资源管理综合实训教程

彭莹莹　曹　晔　主　编

电子工业出版社

Publishing House of Electronics Industry

·BEIJING·

内 容 简 介

本书作为实训教材，旨在帮助学生有效地把理论知识与实际工作需要相结合，提高实际操作能力，培养良好的职业道德和职业习惯。本书一是围绕人力资源管理从业人员的职业道德、职业能力和团队协作能力展开实训任务；二是结合新道 VBSE 人力资源实践教学平台进行操作训练，从部门组建、企业认知、全岗体验、专业技能、业务问题解决（可选）、推动公司战略落地六大环节展开集中训练，使学生能够清晰地认知人力资源各岗位的职责、工作内容、日常工作流程、风险防控要求，掌握人力资源典型业务的岗位技能，提升职业素养，强化知识、理论的应用能力，并初步形成解决问题的能力，进而提高就业能力，使学生具备人力资源岗位的基本职业素养和岗位技能，能够快速胜任企业初、中级岗位。

本书适合作为高校人力资源管理专业及商科相关专业的学生的教材，也可以作为实际从业人员的参考资料。

未经许可，不得以任何方式复制或抄袭本书之部分或全部内容。
版权所有，侵权必究。

图书在版编目（CIP）数据

企业人力资源管理综合实训教程/彭莹莹，曹晔主编.—北京：电子工业出版社，2021.9
ISBN 978-7-121-41895-2

Ⅰ.①企…　Ⅱ.①彭…　②曹…　Ⅲ.①企业管理－人力资源管理－高等学校－教材　Ⅳ.①F272.92

中国版本图书馆 CIP 数据核字（2021）第 175698 号

责任编辑：石会敏　　特约编辑：侯学明
印　　刷：北京虎彩文化传播有限公司
装　　订：北京虎彩文化传播有限公司
出版发行：电子工业出版社
　　　　　北京市海淀区万寿路173信箱　邮编：100036
开　　本：787×1 092　1/16　印张：15.25　字数：374.4千字
版　　次：2021年9月第1版
印　　次：2025年2月第5次印刷
定　　价：49.00元

凡所购买电子工业出版社图书有缺损问题，请向购买书店调换。若书店售缺，请与本社发行部联系，联系及邮购电话：（010）88254888，88258888。

质量投诉请发邮件至zlts@phei.com.cn，盗版侵权举报请发邮件至dbqq@phei.com.cn。
本书咨询联系方式：738848961@qq.com。

前　言

近年来，我国人力资源服务业快速发展，日益成为促进就业的重要渠道和优化人力资源流动配置的重要力量。人力资源服务业激发了人才创新创业的活力，是实施人才强国战略和就业优先战略的重要组成部分。同时，随着互联网、人工智能、大数据等技术的快速发展与应用，以及新业态催生的新就业与工作方式的变化，人力资源管理工作面临着创新与变革的机遇和挑战，人工智能和大数据的应用会替代一部分传统的基础性人力资源管理工作，并为人力资源管理工作赋能，使其更加科学、及时和有效，因此对人力资源管理人才的素质提出了新的要求。用人单位对人力资源管理专业本科毕业生的要求也由原来入职门槛低、专业符合度低的情形向高专业符合度、高专业技能、高综合素养的方向转变。高校应适时改革和调整培养方案与方式，提高人力资源管理专业人才的培养质量，适应人力资源服务业向专业化、数字化、产业化、国际化发展的趋势。

"人力资源管理模拟实训"作为人力资源管理专业学生的专业必修实践课程，其目的是希望学生通过该课程的学习，能够运用专业知识开展人力资源规划、工作分析、员工招聘与甄选、培训与开发、绩效考核、薪酬设计、社会保险、人事档案管理等人力资源管理活动，培养良好的职业道德、职业习惯、团队合作意识和创新思维，为学生走向人力资源实际操作岗位奠定良好的基础。

本书作为"人力资源管理模拟实训"课程的配套教材，最大的特色就是基于新道公司的VBSE人力资源实践教学平台，为学生提供了高仿真的企业工作环境、管理体系、业务流程、业务数据，使学生通过任务驱动、情景模拟、竞技比拼等多种方式的训练，掌握企业人力资源管理初中级的岗位技能，认知人力资源管理各模块之间的业务逻辑关系，解决学生就业能力储备的"最后一公里"问题，进而提高就业能力和职业发展能力。

本书的内容设计由浅入深、由易到难、层层递进，从企业现实的人力资源管理问题出发，围绕人力资源规划、招聘和配置、人员培训和开发、绩效薪酬管理及劳动关系管理等模块针对性地设计相应的任务，任务之间相对独立又互有联系，试图模拟企业的实际岗位工作情境，充分调动学生的学习积极性，促使学生学会运用人力资源管理知识解决实际问题，以达到增强学生岗位能力和核心素质的目的。具体章节如下：

第 1 章是职业道德与职业能力训练。主要介绍了人力资源管理从业者应该具备的职业道德和职业能力，并通过项目训练提升学生的交流表达、革新创新、自我提高和与人合作的能力。

第 2 章是部门组建训练。结合 VBSE 人力资源实践教学平台，组织学生创建各公司人力资源部，明确各岗位职责，为后续开展人力资源管理实践活动做好准备。

第 3 章是企业认知训练。利用翻转课堂和技能竞赛的形式组织学生学习企业组织架构、人力资源部岗位配置与岗位职责，并掌握企业主要的人力资源管理制度和业务操作流程。

第 4 章是全岗体验训练。结合人力资源管理的常规活动，组织学生完成员工招聘、入职、转正、离职等阶段的实训任务，培养人力资源管理的全局观，掌握人力资源管理各模块的基本业务流程，并深入理解人力资源管理的相关政策和法律法规。

第 5 章是专业技能训练。结合人力资源管理的高阶任务，组织学生以人力资源部各岗位的工作角色完成相应的实训任务，掌握人力资源管理各模块的重点业务流程、关键控制点及协作关系，强化人力资源管理的专业能力。

第 6 章是业务问题解决训练。结合业务部门提出的具体问题，组织学生学习从业务层面分析关键与核心问题，并提出有针对性的解决方案，以提升人力资源管理的业务能力。

第 7 章是推动公司战略落地训练。结合公司的战略和重点工作任务调整，组织学生依据战略落地对人力资源支撑工作的要求，做好人力资源规划工作，强化人力资源管理的执行能力。

本书提供了如下配套电子资源：课程开设的教学大纲、教学日历及相关的学习资源；与本书配套的 VBSE 人力资源实践教学平台的教辅资源和具体操作视频。有需要的老师可到华信教育资源网（http://www.hxedu.com.cn）注册后下载。

本书可以（但不限于）作为普通高校本科和高职高专的人力资源管理专业、工商管理专业相应课程的实训教材。

本书的第 1 章由张爽编写，第 2、3 章由杨洁编写，第 4、5 章的部分章节由彭莹莹编写，第 5 章的部分章节由张玲玲编写，第 6、7 章由曹晔编写。在本书的撰写过程中，得到了多方的指导、支持和帮助。首先，感谢新道科技有限公司的张路芳、曹晔、任静、李林坤、金鑫、刘卓、李莉等老师的大力支持，该公司的 VBSE 人力资源实践教学平台为课程教学和教材出版提供了很好的软件支撑。其次，感谢电子工业出版社的石会敏编辑，正是她的帮助和支持才让本书得以顺利出版。

由于编者知识水平和经验有限，书中难免会有错误与疏漏之处，在此衷心希望广大读者批评指正，使本书更臻完善。

目 录

第 1 章 职业道德与职业能力训练 ·· 1
1.1 职业道德 ·· 1
1.2 职业能力 ·· 2
1.2.1 交流表达 ·· 3
1.2.2 革新创新 ·· 4
1.2.3 自我提升 ·· 5
1.2.4 与人合作 ·· 6
本章小结 ··· 7

第 2 章 部门组建训练 ·· 8
2.1 实训动员 ·· 8
2.2 查看竞聘公告 ·· 12
2.3 人力资源经理竞聘 ·· 13
2.4 招募人员 ·· 14
2.5 申请职位 ·· 15
2.6 专业知识测评 ·· 16
2.7 准备入职材料 ·· 17
2.7.1 准备入职表单 ·· 17
2.7.2 填写劳动合同 ·· 18
2.8 人员定岗 ·· 19
2.9 办理入职 ·· 19
2.10 办理新员工入职 ·· 20
2.10.1 审核入职材料 ·· 21
2.10.2 签订合同 ·· 21
2.10.3 发放工卡 ·· 21
2.11 交接工作资料 ·· 21
2.12 查看试用期绩效计划 ·· 22
2.13 签订试用期绩效计划 ·· 23
2.13.1 签订绩效计划 ·· 23
2.13.2 存档绩效计划 ·· 23
2.14 整理员工档案 ·· 24
2.14.1 接收人员入职材料 ·· 24
2.14.2 更新人员异动表 ·· 24

　　　　2.14.3　员工档案归档 ·· 26
　2.15　制作部门通讯录 ·· 27
　　　　2.15.1　制作人力资源部通讯录 ······································· 27
　　　　2.15.2　邮件发送部门全员 ··· 27
　2.16　干部任命发文 ··· 28
　　　　2.16.1　编写干部任命发文 ··· 28
　　　　2.16.2　审批发文 ··· 29
　　　　2.16.3　发布干部任命发文 ··· 29
　本章小结 ·· 29

第3章　企业认知训练 ··· 30
　3.1　企业初步认知 ·· 30
　3.2　新员工培训 ·· 30
　　　　3.2.1　课前学习 ··· 31
　　　　3.2.2　新员工培训 ·· 31
　3.3　签署入职保证书 ··· 32
　3.4　保证书存档 ·· 32
　3.5　企业文化宣传大赛 ·· 33
　本章小结 ·· 33

第4章　全岗体验训练 ··· 34
　4.1　发布招聘广告 ·· 34
　　　　4.1.1　工作分派——发布广告 ·· 35
　　　　4.1.2　查看招聘需求 ··· 35
　　　　4.1.3　发布广告 ··· 35
　4.2　筛选候选人简历 ··· 36
　　　　4.2.1　工作分派——筛选简历 ·· 37
　　　　4.2.2　筛选简历 ··· 37
　4.3　面试 ··· 39
　　　　4.3.1　工作分派——面试 ··· 39
　　　　4.3.2　查看邀约情况 ··· 39
　　　　4.3.3　面试与评价 ·· 40
　4.4　发放 offer ··· 41
　　　　4.4.1　工作分派——发放 offer ······································· 41
　　　　4.4.2　查看审批进度 ··· 41
　　　　4.4.3　验证学历真伪 ··· 42
　　　　4.4.4　审批与发放 offer ·· 42
　4.5　办理新员工入职 ··· 44
　　　　4.5.1　工作分派——办理入职 ·· 45
　　　　4.5.2　审核入职材料 ··· 45

  4.5.3 办理入职 ··· 45
  4.5.4 更新人员异动表 ··· 46
  4.5.5 档案归档 ··· 46
 4.6 社保、公积金增员 ·· 46
  4.6.1 工作分派——社保、公积金增员 ··· 47
  4.6.2 记录社保、公积金台账 ··· 47
  4.6.3 社保增员 ··· 48
  4.6.4 公积金增员 ··· 50
 4.7 签订新员工绩效计划 ·· 51
  4.7.1 工作分派——签订绩效计划 ··· 51
  4.7.2 通知签订绩效计划 ·· 51
  4.7.3 复核存档 ··· 53
 4.8 制作培训准备清单 ·· 53
  4.8.1 工作分派——培训准备清单 ··· 53
  4.8.2 制定新员工培训准备清单 ·· 53
  4.8.3 准备培训开场白 ··· 54
 4.9 核算员工工资 ··· 55
  4.9.1 工作分派——核算工资 ··· 55
  4.9.2 收集工资基础数据 ·· 55
  4.9.3 核算工资 ··· 57
  4.9.4 工资审批与发放 ··· 58
 4.10 员工转正 ··· 58
  4.10.1 工作分派——员工转正 ··· 58
  4.10.2 转正提醒 ·· 59
  4.10.3 复核转正材料 ·· 60
  4.10.4 更新人员异动表 ··· 60
  4.10.5 发送转正通知 ·· 61
 4.11 员工离职办理 ··· 61
  4.11.1 工作分派——员工离职办理 ··· 62
  4.11.2 复核离职材料 ·· 62
  4.11.3 开具离职证明 ·· 63
  4.11.4 录入人员异动表 ··· 64
  4.11.5 材料归档 ·· 64
  4.11.6 停缴社保 ·· 64
  4.11.7 停缴公积金 ··· 65
 4.12 人力技能竞赛 ··· 65
本章小结 ··· 66

第5章 专业技能训练 ·· 68
 5.1 全员任务——工作资料交接 ·· 68

5.2 人力资源经理的主要任务 ·· 68
5.2.1 人才梯队项目计划 ·· 69
5.2.2 准备内审资料 ·· 69
5.2.3 编制人工成本预算 ·· 70
5.2.4 实施内审方案 ·· 73
5.3 绩效专员的主要任务 ·· 73
5.3.1 绩效考核评估实施 ·· 74
5.3.2 绩效考核结果面谈 ·· 76
5.3.3 绩效考核结果申诉 ·· 78
5.3.4 绩效计划填报与审核 ·· 80
5.4 招聘专员的主要任务 ·· 82
5.4.1 收集汇总招聘需求 ·· 82
5.4.2 分析与探寻招聘需求 ·· 83
5.4.3 分析与选择招聘渠道 ·· 88
5.4.4 在人才网站发布招聘职位 JD ·· 89
5.4.5 招聘内荐方案设计与推广 ·· 91
5.4.6 提升校园招聘吸引力 ·· 93
5.5 人事专员的主要任务 ·· 95
5.5.1 员工考勤统计 ·· 95
5.5.2 入职办理（无离职证明） ·· 96
5.5.3 不续签劳动合同 ·· 98
5.5.4 劳动仲裁应诉准备 ·· 101
5.5.5 请假审批备案 ·· 107
5.5.6 公司人才盘点 ·· 108
5.6 薪酬专员的主要任务 ·· 111
5.6.1 采集考勤数据 ·· 112
5.6.2 采集绩效考核结果数据 ·· 114
5.6.3 采集社保、公积金数据 ·· 115
5.6.4 整理薪酬数据 ·· 116
5.6.5 核算绩效工资 ·· 119
5.6.6 核算销售奖金 ·· 121
5.6.7 核算工资 ·· 125
5.6.8 发放工资 ·· 128
5.7 福利专员的主要任务 ·· 135
5.7.1 社保、公积金基数核定 ·· 135
5.7.2 公积金增员及补缴 ·· 139
5.7.3 公积金提取 ·· 139
5.7.4 社保增员（新参保） ·· 141
5.7.5 办理员工退休 ·· 142
5.7.6 申领生育津贴 ·· 143

  5.7.7 办理工伤业务 ·········· 144
 5.8 培训专员的主要任务 ·········· 146
  5.8.1 制订培训工作计划 ·········· 146
  5.8.2 调研培训需求 ·········· 147
  5.8.3 分析培训需求 ·········· 148
  5.8.4 制订培训实施方案 ·········· 149
  5.8.5 推广培训课程 ·········· 150
 本章小结 ·········· 151

第6章 业务问题解决训练 **153**

 6.1 学习解决业务问题的思路与方法 ·········· 153
 6.2 拨开迷雾：解决业务部门紧急招聘问题 ·········· 154
  6.2.1 明确问题：明确研发部门业务问题 ·········· 154
  6.2.2 分析现状：分析人力资源现状 ·········· 155
  6.2.3 找出原因：分析研发人员紧缺的原因 ·········· 158
  6.2.4 进行验证 ·········· 165
  6.2.5 制订方案 ·········· 170
  6.2.6 汇报方案 ·········· 171
 6.3 做懂业务的人力资源经理：推广销售新产品 ·········· 172
  6.3.1 分析销售人员业绩情况 ·········· 172
  6.3.2 分析业绩不佳的原因 ·········· 176
  6.3.3 制订解决方案 ·········· 179
 本章小结 ·········· 180

第7章 推动公司战略落地训练 **182**

 7.1 HR 三支柱模式改革会议 ·········· 182
 7.2 人员编制及人工成本预测 ·········· 183
 7.3 拟订人员招聘与调配计划 ·········· 194
 本章小结 ·········· 199

附录1 团队组建训练教辅资料 ·········· **200**

附录2 企业认知训练教辅资料 ·········· **226**

附录3 全岗体验训练教辅资料 ·········· **227**

参考文献 ·········· **234**

第1章　职业道德与职业能力训练

> **学习目标**
> （1）了解职业道德与职业能力的内容；
> （2）理解职业道德的重要性并强化遵守职业道德的意识；
> （3）着重提升学生的交流表达、革新创新、自我提高和与人合作的能力。

1.1　职业道德

"爱国、敬业、诚信、友善"，是公民基本的道德规范，是从个人行为层面对社会主义核心价值观基本理念的凝练。它覆盖社会道德生活的各个领域，是公民必须恪守的基本道德准则，也是评价公民道德行为选择的基本价值标准。爱国是基于个人对祖国依赖关系的深厚情感，也是调节个人与祖国关系的行为准则。它同社会主义紧密结合在一起，要求人们以振兴中华为己任，促进民族团结、维护祖国统一、自觉报效祖国。敬业是对公民职业行为准则的价值评价，要求公民忠于职守、克己奉公、服务人民、服务社会，充分体现了社会主义的职业精神。诚信即诚实守信，是人类社会千百年传承下来的道德传统，也是社会主义道德建设的重点内容，强调诚实劳动、信守承诺、诚恳待人。友善强调公民之间应互相尊重、互相关心、互相帮助，和睦友好，努力形成社会主义的新型人际关系。

2001年，中共中央印发的《公民道德建设实施纲要》指出，公民道德建设包括家庭美德建设、社会公德建设、职业道德建设三大任务。2019年10月，中共中央、国务院印发实施《新时代公民道德建设实施纲要》以加强公民道德建设、提高全社会道德水平，促进全面建成小康社会、全面建设社会主义现代化强国。职业道德是指人们在职业生活中应遵守的基本道德，即一般社会道德在职业生活中的具体体现。它通过公约、守则等对职业生活中的某些方面加以规范，并以爱岗敬业、诚实守信、办事公道、服务群众、奉献社会为主要内容。

职业道德是员工在履行本职工作中所遵循的行为规范和准则的总和（包括职业习惯和职业行为），既涉及与职业公共能力对应的可迁移、跨职业的公共道德（一般职业道德），如爱岗敬业、诚实守信、办事公道、服务群众、奉献社会等，也涉及职业专业能力对应的具体职业的道德（行业职业道德），如岗位标准和行为规范。

人力资源管理者的道德准则是人力资源管理者从事人力资源行为的基本要求，也是发挥人力资源管理者能力和树立人力资源管理者职业声望的基本前提。一般来说，人力资源管理者的道德与行为规范着重强调以下几点。（1）遵纪守法。人力资源管理者应当熟知并遵守《劳动法》《劳动合同法》等法律法规，依法办事，严于律己，并服从企业合法合理的规章制度，保证人力资源管理行为的合法性。（2）保守机密。人力资源管理者应当尊重雇主的保密需求，遵守合法的保密约定，保证企业信息及企业员工信息（包括员工现在、过去和将来的信息）的安全，未经授权不得向任何第三方传达企业机密。（3）公平公正。禁止人力资源管理者在人力资源管理行为中存在任何形式的歧视，包括：种族、肤色、性别、性取向、婚姻状况、妊娠、父母地位、宗教信仰、政治立场、国籍、民族背景、社会出身、社会地位、残疾、年龄或群体会员身份等，人力资源从业人员应当保证以公平、合理的方式对待每位员工，维护人力资源管理行为的公正性。（4）准确可靠。人力资源管理者应当以诚实守信、实事求是、客观公正要求自我，向企业管理者及员工提供准确有效的信息。（5）爱岗敬业。人力资源管理者应当正确认识人力资源职业，树立爱岗敬业精神，工作中严肃认真、一丝不苟、忠于职守、尽职尽责，维护职业声望。（6）强化服务。人力资源管理者应当树立服务意识，提高人力资源服务能力，持续提升人力资源服务质量。

★☆★ "遵守职业道德 做好新时代建设者"训练 ★☆★

该任务的主要目标是通过分组讨论帮助学生了解新时代职业道德的内容，认识到职业道德的重要性，树立自觉遵守职业道德的意识。

任务描述：

（1）全体学生分成若干组，每组人数限定为7~8人；

（2）每名学生需列举一个职业道德典范事例或反面典型事例，阐述自己对新时代职业道德的理解，以及人力资源从业者如何在日常工作中体现人力资源管理者的道德与行为规范；

（3）每名学生均需发言，发言时长3~5分钟，发言及讨论全程摄像记录。

1.2 职业能力

2015版《中华人民共和国职业分类大典》采用职业功能分析法指导下的职业功能模块结构。职业功能模块是构成职业活动的基本功能单元，在许多情况下是可分离出来、具有相对独立意义的功能。职业技能模块是实现上述功能须掌握的最小技能类别要素，也是完成一个功能模块单元工作时的实际工作步骤。职业技能可分为特定技能、通用技能、核心技能三个层次。职业特定技能的范围即国家职业分类大典划分的范围。行业通用技能的范围要宽于职业特定技能，它是在一组特征和属性相同或者相近的职业群体中体现出来的共性的技能和知识要求。核心技能是范围最窄、通用性最强的技能，是人们在职业生涯，甚至日常生活中必需的，并能体现在具体职业活动中的最基本的技能，具有普遍的适用性和广泛的可迁移性，其影响辐射到整个行业通用技能和职业特定技能领域，对人的终身发展和终身成就影响极其深远。显然，核心技能数量更少，但是却具有更广泛的适应性，是行业通用技能和职业特定技能的基础，是开发和培育后备劳动者和在职劳动者的核心技能，能为他们提供最广泛的从业能力和终身发展基础。

尽管各国都在进行核心技能研究，但是在核心技能的内涵、种类、范围、影响等一系列基础性问题上还没有完全统一的意见。2015版《中华人民共和国职业分类大典》根据我国的实际情况和职业技能开发的需要，结合国际上的先进经验，将我国核心技能表述为以下八个大类。

（1）交流表达：通过口头或者书面语言形式，以及其他适当形式，准确清晰地表达主体意图，和他人进行双向（或者多向）信息传递，以达到相互了解、沟通和影响的能力。

（2）数字运算：运用数学工具，获取、采集、理解和运算数字符号信息，以解决实际工作中的问题的能力。

（3）革新创新：在前人发现或者发明的基础上，通过自身努力，创造性地提出新的发现、发明或者改进革新方案的能力。

（4）自我提升：在学习和工作中自我归纳、总结，找出自己的强项和弱项，扬长避短，不断自我调整改进的能力。

（5）与人合作：在实际工作中，充分理解团队目标、组织结构、个人职责，在此基础上与他人相互协调配合、互相帮助的能力。

（6）解决问题：在工作中把理论、思想、方案、认识转化为操作或工作过程和行为，以最终解决实际问题、实现工作目标的能力。

（7）信息处理：运用计算机技术处理各种形式的信息资源的能力。

（8）外语应用：在工作和交往活动中实际运用外国语言的能力。

数字运算和外语应用技能可以通过相关专业课程的学习得到培养与训练。解决问题和信息处理技能将结合人力资源管理专业的专业要求，通过具体的人力资源管理模拟实训内容得到培养与训练。因此本节着重就交流表达、革新创新、自我提升、与人合作四方面核心技能的培养与训练进行阐述。

1.2.1 交流表达

人与人的交流需要技巧，一味地敌对或妥协都不可能达到最有效的沟通。很多潜在的原因都可能会引起团队成员间的冲突，其中以个性差异、个人行为、价值观和目标冲突、观点或工作道德伦理差异最为常见。沟通既包括怎样发表自己的看法，也包括如何倾听别人的意见，合理运用沟通技巧（为他人着想、做好自己的事情、信任你的伙伴、愿意多付出），真诚沟通，通过晓之以理的互动交流，使得各自对对方都有一个比较全面的了解，就容易求同存异了。

★☆★ "化解矛盾"训练 ★☆★

该任务的主要目标是通过让学生尝试以"五步对抗"的模式化解矛盾，帮助学生理解使用尊敬和确定语言的重要性，让学生掌握五步对抗模式的交流方法，自信地与他人交流重要信息，并采用不会使他人心存戒备的方式，同时培养学生有策略地表达敌意的技巧。

任务描述。

（1）全体学生分成若干组，每组人数限定为 7~8 人并推举 1 名任务负责人，学习五步对抗模式的规则。

Tips：五步对抗模式

第一步：描述充满希望的未来。不要描述不快乐的现在，而要描述充满希望的未来，描述你希望消除对抗达到的结果。例如，你可以说："我希望我们可以处理好关系，使我们在一起工作时感觉很舒适。"而不是说："你从我的眼前消失得越快越好。"

第二步：详细地描述问题。例如，你觉得你的同学在其他人面前贬低你，你可以这么说："在我们上一次班级会议中，有三次都是，我一讲话，你就滴滴溜溜地转眼珠，你把我关于转型的想法描述得一文不值。"而不是说："你是一个……那也说明了我为什么会有这个问题！"

第三步：表明这为什么是一个问题。假设对方并没有意识到这是一个问题，那么你应该向他表明，这种行为是一个问题，并且你应该使你的表述更充实。例如，你可以说："当你这么做时，我感觉受到了侮辱和轻视。我们好像把太多精力放在互相找碴儿上了，而不是放在工作的项目上。"

第四步：提供一个积极的解决办法。例如，你可以说："当你不同意我的看法时，我比较喜欢你友好地当面告诉我，以便我能公正地听取你的反对意见。我希望你能用更加尊重一些的肢体语言。在把我的想法评价为一文不值或是错误之前，请仔细考虑一下我的想法。"

第五步：给将来一个积极的展望。例如，你可以说："如果你能这么做，我觉得我会更好地支持你的目标和想法。"

（2）每名学生均需尽可能多地写下与五步对抗模式中每步相匹配的表达，这些表达可以是正面、积极的，也可以是负面、"愤怒或充满复仇感"的，负面表述用字母B标出。

（3）任务负责人组织组内交流，思考并展开积极讨论：①提出某一步的表述是否困难？你们采用什么标准来判断你们最好的表述？②对付难对付的人时，使用化解对抗的五步模式有什么好处？当你处于危险之中时，你怎么才能使自己有足够的时间来进行表述？③在现实生活中，你将怎样使用这个模式？④你在写负面、"愤怒或充满复仇感"的表述时，感觉如何？能这么痛快地发泄是否有一丝快感？⑤我们确实需要发泄，但是，当我们对着那些令我们感到气愤的人发泄时，通常的结果是什么呢？你觉得通过写下类似负面、"愤怒或充满复仇感"的表述的方式，而不是真正使用它们，是不是也使你获得了一些发泄的快感呢？⑥回顾一下你从这次任务中获得的知识，在你下次碰到难以对付的人时，将怎样改变你的想法？

（4）组内交流讨论时间不得少于30分钟，需全程摄像记录。

1.2.2 革新创新

创新是指人们为了发展的需要，运用已知的信息，不断突破常规，发现或产生某种新颖、独特的有社会价值或个人价值的新事物、新思想的活动。创新的本质是突破，即突破旧的思维定式、旧的常规戒律。创新的基础是创造性思维，创造性思维就是以新的不同寻常的方式考虑问题，以超越常规的眼界，从特异的角度观察思考问题、寻找新的创造性解决方案。创造性是思维的最高形式，它能破除常规逻辑的限制，探究事物的本质、预测发展的趋势，它能超越原有的事物的界限和隔阂，把事物重新有机组合起来。没有创造性思维的员工是不可能进行创新的，墨守成规只能导致故步自封。创新精神和实践能力，就是要大胆创新、破旧立新，并在实践活动中创造出超越自己、超越前人、超越他人的新观念、新思想、新理论、新产品等。

★☆★ "心中的塔" 创新训练 ★☆★

该任务的主要目标是通过分组完成"心中的塔"活动，帮助学生开拓思维，积极创新，大胆表现，追求形式与内涵的和谐，让学生体验到合作中集体创新智慧的威力。

任务描述：

（1）全体学生分成若干组，每组人数限定为7~8人；

（2）每组利用4张报纸、1卷透明胶带及1把剪刀，在20分钟内完成建"塔"任务，取好"塔"名，注意建"塔"过程中各组不允许交流；

（3）各组推荐1名组员介绍"塔"名和设计创意。

1.2.3 自我提升

学习是员工充实自我、完善自我的手段。在知识经济时代，学习已经突破了学校的限制，变成了终生的事情。学习的目的不是为了追求高学历，而是不断提高自己的能力。自我提升是一个长期的过程，需要每个人积极完善自己的职业生涯规划，自我学习，提升素质，增强能力。职业生涯设计，是指将个人发展与组织发展相结合，对决定一个人职业生涯的主客观因素进行分析、总结和测定，确定一个人的事业奋斗目标并选择实现这一事业目标的职业，编制相应的工作、教育和培训的行动计划，对每一步骤的时间、顺序和方向合理安排。它要求根据自身的兴趣、特点，将自己定位在一个最能发挥自己长处的位置，以最大限度地实现自我价值。职业生涯设计实质上是追求最佳职业生涯的过程。一个人的事业究竟向哪个方向发展，他的一生要稳定从事哪种职业类型，扮演何种职业角色，都可以在此之前做出设想和规划。

★☆★ "职业生涯规划"训练 ★☆★

该任务的主要目标是通过完成职业生涯规划，帮助学生分析了解自身能力、才华和性格特点，确立个人发展目标，把握职业生涯关键点，形成长效激励、挖掘个人潜力以利于学生自我完善。

任务描述：每名学生学习"职业生涯规划的基本步骤"，完成一份从入职伊始至入职第十年的职业生涯规划。

Tips：职业生涯规划的基本步骤

1. 确立志向：立志反映着一个人的抱负、胸怀、情趣和价值观，影响着一个人的奋斗目标及成就。
2. 准确评估：包括自我评估和环境评估。
3. 选择职业：通过自我评估、环境评估，认识自己，分析环境，在此基础上对自己的职业或目标职业做出选择。
4. 确定职业生涯路线：是走行政管理路线，向行政方面发展，还是走专业技术路线，向业务方面发展等。
5. 设定职业生涯目标：职业生涯目标设定，是职业生涯设计的核心，其抉择是以自己的最佳才能、最优性格、最大兴趣、最有利的环境等条件为依据的。通常，目标分为短期目标、中期目标、长期目标和人生目标。短期目标又分为日目标、周目标、月目标、年目标，中期目标一般为三至五年，长期目标一般为五至十年。有效的职业生涯设计需要切实可行的目标，以便排除不必要的犹豫和干扰，全心致力于目标的实现。
6. 制订行动计划与措施：制定科学、可行的个人职业生涯目标的具体落实计划、措施并努力实现是职业生涯规划的关键。
7. 评估与反馈：影响职业生涯设计的因素很多，有的变化因素是可以预测的，而有的变化因素是难以预测的。要使职业生涯设计行之有效，就需要不断地对职业生涯设计进行评估与修订。其修订的内容包括职业的重新选择、路线的选择、人生目标的修正、实施措施与计划的变更等。

★☆★ "规则的意义"训练 ★☆★

生命的成长时间是有限的，而心灵的成长空间和深度是无限的。每个人心灵的成长过程都是认知、洞察、感受、体验、感悟生命意义的过程。健康的、坚强的心理品质也是自我提升、自我完善的重要组成部分。

该任务的主要目标是通过体验生命与规则发生冲突时心灵的两难选择帮助学生认识并澄清自己的生命价值观，学会珍爱生命，树立良好的责任意识，学会为自己的行为负责，形成良好的规则意识。

任务描述：

（1）全体学生分成若干组，每组人数限定为7~8人，并推举1名任务负责人；

（2）每人阅读完背景材料后，依次将问题的答案写在纸上，任务负责人组织组内交流，时间限制在30分钟；

（3）各组推荐1名组员阐明本组的观点。

Tips：背景材料及问题

有一个火车轨道，由于道路改道，原来的铁轨不用了，新的铁轨建好并通车了。在新修建的路旁，竖了一块牌子，上写"严禁在此轨道玩耍"。有四个学生放学后来到了这里，其中一个学生看到牌子的警告语后，就跑到了原来的旧轨道上去玩，而其他三个学生虽然看到了那块牌子，但没有理会，仍旧跑到新修建的轨道上去玩。这时突然一辆火车疾驰而来，速度太快，学生们已来不及从轨道上离开。假定这两个岔道口中间有个控制装置，可以决定火车往哪个方向开，既可以沿着新的轨道开，也可以沿着原来的旧轨道开。

（1）如果你是控制员，你会把火车调到哪个方向？是原来的旧轨道还是新的轨道？为什么？说说你此时的心情。

（2）如果你是下面那三个在新轨道上玩耍的学生之一，你希望控制员把火车调到哪个方向？为什么？说说你此时的心情。

（3）如果你是上面那个在旧轨道上玩耍的学生，你希望控制员把火车调到哪个方向？为什么？说说你此时的心情。

请认真思考并回答上述问题，注意在就各自观点进行辨析、讨论和争辩的过程中，各种选择都应得到尊重。

1.2.4 与人合作

合作与竞争历来被认为是人类生存和发展必不可少的两大基础，也是个人成长与发展所必备的基本要素。但在竞争的压力下，常会产生一些不健康的心理意识和消极的、不正当的竞争行为，为克服这些不良心理和消极行为，恰当引导人与人之间的合作，将有利于提高个人与团体的竞争力。合作，是为共同目的且有两个以上个体或团体共同完成的一种心理状态和行为活动。在这种活动中，人与人之间合作互助能使人体验到团队精神的心理效应，能使合作双方得到更多好处。学会合作，善于合作，这是现代员工的必备品格，也是一个优秀员工的基本素质。无论是对于员工个人的职业生涯还是对于企业的未来发展，具有团队意识的员工才是公司真正愿意雇用的。学会合作，提高团队意识，与团队一起成功，首先要摒弃不合时宜的个人英雄主义，顾全大局，以团队的利益为重；其次要保持友善沟通，用包容化解冲突，精诚团结，与团队成员相互扶持，真正融入团队才能与团队共赢；最后，要不断提升自身素质，不做团队中的"短板"，不要因为自己的因素影响整体的成绩。

★☆★ "纸飞机大赛"训练 ★☆★

该任务的主要目标是通过团队协作完成纸飞机游戏让学生体验团队协作的重要性和有效分工的方法，理解分工与协作的重要价值。

任务描述：

（1）全体学生分成若干组，每组人数限定为 7~8 人，并推举 1 名任务负责人，指挥本次比赛；

（2）各组上报队伍标识后按照样机制作；

（3）各组逐架放飞飞机，投出不可收回；

（4）以 10 分钟内，降落到指定地点（指定桌子上）的飞机数量多少论输赢。

本章小结

本章主要介绍了人力资源管理从业人员应该具备的职业道德和职业能力。人力资源管理从业者应该遵循遵纪守法、保守机密、公平公正、准确可靠、爱岗敬业、强化服务 6 大道德准则，以及具备交流表达、革新创新、自我提高、与人合作技能等方面核心技能。本章针对职业道德和重点职业能力列举了相应的实训任务，以促进学生职业道德和职业能力的提高。

第 2 章 部门组建训练

📁 **学习目标**

(1) 进行实训动员,激发学生实践学习的兴趣;
(2) 掌握 VBSE 人力资源实践教学平台的操作;
(3) 组建各案例公司的人力资源部;
(4) 进行岗前文件资料准备,为后续执行人力资源管理的任务做准备。

本章一共有 16 个实训任务,会根据不同的岗位职责对该岗位应完成的项目进行分配,具体见表 2-1。

表 2-1 部门组建阶段实训任务

操作角色	任务/活动	具体动作
全员	2.1 实训动员	认知实训意义,熟悉系统操作
全员	2.2 查看竞聘公告★	认知自我,了解岗位
全员	2.3 人力资源经理竞聘★	竞聘演讲与动员
人力资源经理	2.4 招募人员★	线下招聘部门成员
全员	2.5 申请职位★	线上投递招聘职位
全员	2.6 专业知识测评★	专业知识测评
人力资源经理	2.7 准备入职材料★★	1.准备入职表单;2.填写劳动合同
人力资源经理	2.8 人员定岗★	根据测试成绩与个人意愿定岗位
全员	2.9 办理入职★	查看 offer,准备材料,部门报到
人力资源经理	2.10 办理新员工入职★★	1.审核入职材料;2.签订合同;3.发放工卡
全员	2.11 交接工作资料	交接工作资料
全员	2.12 查看试用期绩效计划★	查看试用期绩效计划
人力资源经理,绩效专员	2.13 签订试用期绩效计划★	1.签订试用期绩效计划;2.存档试用期绩效计划
人事专员	2.14 整理员工档案★	1.接收人员入职材料;2.更新人员异动表;3.员工档案归档
招聘专员	2.15 制作部门通讯录★	1.制作部门通讯录;2.邮件发送部门全员
培训专员	2.16 干部任命发文★	1.编写干部任命发文;2.审批发文;3.发布干部任命发文

注:★代表任务的难度,★越多,任务的难度越大。

2.1 实训动员

该任务的主要目标是通过训练激发学生学习的兴趣,掌握 VBSE 人力资源实践教学平台的操作方法。

项目描述:

欢迎来到人力资源实训课堂,在这里你将体验在企业实际经营中,人力资源岗位所涉及的部分工作，从实际出发体验 HR 工作的真实情况。

任务描述：

（1）在教师讲解与引导下参加实训动员，了解实训的价值与意义；

（2）参加系统操作学习，掌握实训系统操作。

请学生在教师的讲解与引导下，进行教学平台的基本功能的操作，完成平台注册、更新个人信息、登录、加入班级等相关任务。

平台注册步骤如下。

第一步：打开 google 浏览器，输入网址（http://cloud.seentao.com/），单击【注册】。

第二步：输入注册信息（学生注册），见图 2-1。

图 2-1　学生注册界面

第三步：登录进入系统，见图 2-2。

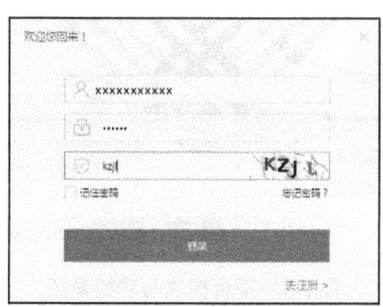

图 2-2　登录系统

第四步：更新个人信息，见图 2-3。

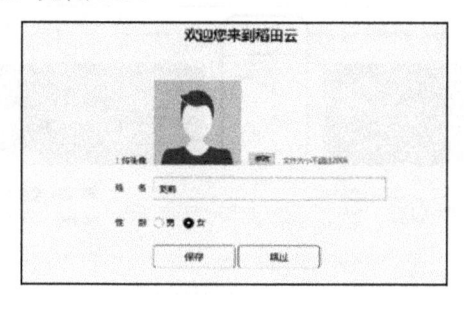

图 2-3　更新个人信息

第五步：输入班级邀请码（老师提供），进入班级，见图 2-4。

图 2-4　进入班级

第六步：选择班级，开始学习。

教学平台功能实践：请同学们在教师引导下熟悉平台的模块与功能设置。平台模块与功能简图见图 2-5。

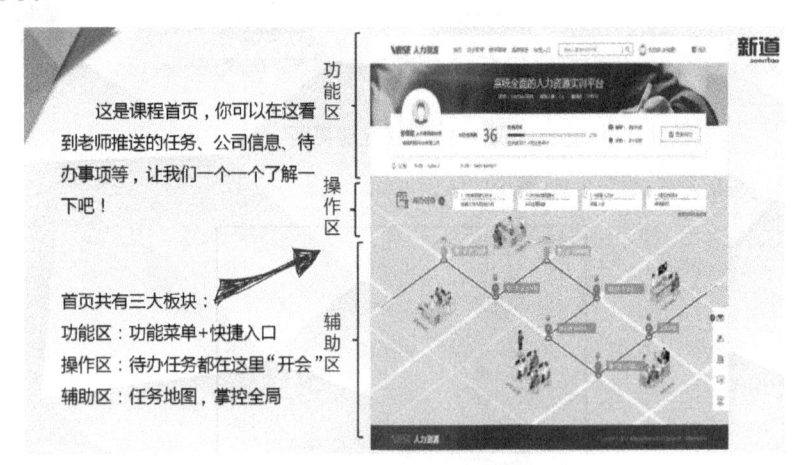

图 2-5　平台模块与功能简图

功能区：在此菜单栏里，你可以查看本课程的相关内容，如任务进度、已办任务、教学资源、课程成绩等。【快捷入口】可以帮助你在做任务的时候快速地进入云盘、邮箱，见图 2-6。

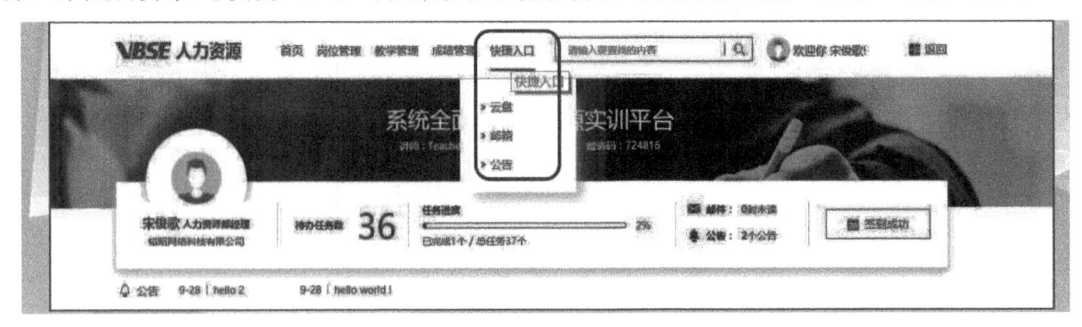

图 2-6　功能区

操作区：当前账号所在公司和岗位名称一目了然，待完成的任务在此处排列，见图2-7。

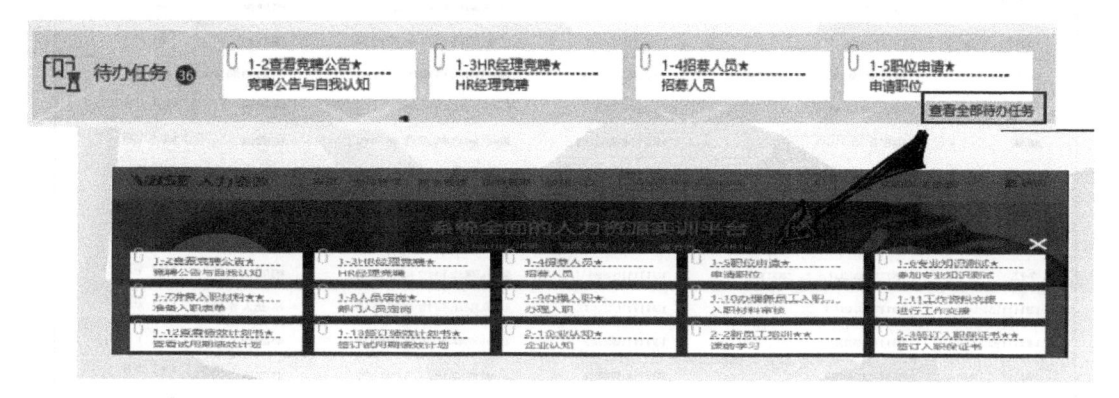

图 2-7　操作区

辅助区：是一幅任务全景图，在这里你可以看见任务的阶段进程，同时单击每个阶段的节点，可直接看到该阶段的所有任务及活动环节，见图2-8。

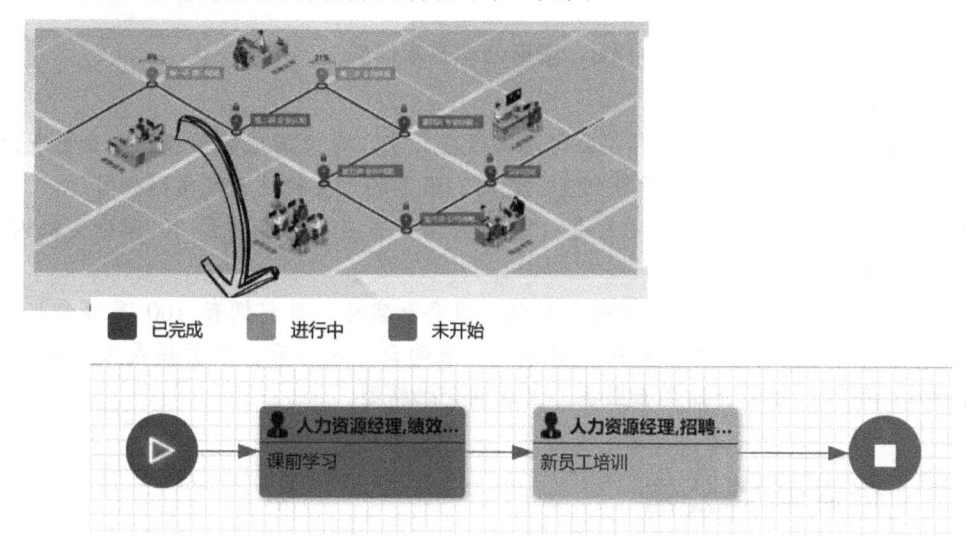

图 2-8　辅助区

Tips：掌握好任务操作方法

（1）看项目流程，做什么。

做任务之前请先查看【项目描述】中的内容，明确本项目的主要工作目标。

（2）看任务导航，怎么做。

做任务之前认真阅读【任务描述】和【任务导航】中的内容，可以帮助你更快更好地完成任务。

（3）访同行，寻帮助。

在完成任务碰到困难时，可以与其他公司同样岗位的员工（如下图所示）进行讨论与沟通，寻找适当的方法解决问题。

学生姓名	学生账号	学号	手机号	所属组织	岗位	操作
13111115279	13111115279		13111115279	恒昭网络科技有限公司	绩效岗	☒ ☒
13111115282	13111115282		13111115282	桓昭网络科技有限公司	福利岗	☒ ☒
赵宝杰	13552796913	002	13552796913	铜庭网络科技有限公司	人力资源部经理	☒ ☒
刘莉	13910316417		13910316417	铜昭网络科技有限公司	薪酬岗	☒ ☒
翠翠	18810026159		18810026159	鹅昭网络科技有限公司	招聘岗	☒ ☒
王福昕	18811019738		18811019738	洺昭网络科技有限公司	培训岗	☒ ☒
肖湘	18811026398		18811026398	洺昭网络科技有限公司	基础人事岗	☒ ☒
李小明	13111115280	3252352525325131	13111115280	延纵网络科技有限公司	福利岗	☒ ☒
李红	13111115281	0011	13111115281	延纵网络科技有限公司	招聘岗	☒ ☒
13111115283	13111115283		13111115283	延纵网络科技有限公司	基础人事岗	☒ ☒
13111115285	13111115285		13111115285	纤纵网络科技有限公司	薪酬岗	☒ ☒
13111115286	13111115286		13111115286	红纵网络科技有限公司	绩效岗	☒ ☒
闫环莉	13811379332		13811379332	延纵网络科技有限公司	培训岗	☒ ☒
西钰歌	18800185620		18800185620	延纵网络科技有限公司	人力资源部经理	☒ ☒

（4）问老师，快解答。

Tips：虚拟公司基本信息

一、公司简介

TZ 公司成立于 2014 年 5 月，公司总部设在北京，是中国地区领先的企业管理软件及服务提供商，是专业从事计算机软件研发、应用、服务的大型软件开发集团公司。

截至 2017 年 3 月，总部在职人员 150 人左右，另在各省市设置 30 家分支机构。

二、业务简介

TZ 公司主营业务为企业管理软件的销售、服务和实施，目前拥有 100 多万企业客户，公司主营产品有：A8 系列管理软件、财务云、采购云、人力云，经营模式为直销+分销模式。自 2017 年 TZ 公司开始向云服务、互联网金融转型。

2.2 查看竞聘公告

该任务的主要目标是通过训练了解个人团队角色的特质。

项目描述：查看公司发布的人力资源部经理竞聘公告，并进行团队角色认知测评，认知自我，了解岗位。

任务描述：

（1）学习【任务导航】中的内容，了解干部竞聘流程，见图 2-9；

（2）单击【做任务】进入邮箱，查看竞聘公告，了解岗位竞聘条件，见图 2-10；

（3）进行团队角色认知测评（见附录 1-1）；

（4）根据测评结果加深自我认知，判断自己在团队中的角色类型，辅助自己判断如果从事人力资源部门经理岗位将发挥什么优势。

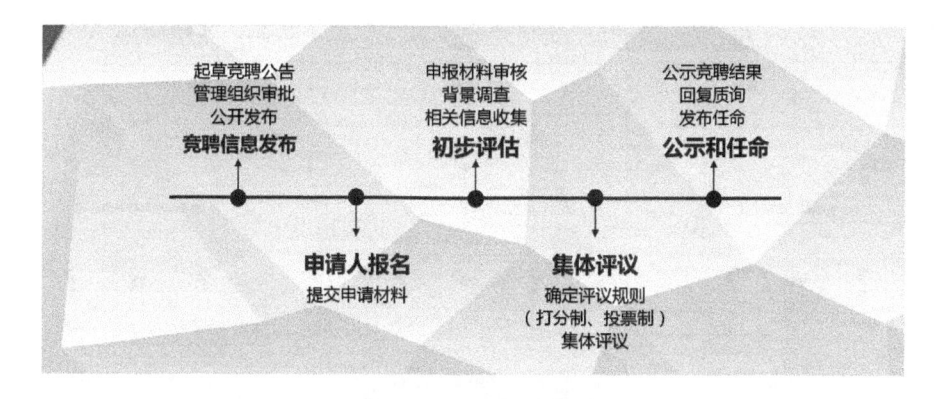

图 2-9 干部竞聘流程

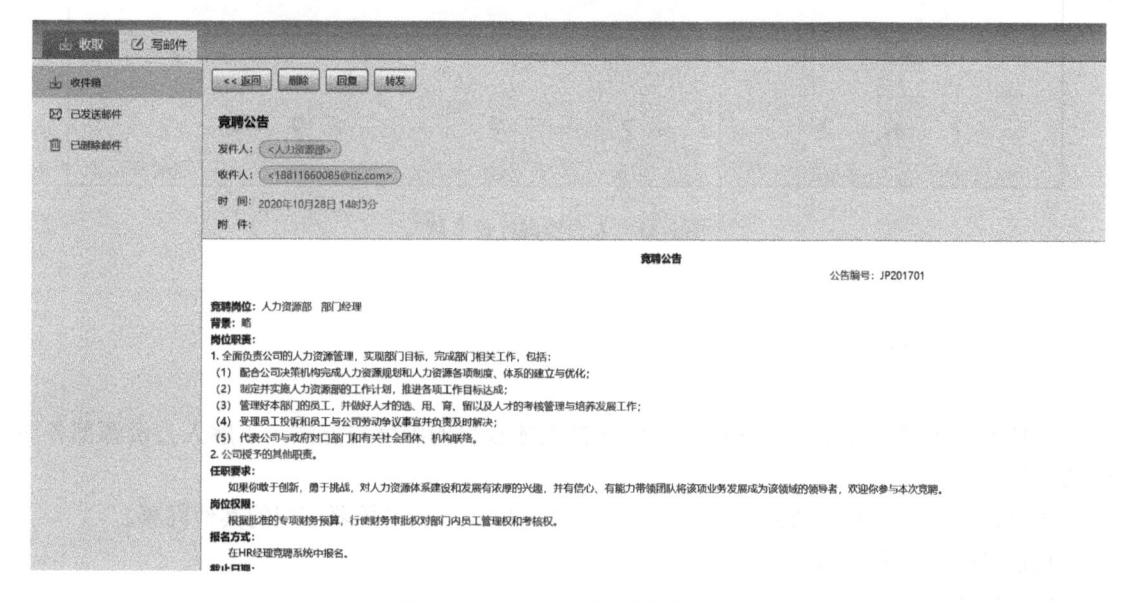

图 2-10 人力资源经理竞聘公告

2.3 人力资源经理竞聘

该任务的主要目标是通过训练让学生了解干部竞聘制与干部任命制的区别，掌握干部竞聘的整体程序和注意事项，理解集体评议的方法与干部岗位任职标准的主要维度。

项目描述：请全体同学参加人力资源经理竞聘与选举。

任务描述：

（1）单击【做任务】，选择心仪的公司报名（请有意参加人力资源经理竞聘的同学单击【报名参选】），见图 2-11；

（2）候选人参与竞聘演讲；

（3）单击【做任务】进入人力资源经理竞聘页面，给你心仪的每家公司的人力资源经理竞聘者投上一票（每家公司可给一位候选人投一票）。

第 2 章 部门组建训练　13

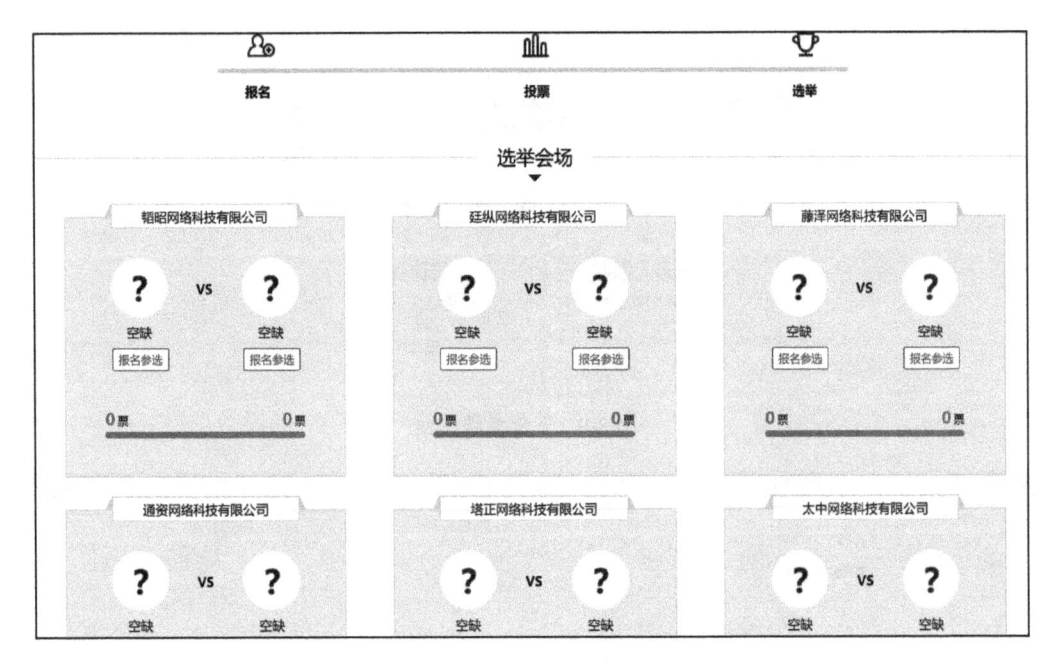

图 2-11　人力资源经理竞聘

2.4　招募人员

该任务的主要目标是通过训练让学生掌握人才吸引的维度与方法，了解人力资源部各岗位的岗位职责与任职要求。

项目描述：您应聘成功公司的人力资源经理岗位，请赶快招募部门的其他同事。

角色名称：人力资源经理。

任务描述：

（1）学习【任务导航】中的内容，了解招聘人才吸引技巧，为后面招募员工做准备。

Tips：企业招聘如何进行人才吸引

企业要想吸引合适的人才，就要把握他们的需求是什么，只有对症下药，才能取得良好的效果。

人才吸引方向。

① 薪酬待遇。高于市场平均水平的薪资对于候选人来讲肯定是具有极大的吸引力的。

② 福利待遇。优厚的福利待遇也是一种相当有吸引力的隐性薪酬，如公司提供班车、餐补、通信补贴、体检、保险、年金、各种带薪假等福利。

③ 公司地点。不少候选人特别看重这一点，因为可以节省不少路上的时间，也可以省出一部分交通费用。当然有些候选人是因为喜欢热闹、繁华的都市，憧憬在城中心工作；有些候选人是因为喜欢环境清新、安静，憧憬在郊区工作。

④ 企业文化。如果你是一家加班很多的公司，那么青春无限的活力氛围，是不是候选人更看重的呢？如果你是一家规矩特别多的公司，那么朝九晚五的工作节奏，是不是候选人更看重的呢？物以类聚，人以群分也许就是这个道理。公司的企业文化，也许对候选人是最

大的一种吸引力。

⑤ 公司发展及规模。公司是员工个人成长的平台，无论是新创业的公司还是成熟的公司，良好的发展、稳定的平台必将是候选人关注的重点，试想谁会愿意去一家没有未来的公司呢？

⑥ 员工个人成长机会。如果钱没有给到位，但公司可以在员工学习机会、畅通的职业发展路径等方面多做补充，也许员工也是非常乐意加入的。

以上各方面没有绝对的优势，也没有绝对的劣势，只有把准候选人的脉，才能充分结合企业的特点对候选人进行吸引。

（2）目前人力资源部有人事专员、培训专员、福利专员、薪酬专员、培训专员、绩效专员 6 个空缺，现在请根据【背景资源】中相关岗位情况介绍，寻找合适的人才（注意：本任务在线下完成）。

（3）通知双方达成意向的候选人进行"职位申请"，投递本公司的人力资源职位。

2.5 申请职位

该任务的主要目标是通过训练让学生了解人力资源管理各岗位职责，了解招聘网站求职者页面结构。

项目描述：进入招聘网站，申请你心仪公司的人力资源管理类岗位。

角色名称：除人力资源经理的其他人员。

任务描述：

确定意向公司的人力资源类职位，单击【做任务】，登录招聘网站个人用户页面（见图 2-12、图 2-13），进行职位申请。

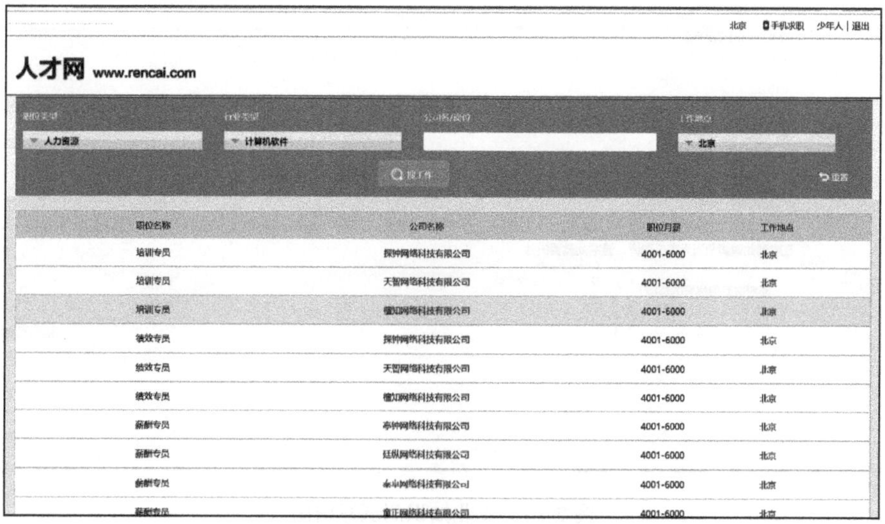

图 2-12　搜索招聘企业

注意：为了能加入心仪的公司，建议投递此家公司的多个人力资源岗位。

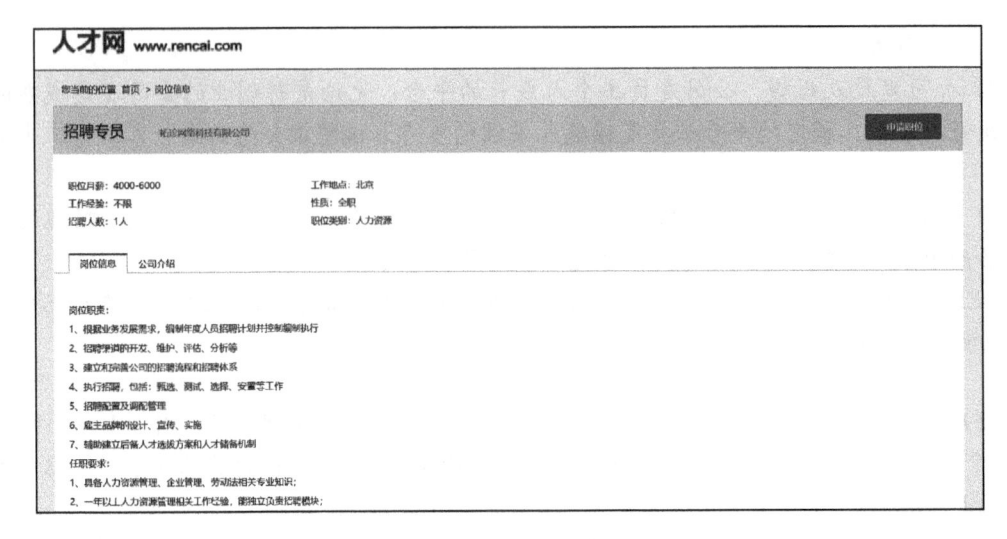

图 2-13　搜索招聘岗位

2.6　专业知识测评

该任务的主要目标是通过训练让学生了解人力资源管理六大模块常识性知识。

项目描述：请参加我公司的专业知识测评。

角色名称：除人力资源经理的其他人员。

任务描述：

（1）单击【做任务】进入邮箱，查看意向公司发来的专业知识测试邀请函，见图 2-14。

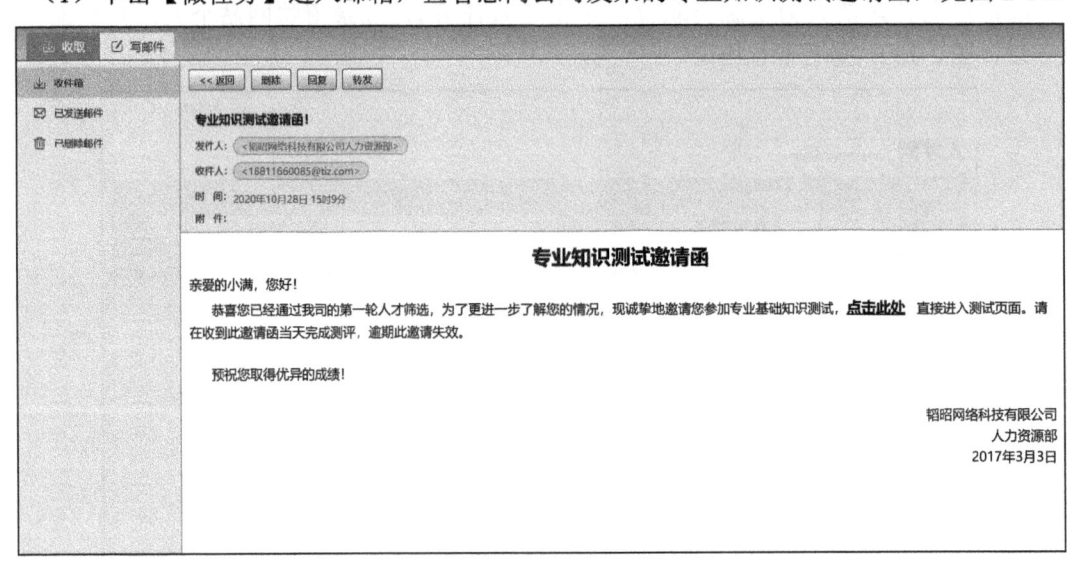

图 2-14　专业知识测试邀请函

（2）单击邮件中的【点击此处】，参加专业知识测试（答题时间 20 分钟，单选题）。

2.7 准备入职材料

该任务的主要目标是通过训练让学生掌握入职办理材料要求及注意事项,掌握劳动合同的签订方法。

项目描述:为即将在 2017 年 3 月 7 日入职的 6 名人力资源部员工准备办理入职的表单、合同,具体流程见图 2-15。

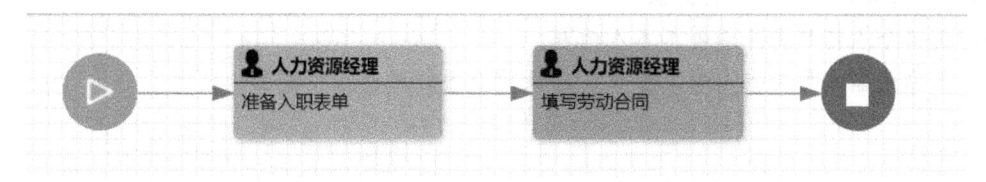

图 2-15 准备入职材料的工作流程

2.7.1 准备入职表单

角色名称:人力资源经理。

任务描述:

(1)学习【任务导航】中的内容,掌握公司入职办理材料及注意事项的要求,为即将在 2017 年 3 月 7 日入职的新员工办理入职做准备;

(2)根据要求,准备好 6 名新员工入职所需要填写的工作登记表(见附录 1-2)、社会保险参保资料情况说明(见附录 1-3)、劳动合同(见附录 1-4)、知识产权保护及保密协议(见附录 1-5)。

Tips:入职办理材料及注意事项

一、准备合同、表单

1. 准备合同、表单:劳动合同(一式两份);知识产权保护及保密协议(一式两份);工作登记表(一份);社会保险参保资料情况说明(一份)。

2. 填写公司信息:

(1)劳动合同期限为:3~4 年;

(2)合同固定终止时间:

当年 4 月 2 日至当年 8 月 1 日入职的,截止日期为 7 月 31 日;

(如:2014 年 5 月 4 日入职,劳动合同期限为 2014.05.04—2017.07.31)

当年 8 月 2 日至次年 4 月 1 日入职的,截止日期为 3 月 31 日;

(如:2014 年 12 月 4 日入职,劳动合同期限为 2014.12.04—2018.03.31)

(3)试用期:填写 6 个月(TZ 公司规定根据员工表现,一般都可以 3 个月提前转正);

(4)在无须填写信息处画斜线;

(5)在落款处盖公章。

二、审核、收集材料

1. 审核原件：身份证、毕业证、学位证原件、体检报告；

2. 收集入职材料（见附录 1-6 至 1-10，以王美丽的材料为示例）：身份证、毕业证、学位证、体检报告复印件各 1 份，最后一家工作单位的离职证明原件，本人招商银行储蓄卡复印件 1 份（手写卡号、姓名），一寸彩色电子照片。

三、填写表单

指导员工填写工作登记表、社会保险参保资料情况说明，签名处需要员工本人手工签字。

四、签订劳动合同、保密协议

1. 员工个人信息部分由员工本人填写；

2. 签名处需要员工本人手工签字（应提前准备好黑色签字笔）。

2.7.2　填写劳动合同

角色名称：人力资源经理。

任务描述：

人力资源经理带领本部门员工，参照【背景资源】中的劳动合同签订样例（见图 2-16），以及邮箱中收到的 offer 来填写劳动合同中公司及岗位信息（除员工本人信息、本人签字以外的信息）。

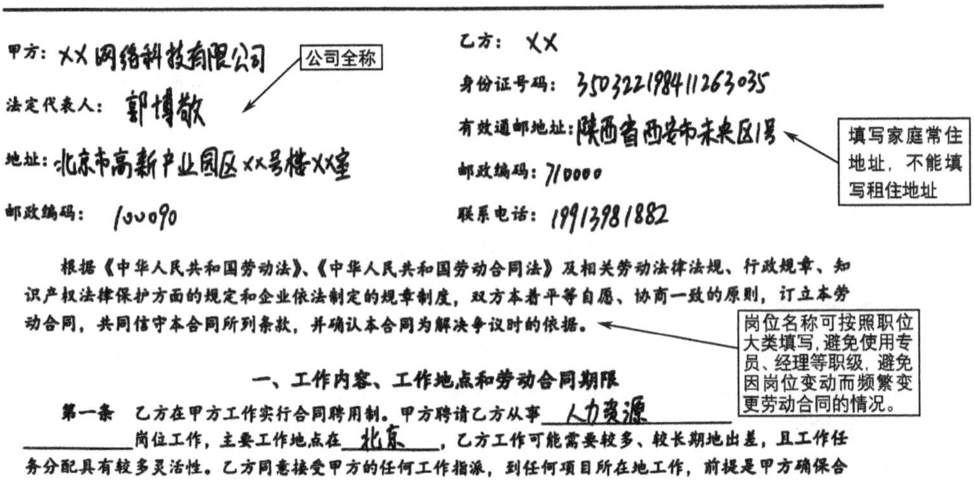
甲方：XX网络科技有限公司
法定代表人：郭博敬
地址：北京市高新产业园区XX号楼XX室
邮政编码：100090

乙方：XX
身份证号码：350322198411263035
有效通邮地址：陕西省西安市未央区1号
邮政编码：710000
联系电话：19913981882

根据《中华人民共和国劳动法》、《中华人民共和国劳动合同法》及相关劳动法律法规、行政规章、知识产权法律保护方面的规定和企业依法制定的规章制度，双方本着平等自愿、协商一致的原则，订立本劳动合同，共同信守本合同所列条款，并确认本合同为解决争议时的依据。

一、工作内容、工作地点和劳动合同期限

第一条　乙方在甲方工作实行合同聘用制。甲方聘请乙方从事　人力资源　岗位工作，主要工作地点在　北京　，乙方工作可能需要较多、较长期地出差，且工作任务分配具有较多灵活性。乙方同意接受甲方的任何工作指派，到任何项目所在地工作，前提是甲方确保合

图 2-16　签订劳动合同

注意：公司地址、法人代表等信息可以在首页的【教学管理】→【查看组织】中查询，岗位信息可在【背景资源】人力资源部岗位信息中查询，具体如下。

Tips：【背景资源】人力资源部岗位信息

岗位名称：人力资源岗位

薪酬标准：年薪 80 000 元

试用期工资：税前 4000 元/月

转正后基本工资：5000 元/月
基本工资占比：75%
绩效工资标准年薪占比：10%
绩效奖金标准年薪占比：15%

2.8 人员定岗

该任务的主要目标是通过训练让学生了解人员定岗策略。
项目描述：根据候选人专业知识测试结果，确定各岗位入职人选。
角色名称：人力资源经理。
任务描述：
（1）查看各候选人的专业知识测试结果（见图 2-17），在候选人意愿的基础上，根据人岗匹配、人尽其才的原则，确定各岗位的入职人选；

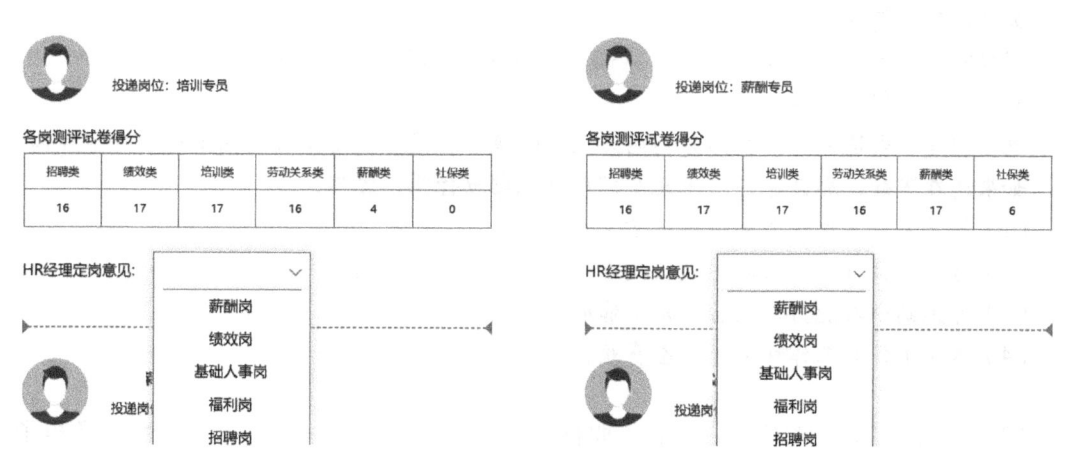

图 2-17 部门人员定岗

（2）提醒候选人登录邮箱查看录用结果。

2.9 办理入职

该任务的主要目标是通过训练让学生了解标准录用邀请函（offer）中包含薪资待遇、岗位、入职办理材料、法律纠纷条款等信息要素，了解 offer 涉及的法律风险。
项目描述：请携带入职材料找该公司的人力资源经理办理入职手续。
角色名称：除人力资源经理以外的其他人员。
任务描述：
（1）阅读【任务导航】中的内容，了解 offer 中应当重点关注的信息；

Tips：offer 应关注什么才不吃亏

企业 offer 发出之后，就对企业产生了法律约束力，企业应当与候选人签署劳动合同，建立劳动关系，不能拒绝录用。否则，便违背了诚实信用原则，需要赔偿候选人的实际损失。此时，候选人有主动选择的权利。同时，应关注以下信息：

offer 中是否明确岗位、薪资福利待遇相关的岗位关键信息；
是否有 offer 效力的特殊约定；
综合考虑职业发展与待遇水平后确定是否入职；
确定入职时间并给予书面反馈；
根据入职材料要求准备材料。

（2）单击【做任务】进入邮箱，查看 offer 并确认接受；

Tips：收到 offer 后应该怎么回复

为了表示对应聘公司招聘负责人的尊重，无论是否接受 offer，都应当给予回复，表示对公司赏识的感谢。

如果确定接受 offer：
明确回复确定接受 offer，并表示感谢，最好在回复时确定具体的入职时间。

如果确定不想接受 offer：
也要回复，表达谢意。在回复的内容上，明确不会接受这份工作并简单说明一下原因。

如果还在迟疑，那么也许以下几个问题可以帮助你得出答案。
（1）你是不是喜欢这个职位的日常工作？
（2）这个岗位对你个人能力成长或者职业生涯是否有帮助？
（3）考虑到个人能力与经验，是否能胜任该岗位？
（4）这份工作的工作环境你是否喜欢？

（3）按照 offer 中的要求，准备入职材料（见附录 1-6 至 1-10，以及一寸彩色电子照片）；
（4）找该公司的人力资源经理办理入职手续。
注：任务（3）和任务（4）在线下完成。

2.10 办理新员工入职

该任务的主要目标是通过训练让学生掌握入职办理规范，了解入职办理的常见表单样式（工作登记表、劳动合同、离职证明、保密协议等），掌握劳动合同签订的注意事项（合同终止时间与试用期时间、岗位名称、员工信息等），了解标准 offer 中包含薪资待遇、岗位、入职办理材料、法律纠纷条款等信息要素，了解 offer 涉及的法律风险。

项目描述：为 3 月 7 日入职的新员工办理入职手续（建议人力资源经理优先为人事专员办理入职，后续由人事专员辅助人力资源经理共同为其他人办理入职），具体流程见图 2-18。

图 2-18　办理新员工入职的工作流程

2.10.1　审核入职材料

角色名称：人力资源经理。

任务描述：

（1）学习【任务导航】中的内容，掌握入职办理材料及注意事项；

（2）审核前来报到的员工携带的入职材料是否完整，如不完整请要求员工补充材料，否则不能办理入职，如完整，请进入下一步（线下完成）。

2.10.2　签订合同

角色名称：人力资源经理。

任务描述：

（1）为新员工发放已经准备好的入职表单、劳动合同、保密协议（线下完成）；

（2）参考【背景资源】中的内容，指导新员工填写工作登记表、社会保险参保资料情况说明，签订劳动合同、保密协议（线下完成）。

2.10.3　发放工卡

角色名称：人力资源经理。

任务描述：

（1）复核员工签订的入职材料，检查填写的表单是否完整、正确，如签订的劳动合同有问题，需要重新签订或者在涂改处盖公章（线下完成）；

（2）为已经办理完入职手续的员工发放工卡（线下完成）。

2.11　交接工作资料

该任务的主要目标是通过训练让学生了解上岗工作交接的环节。

项目描述：进行工作资料交接，准备正式上岗工作。

任务描述：

单击【做任务】开始进行工作交接，在【工作交接文件】中查收岗位交接文件，用于后面的工作处理，见图 2-19。

图 2-19　交接工作资料

2.12　查看试用期绩效计划

该任务的主要目标是通过训练让学生了解人力资源岗位的岗位职责与要求，了解试用期员工的绩效管理及风险防控。

项目描述：查看试用期绩效计划。

任务描述：

（1）学习【任务导航】中的内容，了解试用期绩效考核的劳动风险防控；

Tips：试用期绩效考核与风险防控

一、劳动纠纷案例

小王应聘某科技公司的 Java 开发工程师职位，通过笔试、面试后，进入公司报到。入职当日，公司与小王签订了 3 年期劳动合同，3 个月的试用期。2 个多月后，公司人事部突然通知小王其试用期考核成绩不合格，并向其发出解除劳动合同的通知书。小王不服，向公司人事部讨要说法，人事部向其出具了试用期考评表。考评表中有考勤考核、主管评分等若干项目，其考核等级总评为 E（不合格），但对每个项目的具体考核指标和评分标准则没有写明，也没有小王的签字确认。于是，小王向当地劳动争议仲裁部门申请仲裁，经过审理，仲裁裁决该公司解除劳动合同违法并予以撤销。

本案中，该公司的问题在于两点：一是入职时并未与员工就试用期考核标准明确达成一致；二是试用期绩效考核结果存在不合理性问题。对于后者，考核制度如果不遵循公正合理原则，这样的考核结果往往是不能被法律所接受的。

二、相关法律法规

根据《劳动合同法》第 39 条规定，劳动者有下列情形之一的，用人单位可以解除劳动合同：

（1）在试用期间被证明不符合录用条件的；（2）严重违反用人单位的规章制度的；（3）严重失职，营私舞弊，给用人单位造成重大损害的；（4）劳动者同时与其他用人单位建立劳动关系，对完成本单位的工作任务造成严重影响，或者经用人单位提出，拒不改正的；（5）因本法第 26 条第 1 款第 1 项规定的情形致使劳动合同无效的；（6）被依法追究刑事责任的。如果不具备以上六种情形，用人单位则不能在无补偿的情况下解除劳动合同。

三、案例的领悟

通过短暂的面试，有时候不能确定入职的候选人能够完全胜任岗位的需要，通过试用期可以在一定程度上确认是否真的符合岗位要求，一旦不能胜任，用人单位最为常用的做法是以《劳动合同法》第 39 条的第 1 项"试用期间不符合录用条件"为由与其解除劳动合同。但是需要用人单位提供证据证明员工不符合录用条件，所以，在一入职便签订试用期绩效计划就显得尤为重要了。其中，既要求考核指标的来源具体明确，也要求有员工本人的签字确认。

（2）查看并下载【背景资源】中的内容，了解试用期考核要点，等待人力资源经理与你签订此计划。同时，将《员工试用期绩效计划》上传到【我的文件】自我备案。

2.13 签订试用期绩效计划

该任务的主要目标是通过训练让学生了解人力资源岗位的岗位职责与要求，了解试用期员工的绩效管理及风险防控。

项目描述：签订试用期绩效计划，具体流程见图 2-20。

图 2-20 签订试用期绩效计划的工作流程

2.13.1 签订绩效计划

角色名称：人力资源经理。

任务描述：

（1）与部门新员工逐一签订试用期绩效计划（见附录 1-11）；

（2）将签订完成的试用期绩效计划转给绩效专员（线下完成）。

2.13.2 存档绩效计划

角色名称：绩效专员。

任务描述：

（1）学习【任务导航】中的内容，了解试用期绩效考核的劳动风险防控；

（2）将所有新员工签订完成的《员工试用期绩效计划》存入员工个人的档案袋（线下完成）。

2.14 整理员工档案

该任务的主要目标是通过训练让学生了解员工档案管理的重要性及法律风险点，了解人员异动表的常见项目设置及意义，掌握 Excel 表中数据有效性的应用。

项目描述：将人力资源部新入职员工的信息记录到人员异动表中，并将所有入职材料整理归档，具体流程见图 2-21。

图 2-21 整理员工档案的工作流程

2.14.1 接收人员入职材料

角色名称：人事专员。

任务描述：

从人力资源经理处接收人力资源部门新入职人员的入职材料（线下完成）。

2.14.2 更新人员异动表

角色名称：人事专员。

任务描述：

（1）学习【任务导航】中的内容，掌握人员异动表更新技巧；

Tips：人员异动表更新技巧

人员异动表是企业对员工岗位变化情况的详细记录，可以为薪酬计算、人员分析等各种人力资源工作提供数据基础，也被称为人员异动台账。一般分为：入职、离职、转正、调动，表中一般包括人员编码（公司内员工唯一号）、姓名、关键时间点、关键个人信息等项目。公司如果有人力资源管理信息系统，即使里面详细记录了人员的异动信息，但是有时也会有记录错误的情况，所以，最好也要留存一份纸质的记录表，用以核对校验数据的准确性。

常见字段录入技巧：

1. 人员编码、身份证号、手机号等长数字：先将单元格格式设置成文本再输入内容，或者先输入英文格式的单引号再输入数字，这样就不会出现超过位数变成 0 的情况；

2. 人员类别、岗位序列：利用 Excel 的数据验证功能，设置数据有效性，创建下拉选框，避免录入时出现错误（本案例中的《人员异动表》已经设置数据有效性，所以无须再进行设置)。

操作方法:(1)选中需要设置有效性的单元格;

(2)单击【数据】→【数据验证】中的【序列】和【来源】。

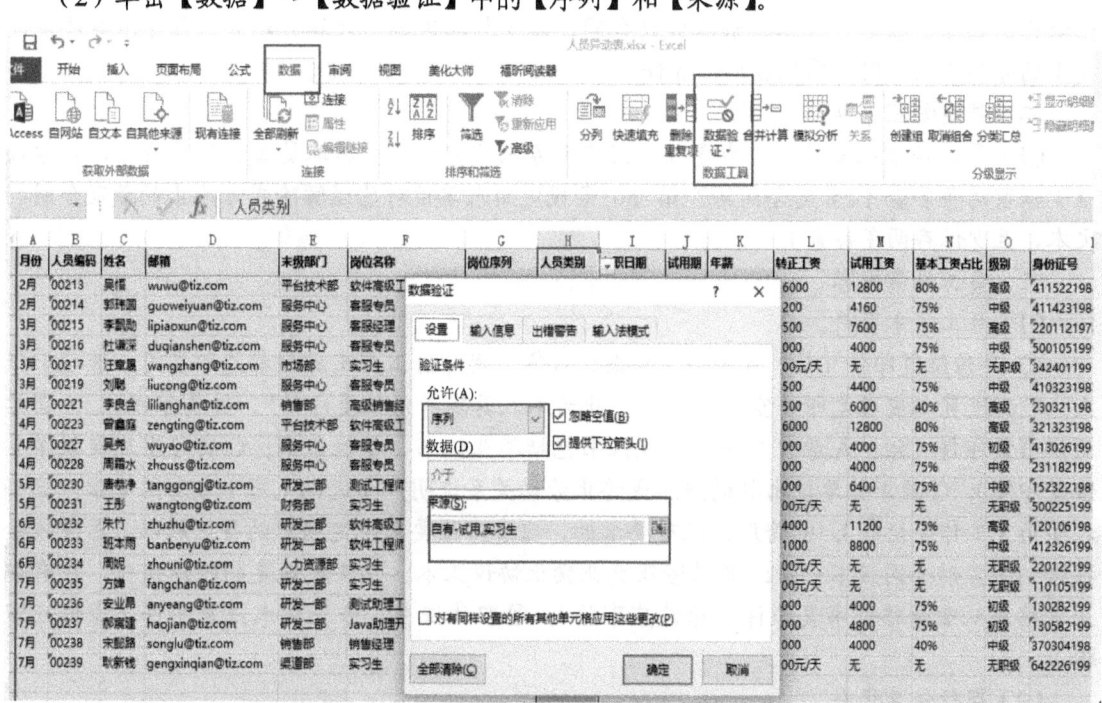

(2)将新入职员工的信息记录到《人员异动表-新入职》中(人员异动表在【云盘】→【工作交接文件】中)。

2.14.3 员工档案归档

角色名称：人事专员。

任务描述：

（1）学习【任务导航】中的内容，掌握员工档案管理的重要性；

Tips：员工档案管理的重要性

一、相关法律、法规

《劳动争议调解仲裁法》第六条：发生劳动争议，当事人对自己提出的主张，有责任提供证据。与争议事项有关的证据属于用人单位掌握管理的，用人单位应当提供；用人单位不提供的，应当承担不利后果。第三十九条：劳动者无法提供由用人单位掌握管理的与仲裁请求有关的证据，仲裁庭可以要求用人单位在指定期限内提供。用人单位在指定期限内不提供的，应当承担不利后果。

《最高人民法院关于民事诉讼证据的若干规定》第六条：在劳动争议纠纷案件中，因用人单位做出开除、除名、辞退、解除劳动合同、减少劳动报酬、计算劳动者工作年限等决定而发生劳动争议的，由用人单位负举证责任。

《最高人民法院关于审理劳动争议案件适用法律若干问题的解释》第十三条：因用人单位做出的开除、除名、辞退、解除劳动合同、减少劳动报酬、计算劳动者工作年限等决定而发生的劳动争议，用人单位负举证责任。

二、档案管理原则

（1）员工档案保管应由人力资源部门指定专人负责；（2）离职员工档案应存档，档案应至少保留两年备查（《劳动合同法》第 50 条规定用人单位对已经解除或者终止的劳动合同的文本，至少保存两年备查）。

三、员工档案内容

（1）员工基本资料。

① 身份证复印件（注：A.原件应审验；B.第二代身份证应正反面都复印在同一张 A4 纸上；C.新进员工应在复印件空白处标注"此为本人真实身份证复印件"，并签字确认）；②学历证书复印件（注：A.原件应审验；B.证书包括毕业证书、学位证书；C.实习生应提供学生证复印件）；③原工作单位出具的解除或终止劳动关系证明；④近期免冠1寸彩照1张；⑤个人简历（工作登记表）；⑥聘用岗位有要求的，应有岗位要求规定项目的县区级以上医院体验报告；⑦劳动合同正本一份；⑧保密及竞业禁止协议正本；⑨法规规定的特殊岗位，应有职业资格或从业资格证书复印件（原件应审验）；⑩职称证书、专业技术证复印件（原件应审验）。

（2）岗位信息资料。

① 面试评价表（含笔试考卷记录）；②转正审批表；③人事任免通知（指人力资源部门发出的人事任免文件复印件）；④员工岗位变动资料；⑤员工考核考察资料（包括月度考核、年度考核、晋升考察等资料）；⑥员工奖励或处罚资料；⑦员工薪资变动资料；⑧员工离职审批表及工作移交记录；⑨终止劳动关系通知书员工签收回执。

（3）公司需要的其他材料。

（2）将新入职员工的入职材料，包括但不限于身份证、毕业证、银行卡复印件、入职审批材料、工作登记表、劳动合同、保密协议等相关入职材料放入档案袋中归档，同时，在档案袋上勾选所具材料（本任务在线下完成）。

2.15 制作部门通讯录

该任务的主要目标是通过训练让学生了解常用通讯录的结构。

项目描述：制作人力资源部门通讯录并发送部门全员，具体流程见图2-22。

图2-22 制作部门通讯录的工作流程

2.15.1 制作人力资源部通讯录

角色名称：招聘专员。

任务描述：

人力资源部刚刚组建完毕，为了方便大家在日后工作中快速联系，请制作部门通讯录，见图2-23（可参见任务导航《通讯录模板》）。

人力资源部通讯录

姓名	岗位	公司邮箱	联系电话

注：邮箱地址默认为本部门人员系统登录账号@tiz.com。

图2-23 部门通讯录模板

2.15.2 邮件发送部门全员

角色名称：招聘专员。

任务描述：

（1）单击【做任务】进入邮箱，将通讯录邮件发送部门全员；

（2）提醒全员查收并保存通讯录。

2.16 干部任命发文

该任务的主要目标是通过训练让学生了解企业干部任命的组织流程，掌握任命发文的要素及格式。

项目描述：发布关于人力资源部门经理的干部任命发文，具体流程见图2-24。

图2-24 干部任命发文的工作流程

2.16.1 编写干部任命发文

角色名称：培训专员。

任务描述：

（1）参看【背景资源】中的内容，掌握任命发文的要素及格式；

Tips：干部任命的要素与格式

TZ 网络科技有限公司

TZ 人字(XXXX) 第 XX 号

干部任命决定

签发人：郭博敬
签发日期：XXXX 年 XX 月 XX 日
授权：全体员工

根据公司战略与业务发展需要，按照《干部管理制度》相关规定与要求，经总裁批准，决定任命：

姓名	部门	就任职位	汇报上级
		部门经理	
		部门经理（兼）	

任期自 XXXX 年 XX 月 XX 日至 XXXX 年 XX 月 XX 日。

（2）根据竞聘结果，编写人力资源部部门经理的干部发文（经企管部核查本次发文文号为"TZ 人字 2017"第 10 号，签发日期为 2017 年 3 月 3 日，任命日期为 2017 年 3 月 3 日—2017 年 12 月 31 日）；

（3）将结果文件，上传至【云盘】→【我的文件】。

2.16.2 审批发文

角色名称：培训专员。

任务描述：

单击【做任务】进入邮箱，将拟定的《干部任命发文》以邮件附件发送给总裁（郭博敬：guobojing@tiz.com)审批。邮件主题为：干部任命发文审批。

2.16.3 发布干部任命发文

角色名称：培训专员。

任务描述：

（1）单击【做任务】进入邮箱，查收总裁的批复邮件后，将干部任命发文以邮件正文形式发布给本公司全员（本次训练只发送人力资源部即可）。

（2）提醒大家查看任命发文结果。

本章小结

本章主要介绍了 VBSE 人力资源实践教学平台的基本操作方法，讲解了组建案例公司人力资源管理部门的流程、要求与要点，并要求学生按步骤完成人力资源经理竞聘、部门组建和入职办理等任务。本章最终需要提交的成果见表 2-2。

表 2-2 部门组建阶段提交成果

任务名称	提交成果	备注
2.4 招募人员★	线下确定候选人	
2.5 申请职位★	线上申请拟定的意向公司职位	
2.8 人员定岗★	各公司所有岗位均有人在岗	
2.9 办理入职★	完成劳动合同与保密协议的签订	
2.10 办理新员工入职★★		
2.13 签订试用期绩效计划★	7 份手签的《员工试用期绩效计划》	由人力资源经理、绩效专员完成
2.14 整理员工档案★	按规范整理的员工档案	由人事专员完成
2.15 制作部门通讯录★	部门通讯录	由招聘专员完成

第3章　企业认知训练

📂 **学习目标**

（1）理解企业组织架构、人力资源部岗位配置与岗位职责；掌握企业各项人力资源管理制度、各项业务操作流程与规范；

（2）通过技能竞技方式，对相关理论知识温故知新，调动学生参与兴趣与课堂活跃度。

本章一共有 5 个实训任务，会根据不同的岗位职责对该岗位应完成的项目进行分配，具体见表 3-1。

表 3-1　企业认知实训任务

操作角色	任务/活动	具体动作
全员	3.1 企业初步认知	学习《员工手册》
全员	3.2 新员工培训★★	1.课前学习；2.新员工培训
全员	3.3 签署入职保证书★	签署《入职保证书》
人事专员	3.4 保证书存档★	存档保证书
全员	3.5 企业文化宣传大赛★★	参加企业文化宣传大赛

3.1　企业初步认知

该任务的主要目标是通过训练让学生掌握公司人力资源管理的基本规则和规范，理解企业组织架构和各部门职责、人力资源部的岗位配置和岗位职责，了解行业特色，了解实训企业的发展历史、文化价值观等基本情况，以及企业的发展战略、业务内容、经营目标等。

项目描述：即将开展人力资源工作，请先了解本公司的基本情况、组织设置和人力资源管理体系和规范。

任务描述：

阅读《员工手册》（见本书的电子资源），对公司、业务、组织结构、运营管理及相关规范有一个全面的了解和认知，为开展工作做好环境认知准备。

3.2　新员工培训

该任务的主要目标是通过训练让学生体验翻转课堂的培训模式，增强对案例企业管理规则的理解，掌握管理制度在实际工作中的转化和应用。

项目描述：本次新员工培训采用翻转课堂模式，请先自学基本内容，然后在课堂培训中为自己所在的团队赢得更多的奖励，具体流程见图3-1。

图 3-1　新员工培训的工作流程

3.2.1　课前学习

角色名称：全体成员。

任务描述：

（1）单击【做任务】进入邮箱，查看新员工培训通知；

（2）快速阅读《人力资源管理规范》（见本书的电子资源），对公司组织架构与部门职责、人力资源岗位职责、人力资源管理规范有一个全面的认识（线下完成）；

（3）强化记忆关键流程和控制点，为即将开始的新员工培训大PK做准备。

3.2.2　新员工培训

角色名称：全体成员。

任务描述：

（1）通过【教学管理】→【公司信息】阅读公司 6 项规章制度，包括《考勤与休假管理制度》《公司培训管理规范》《绩效考核实施细则》《薪酬管理制度》《干部管理制度》《专业人员发展与管理制度》，见图3-2。

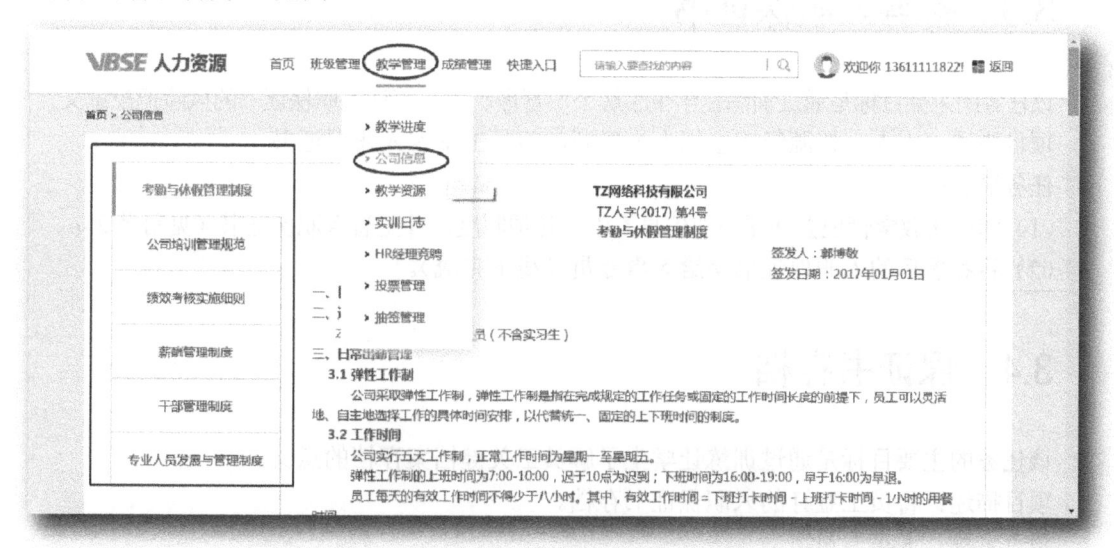

图 3-2　公司规章制度

（2）请在教师的组织下，以小组为单位参与"新员工技能大比拼"竞赛活动，并根据小组所获的金币总数从多到少进行排名（线下完成）。

Tips："新员工技能大比拼"竞赛规则

本次竞赛分为两部分，第一部分为必答题，第二部分为抢答题，规则如下。

一、必答题答题规则

（1）每组2道必答题，每组组长代表作答；
（2）本题为单选题，答题时间20秒；
（3）答案正确奖励2枚金币；
（4）答案正确并且能够解释基本思路，增加1枚金币，能够解释精确思路，再增加1枚金币；
（5）答错不扣金币。

注意：主持人读题后发布开始计时，必答题一般在计时完成前答题有效。

二、抢答题答题规则

（1）游戏抢答题共6个判断题，最快抢答者可以答题；
（2）答案正确奖励2枚金币；
（3）答案正确并且能够解释基本思路，增加1枚金币，能够解释精确思路，再增加1枚金币；
（4）答案错误，扣除2枚金币。

注意：主持人读题后发布开始信号即可抢答，10秒内答题有效，主持人可根据回答的解释说明判定答题是否有效。

3.3 签署入职保证书

该任务的主要目标是通过训练让学生了解公司管理制度、签订入职保证书的风险把控意义。
项目描述：由人力资源经理组织人力资源部门员工签署入职保证书。
任务描述：
（1）阅读【教学管理】→【公司信息】中的各项制度，并签署入职保证书（见附录2）；
（2）将签署后的入职保证书交给人事专员（线下完成）。

3.4 保证书存档

该任务的主要目标是通过训练让学生了解员工关键档案存档的意义。
项目描述：将员工签订的入职保证书存档。
角色名称：人事专员。
任务描述：
将签署后的入职保证书分别放入员工档案袋中，并更新档案袋贴签（线下完成）。

3.5 企业文化宣传大赛

该任务的主要目标是通过训练让学生深入理解并体验组织文化建设对于组织的重要性，理解并体验组织凝聚力、团队协作分工、领导力、创新思维等因素对组织的意义。

项目描述：制作本公司的企业文化宣传海报，并进行宣讲。

任务描述：

（1）请人力资源经理带领人力资源部的员工为本企业制作企业文化宣传海报（线下完成）；

Tips：任务发布与规则说明

1. 设计公司 logo，要求有特色，吸引人；
2. 描述企业的使命、愿景、核心价值观，要求符合团队特质，并且取得团队共识；
3. 提交方式：设计一个海报对以上内容进行解读，现场呈现，呈现后张贴。

（2）请以小组为单位对本企业文化宣传海报进行展示与演讲，形式自定。最后由全体成员根据以下维度，将票投给你认为最优秀的公司。

Tips：企业文化海报展示打分参考

1. 根据以下几个维度打分：
（1）创新性；（2）形象化；（3）准确性；（4）易理解。
2. 评选规则：
（1）全班每人 1 票（除展示组），现场投票，本组成员不参与本组投票；
（2）最高得分组基础分 20 分，名次由高到低，每组间相差 2～3 分。

本章小结

本章主要利用翻转课堂的教学方法促使学生掌握案例公司人力资源管理的基本规则和规范，以及管理制度在实际工作中的转化和应用，并借助新员工技能大比拼和企业文化宣传大赛等活动考核学生对于案例公司的认知情况。本章最终需要提交的成果见表 3-2。

表 3-2 企业认知阶段提交的主要成果

任务名称	提交成果	备注
3.3 签署入职保证书★	7 份手签的《入职保证书》	
3.4 保证书存档★	存入档案袋中	由人事专员完成
3.5 企业文化宣传大赛★★	各公司的企业文化宣传海报	

第 4 章　全岗体验训练

学习目标

（1）跟进企业 1 名核心员工从甄选进入企业到离开企业的职业生涯全过程，了解人员信息在企业中的流动；

（2）掌握人力资源管理各模块的基本业务流程，深入理解企业人力资源管理中选、用、育、留的管理闭环，培养企业人力资源管理的全局观；

（3）了解人力资源管理中常见的关键风险防控点。

本章一共有 11 个实训任务，所有岗位任务相同，具体见表 4-1。

表 4-1　全岗体验阶段实训任务

操作角色	任务/活动	具体动作
人力资源经理	4.1 发布招聘广告★	1.工作分派——发布广告；2.查看招聘需求；3.发布广告
	4.2 筛选候选人简历★	1.工作分派——筛选简历；2.筛选简历
	4.3 面试★★	1.工作分派——面试；2.查看邀约情况；3.面试与评价
	4.4 发放 offer★	1.工作分派——面试；2.查看审批进度；3.验证学历真伪；4.审批与发放 offer
	4.5 办理新员工入职★	1.工作分派——办理入职；2.审核入职材料；3.办理入职；4.更新人员异动表；5.档案归档
	4.6 社保、公积金增员★	1.工作分派——社保、公积金增员；2.记录社保、公积金台账；3.社保增员；4.公积金增员
	4.7 签订新员工绩效计划★	1.工作分派——签订绩效计划；2.通知签订绩效计划；3.复核存档
	4.8 制作培训准备清单★★	1.工作分派——培训准备清单；2.制定新员工培训准备清单；3.准备培训开场白
	4.9 核算员工工资★★★	1.工作分派——核算工资；2.收集工资基础数据；3.核算工资；4.工资审批与发放
	4.10 员工转正★	1.工作分派——员工转正；2.转正提醒；3.复核转正材料；4.更新人员异动表；5.发送转正通知
	4.11 员工离职办理★	1.工作分派——员工离职办理；2.复核离职材料；3.开具离职证明；4.录入人员异动表；5.材料归档；6.停缴社保；7.停缴公积金

4.1　发布招聘广告

该任务的主要目标是通过训练让学生了解招聘需求表常见的项目，掌握招聘广告的要素、招聘广告撰写的基本原则、典型招聘网站发布职位的基本操作方法，了解招聘的基本流程。

项目描述：分析部门招聘需求，在人才网上发布 Java 开发工程师职位，具体流程见图 4-1。

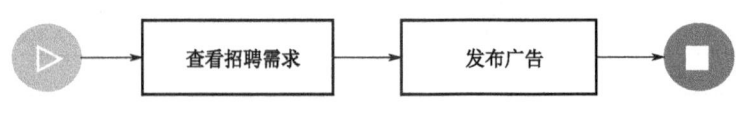

图 4-1　发布广告的工作流程

4.1.1 工作分派——发布广告

任务描述：

请部门经理给大家召开工作会议，明确发布广告的任务目标，并为大家简单介绍该任务的工作流程、注意事项等。

4.1.2 查看招聘需求

任务描述：

（1）查看【任务导航】中的内容，学习职位发布时职位命名的技巧；

Tips：招聘广告发布职位名称技巧

通用化：尽量选择求职者常见或熟悉的职位名称作为招聘职位名称，公司内部的职位名称和市场上求职者的认知可能存在不一致的情况，所以需要转化成求职者常见的职位名称。

【例 1】公司内部叫销售经理，但是候选人容易对“经理”的理解产生歧义（容易误会成带团队的经理），所以一般发布职位为客户经理或大客户经理；【例 2】公司根据内部的职位职级体系确定招聘岗位为 Java 中级开发工程师，但市场上的候选人可能因为对自身评价偏高而不愿意投递中级职位，所以在职位发布时可以忽略，直接发布 Java 开发工程师即可。

简洁化：职位名称不宜过长，应体现职位的核心点，吸引求职者的注意力。

统一化：为节约招聘资源，一般在确定发布职位名称后，要对相同或相近的职位名称做归类合并，只发布一个职位即可。

（2）单击【做任务】进入【工作交接文件】，下载并查看研发二部提交的《招聘需求表》（见图 4-2）。表中 Java 开发职位的需求已经通过领导的审批，但尚未进行广告发布，请了解该职位的招聘需求，在此需求表中查看拟发布的职位名称，为后面在网站上发布做准备。

招聘需求表

填写说明：招聘类型分为：补充、替换、增编。补充：目前编制不满或者现有人员离职补充；替换：对现有人员不满意，储备，以便替换；增编：增加编制，须提供增编审批记录

序号	部门名称（末级部门）	岗位名称	岗位性质	级别	招聘类型	岗位职责	任职要求	工作地点	招聘需求人数	需求提交时间	希望到岗时间	薪酬建议	面试官	面试官
1	研发二部	Java开发	正式	中级	补充	1、根据开发需求/设计文档，进行子系统/模块的软件编码工作； 2、参与软件系统设计，为其他部门提供技术支持； 3、按照公司软件开发管理规范等要求，编写软件开发说明文档。	1、大学统招专科，计算机、软件开发专业； 2、精通Java开发，熟悉Java的核心语法，了解J2EE体系架构，熟悉面向对象的分析设计和工具； 3、3-5年软件开发工作经验； 4、具备1年以上SQL Server或Oracle开发经验； 5、优秀的团队合作仪式及压力承受能力； 6、有JNI开发经验者优先。	北京	2	2017/2/20	2017/3/15	(10500-12500) 元/月 (基本工资)	姜际	1991002

招聘需求　重要、紧急与关注度

图 4-2　招聘需求表

4.1.3 发布广告

任务描述：

（1）学习【任务导航】中的内容，掌握招聘广告发布注意事项，为发布职位做准备；

（2）单击【做任务】，登录人才网，进入发布新职位页面，单击【发布新职位】，见图4-3；

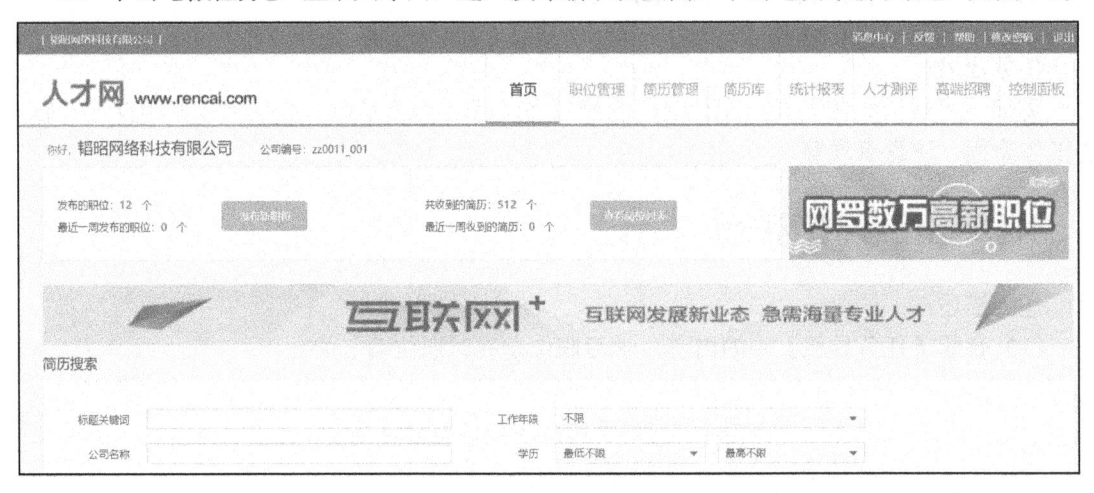

图4-3 在人才网发布新职位

（3）审核完善《招聘需求表》中待发布职位的相关信息和描述，并据此在人才网上发布职位；

（4）按照《招聘广告发布注意事项》在人才网上发布招聘广告，见图 4-4，填写完毕单击【确认并发布】。

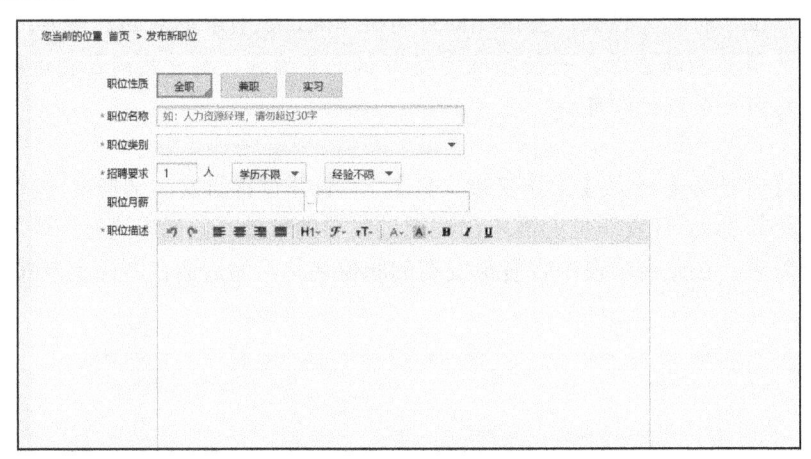

图4-4 发布招聘广告

4.2 筛选候选人简历

该任务的主要目标是通过训练让学生掌握利用招聘网站筛选简历的技巧，了解简历的基本结构，掌握简历筛选的基本方法与关注点。

项目描述：在人才网上发布 Java 开发职位后，收效甚微，为解决部门紧急需求，请通过招聘网站主动搜索候选人，并至少推送 2 份简历给部门经理。

4.2.1 工作分派——筛选简历

任务描述：
请部门经理给大家召开工作会议，明确筛选简历的任务目标，并为大家简单介绍该任务的工作流程、注意事项等。

4.2.2 筛选简历

任务描述：
（1）学习【任务导航】中的内容，掌握筛选简历的技巧与方法。

Tips：筛选简历技巧

一、解读职位 JD

职位 JD 中清楚地限定了对候选人的要求，以公司 Java 中级开发工程师的任职要求为例：

1. 大学统招专科，计算机、软件开发专业；（学历、专业要求）
2. 精通 Java 开发，熟悉 Java 的核心语法，了解 J2EE 体系架构，熟悉面向对象的分析设计和工具；（岗位技能要求）
3. 3 年以上软件开发工作经验；（工作经验要求）
4. 具备 1 年以上 SQL Server 或 Oracle 开发经验；
5. 优秀的团队合作意识及压力承受能力；（个人特质要求）
6. 有 JNI 开发经验者优先。（优先录用条件）

工作地点：北京。

二、系统初筛

利用招聘网站筛选工具可以快速删减基本条件不达标的简历。

1. 职位名称：匹配招聘需求中的核心胜任力；
2. 所在行业：相应的行业资源积累；
3. 工作年限：考察在本专业中的经验积累；
4. 学历：学历的硬性要求，代表一定的素质和学习能力；
5. 期望工作地：与候选人意向匹配度；
6. 现居住地：面试的便捷性；
7. 更新日期：求职的时效性；
8. 年龄：匹配岗位。（各年龄段人的精力、关注点、思维都有区别。）

三、人工筛选

1. 候选人基本信息判断：查看候选人的基本条件是否符合岗位要求，如学历、专业方向、工作年限等方面是否符合公司硬性条件规定。
2. 工作经历判断：分析部门招聘需求，把握关键字或关键项目的经验要求，从任职公司、部门、岗位或项目经历描述，判断候选人经验是否与岗位要求相匹配。
3. 候选人特质判断（工作稳定性）：根据每一阶段工作时限、离职原因等方面判断职业发展轨迹、性格特征等。

4. 简历真实性判断：可以从逻辑上判断是否矛盾。

例如：

工作经验描述与岗位名称：描述中写全面负责什么工作，但是岗位却是专员；

年龄、学历：学历为研究生，但是年龄却是20岁，需要判断是否是少年班；

工作年限与毕业时间：毕业2年，工作经验却是4年；

自我评价与简历实际：自我评价认真细致，但是简历中却有很多错别字。

5. 其他情况

（1）候选人预期薪资过高：经常在筛选简历时发现，符合岗位要求的候选人预期薪资往往会超过公司的薪酬范围，如果该岗位匹配人选很少，应当通过电话沟通，确认对方的薪酬要求（工资、福利、奖金）是否与公司的薪酬理念一致，是否可以尝试其他的薪酬吸引策略，而不能简单地认为薪酬要求高，就放弃候选人。

（2）其他关注信息存疑：对简历中存疑的信息，可以通过电话沟通的形式，与候选人进行确认，再决定是否邀约面试。

（2）单击【做任务】，登录人才网，准备搜索 Java 开发简历。

单击【岗位名称】一栏下拉菜单，选择"java 开发"，单击【工作年限】一栏下拉菜单，选择"3-5 年"等，见图 4-5。

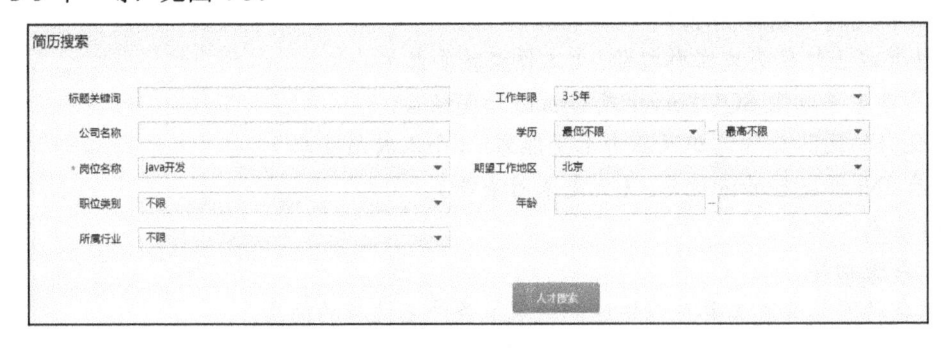

图 4-5 简历搜索（搜索 Java 开发简历）

（3）初筛简历：利用网站系统关键字段（如岗位、工作经验、学历等）筛选功能进行简历初筛，见图 4-6。

图 4-6 初筛简历

（4）复筛简历：再次核实候选人基本条件是否符合，查看候选人的工作经验与岗位的匹配度；需要特别关注的是候选人的工作年限、学历、年龄之间的前后逻辑合理性、候选人的稳定性等问题。

（5）筛选出至少 2 份合格简历，转发给研发二部经理和自己（研发二部经理的联系方式在【工作交接文件】中的《干部通讯录》中查询），见图4-7。

图4-7　将合格简历转发邮箱

4.3　面试

该任务的主要目标是通过训练让学生了解半结构化面试的话术、压力面试方法，掌握面试评价的方法与维度。

项目描述：你的助理周妮根据姜经理反馈的邀约意见，帮你邀约了候选人，并安排面试，面试即将开始，请你陪同公司高级招聘经理一同面试，进行面试评价，具体工作流程见图4-8。

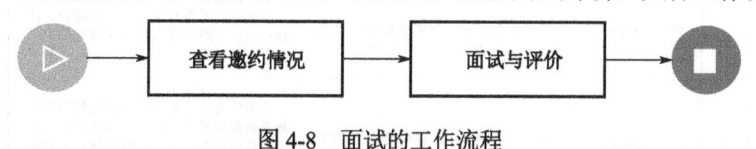

图4-8　面试的工作流程

4.3.1　工作分派——面试

任务描述：
请部门经理给大家召开工作会议，明确面试的任务目标，并为大家简单介绍该任务的工作流程、注意事项等。

4.3.2　查看邀约情况

任务描述：

（1）单击【做任务】，进入邮箱，查看部门助理周妮的工作邮件，了解候选人邀约情况及工作进度，见图4-9；

（2）下载即将面试的候选人简历。

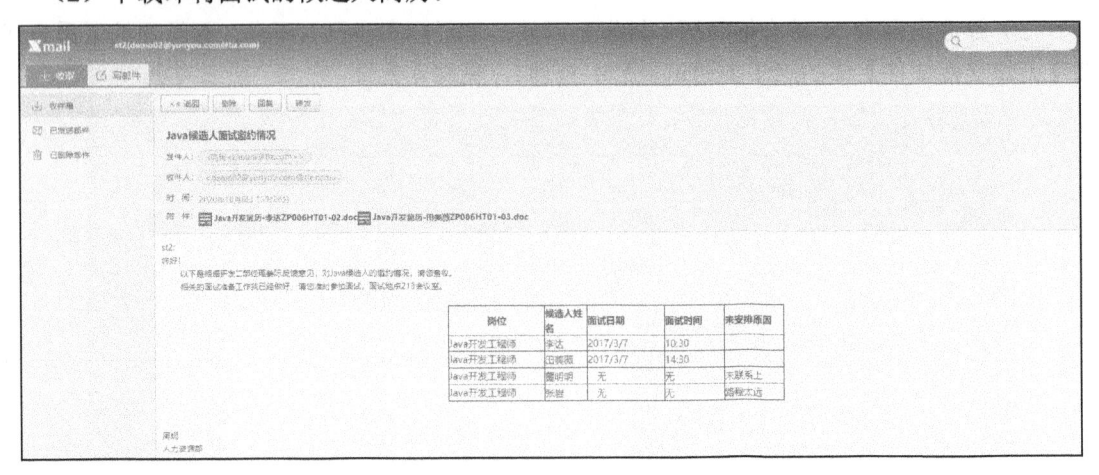

图 4-9　查看工作邮件

4.3.3　面试与评价

任务描述：

（1）学习【任务导航】中的内容，掌握面试评价撰写方法；

（2）查看 Java 开发面试提纲（见图 4-10），陪同参加 2 位 Java 开发候选人的面试（在【背景资源】中）；

序号	考察内容	面试问题	面试目的
1	自我介绍	请您先用2分钟的时间做一个简单的自我介绍，包括之前的工作经历、离职原因、个人优劣势等方面	考察候选人的基本表达能力，以及表达是否有条理、逻辑清晰
2	最有成就感的事情	在过去的工作中做的最有成就感的事情是什么？请您描述一下细节	了解候选人是否有很强的成就动机；了解候选人是否有良好的思维能力、计划能力；了解候选人付出了哪些努力，是否有良好的执行力、毅力、耐心等
3	最遗憾的事情	在过去的工作中让你最遗憾的事情是什么？请您描述一下细节	了解候选人面对遗憾或者失败的事情，是否有良好的责任心，愿意承担责任，努力挽回局面，或者挽回损失；了解候选人是否善于从失败和错误中总结原因、归纳责任
4	对之前工作满意或不满意的事情	在之前的工作中，让你满意和不满意的三个方面分别是什么	了解候选人的价值观和职位诉求；判断候选人是否与组织的文化相匹配
5	求职意愿	您希望得到一个什么样的机会	了解候选人的求职意愿，通过求职意愿了解他的职业期望、价值观，并印证他的离职原因

图 4-10　查看 Java 开发面试提纲

（3）填写候选人的《应聘人员面试评价表》（附录 3-1、附录 3-2，附录 3-3 至附录 3-5 分别列出了用人部门面试官对应聘职能类、销售类和研发技术类人员的要求）。

4.4 发放 offer

该任务的主要目标是通过训练让学生掌握通过学信网验证学历真伪的方法、录用邀请函包含的基本要素与法律纠纷条款等信息,了解入职审批流程。

项目描述:候选人已经通过了用人部门和人力资源部的面试,薪资也已经谈妥。助理周妮为候选人提交了入职审批表(格式见附录 3-6),并已经通过各流程审批。请你验证候选人的学历真伪,如无问题,向候选人发送 offer,具体流程见图 4-11。

图 4-11 发放 offer 的工作流程

4.4.1 工作分派——发放 offer

任务描述:

请你给本部门全员召开工作会议,明确发放 offer 的任务目标,并为大家简单介绍该任务的工作流程、注意事项等。

4.4.2 查看审批进度

任务描述:

单击【做任务】进入邮箱,查收并下载助理周妮整理的候选人入职审批材料,同时了解当前审批进度,见图 4-12。

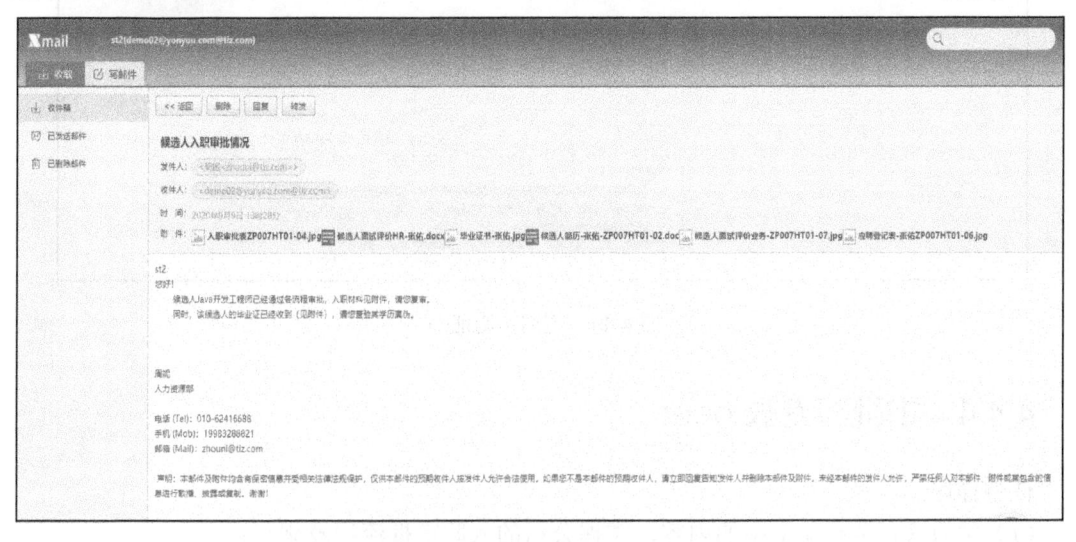

图 4-12 查看候选人入职审批材料

4.4.3 验证学历真伪

任务描述：

单击【做任务】，登录【学信网】，验证候选人学历真伪，见图 4-13。

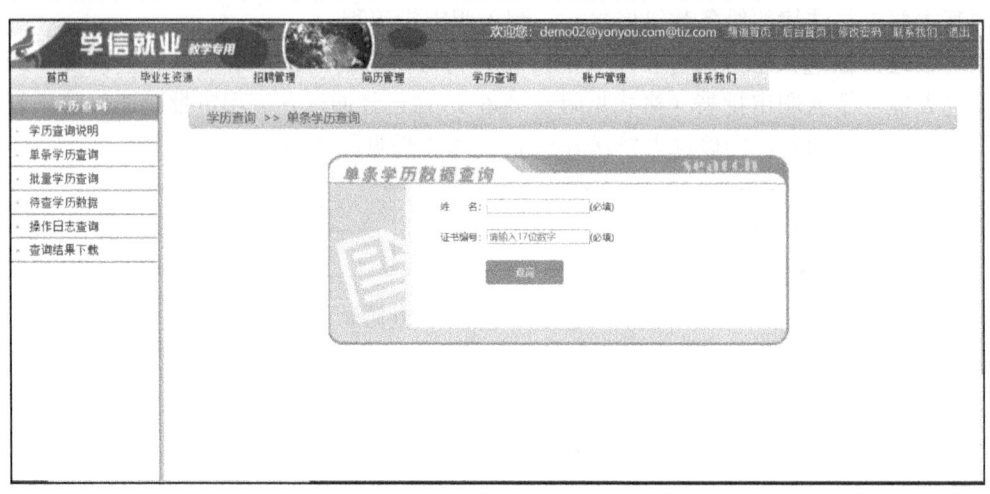

图 4-13　登录学信网

在单条学历数据查询中输入已下载的学历证书的姓名和编号，单击【学历查询】，见图 4-14。

图 4-14　查询学历证书

4.4.4 审批与发放 offer

任务描述：

（1）学习【任务导航】中的内容，掌握公司的入职审批流程及规范；

Tips：公司入职审批流程及规范

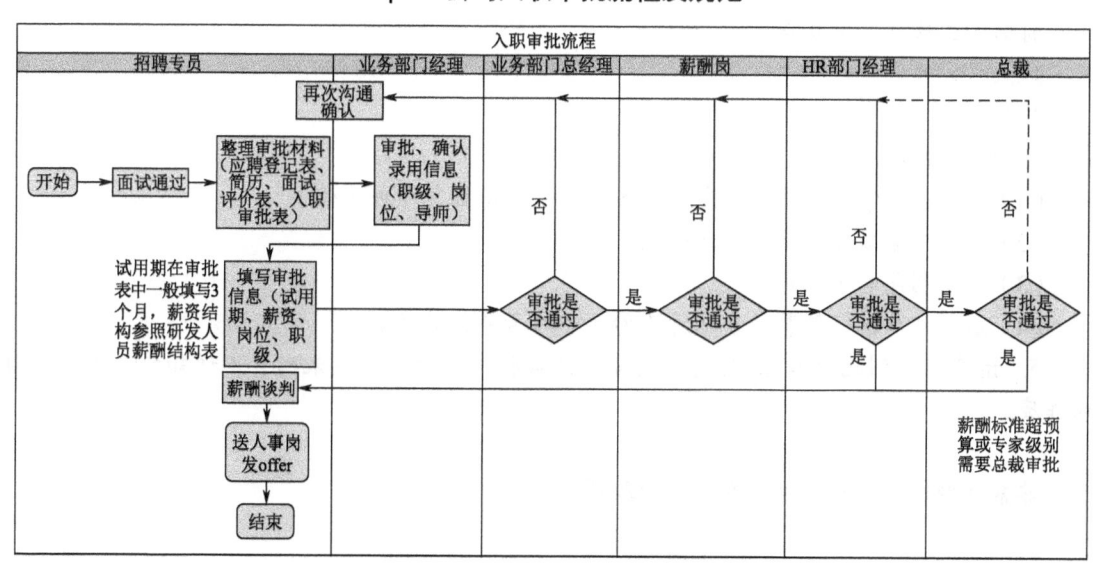

入职审批流程
招聘专员 | 业务部门经理 | 业务部门总经理 | 薪酬岗 | HR部门经理 | 总裁

流程说明：
- 开始 → 面试通过 → 整理审批材料（应聘登记表、简历、面试评价表、入职审批表）→ 审批、确认录用信息（职级、岗位、导师）
- 再次沟通确认
- 试用期在审批表中一般填写3个月，薪资结构参照研发人员薪酬结构表
- 填写审批信息（试用期、薪资、岗位、职级）
- 薪酬谈判 → 送人事岗发offer → 结束
- 审批是否通过（业务部门经理、业务部门总经理、薪酬岗、HR部门经理、总裁）
- 薪酬标准超预算或专家级别需要总裁审批

（2）按《入职审批流程及规范》复查候选人的审批材料、签批是否完整；

（3）参照【背景资源】中的《offer 模板》，单击【做任务】进入邮箱给候选人（邮箱地址默认为：4568146@tiz.com）发送录用邀请函。（薪酬结构可在【教学管理】→【公司信息】→【薪酬管理制度】中查询，公司地址可在【教学管理】→【查看组织】中查询）。

Tips：Offer 模板

收件人：候选人
发件人：人力资源经理
主题：公司名称录用邀请函

××公司录用邀请函

尊敬的××：

非常高兴地通知您已被 XX 网络科技有限公司录用！

现将相关事宜通知如下：

1. 您即将加入××部，岗位是××，工作地点在××，直接上级是××（人力资源经理姓名）。

2. 您的年薪为××元，由基本工资、绩效工资和绩效奖金构成。

（1）您所在岗位试用期工资为税前××元/月，转正后基本工资为××元/月，基本工资年薪占比××%，按月支付；

（2）绩效工资标准年薪占比××%，依照您的绩效表现确定实际发放额度，按季度支付；

（3）绩效奖金标准年薪占比××%，您的绩效奖金将根据公司整体经营情况和您的个人业绩表现确定绩效奖金实际发放额度；

（4）其他福利：我们具有非常完善的福利体系，可详见下方附录。

第4章 全岗体验训练

3. 入职办理：
时间：工作日上午9点
地点：××
接待人：××

4. 携带材料：
（1）毕业证、学位证原件及复印件各1份，身份证复印件1份；
（2）最后一家工作单位的离职证明；
（3）一寸彩色电子照片；
（4）本人招商银行储蓄卡复印件1份（手写卡号、姓名）。

5. 请您在收到此通知3日内，回复确认接收本通知。过期未回复本通知的，本通知自动作废。

非常期盼您的加入，祝您在此事业取得成功！

××网络科技有限公司
人力资源部

附录：
公司福利分为法定福利和补充福利两部分。
（1）**法定福利**：公司依据国家相关法律法规为员工缴纳社会保险和住房公积金。
社会保险：在您提供与原单位解除劳动合同证明并与我公司签署劳动合同，同时在相关社会保险转移手续办理完毕后，您可享受本市及公司规定的社会保险待遇。不持有中国身份证和户口本的外籍人员，将不享受中国当地社会保险政策。
住房公积金：在您与公司签署劳动合同后，您可以享受本市及公司规定的住房公积金待遇。不持有中国身份证和户口本的外籍人员，将不享受中国当地住房公积金政策。
（2）**补充福利**：公司为体现对员工的人文关怀，依据年度人员费用预算，建立并提供补充福利项目，努力构建幸福企业。其中包括：
风险保障类：员工人身意外保险和身故保险/员工重大疾病医疗救助；
员工关怀类：节日礼金、生日关怀、地区机构的季节性补贴/员工集体活动(包括部门郊游、单身交友活动、亲子活动、各项俱乐部活动、特殊员工慰问等)/工作餐/员工运动会；
身心保健类：员工体检/员工补充医疗方案(政府部门特定要求的部分员工)；
员工发展类：员工培训/在职学习教育资助；
增值服务类：班车服务/公司品牌形成的产品折扣服务；
年休假：按照国家法律规定执行；
长期激励：为鼓励员工在公司长期服务并为公司长期绩效做出贡献，公司建立骨干员工股权激励计划，受激励的骨干员工获得股权激励计划收益。

4.5 办理新员工入职

该任务的主要目标是通过训练让学生掌握入职办理流程与规范、入职中的风险防控注意事项，了解入职办理过程中应用的常见表单，掌握劳动合同签订的方法与注意事项，理解人员异动表常见项目的设置与意义，了解 Excel 表中数据有效性的应用。

项目描述：新招的 Java 开发工程师携带材料前来报到，请为其办理入职，具体工作流程见图 4-15。

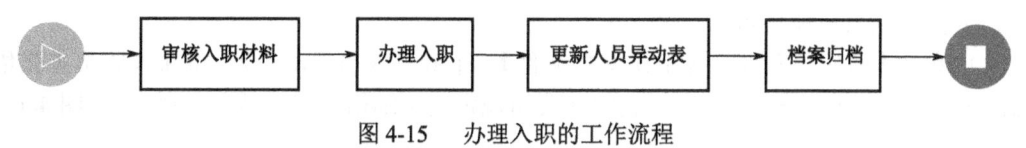

图 4-15　办理入职的工作流程

4.5.1　工作分派——办理入职

任务描述：

请你给本部门全员召开工作会议，明确办理入职的任务目标，并为大家简单介绍该任务的工作流程、注意事项等。

4.5.2　审核入职材料

任务描述：

（1）学习【任务导航】中的内容，了解公司入职办理材料及注意事项（参见第 2 章 2.7.1 的"Tips：入职办理材料及注意事项"）；

（2）审核 Java 开发工程师张佑携带的入职材料（此处了解此环节即可，不做操作训练）。

4.5.3　办理入职

任务描述：

单击【做任务】，进入邮箱，查看助理周妮指导入职员工张佑签订的《工作登记表》《劳动合同》《知识产权保密协议》《银行卡复印件》（员工编码为 00218），审核是否签订完整、合规，见图 4-16。

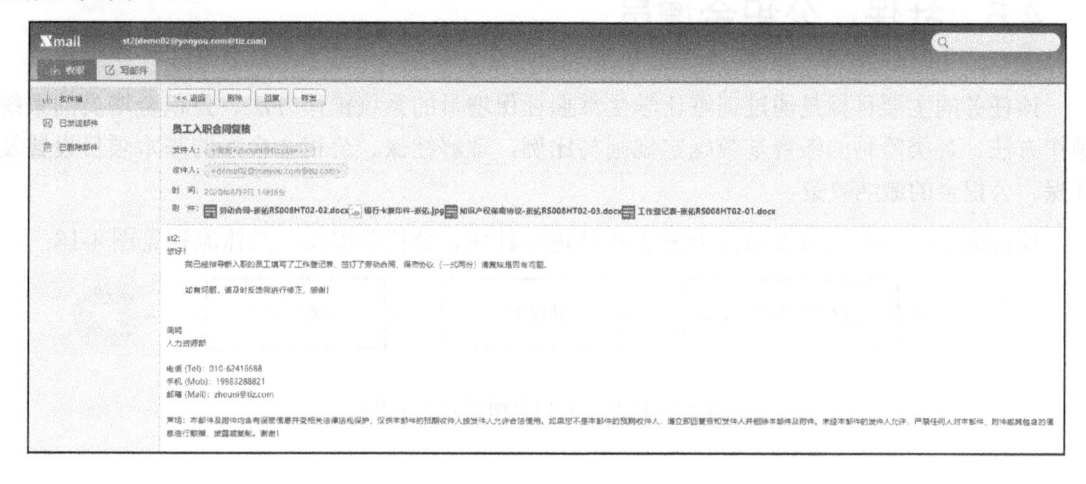

图 4-16　查看员工入职资料

第 4 章　全岗体验训练　45

4.5.4　更新人员异动表

任务描述：

（1）学习【任务导航】中的内容，掌握人员异动表更新技巧（参见第 2 章 2.14.2 的"Tips：人员异动表更新技巧"）；

（2）单击【做任务】进入【工作交接文件】，下载《人员异动表》，将新入职员工张佑的信息记录到《人员异动表》"入职"表中（公司规定员工邮箱前缀为姓名全拼），见图 4-17；

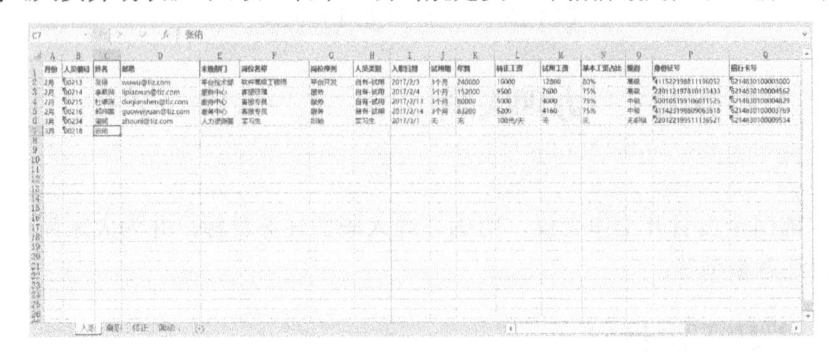

图 4-17　更新员工异动表

（3）记录完成后将《人员异动表》上传至【云盘】→【我的文件】。

4.5.5　档案归档

任务描述：

（1）学习【任务导航】中的内容，掌握员工档案管理的重要性（参见第 2 章 2.14.3 的"Tips：员工档案管理的重要性"）；

（2）将张佑的相关入职材料归档，包括但不限于《工作登记表》《劳动合同》《知识产权保密协议》《银行卡复印件》等，在档案袋上勾选所具资料。（在实际工作中应留存原件，本次训练将入职材料打印后留存。）

4.6　社保、公积金增员

该任务的主要目标是通过训练让学生掌握社保增员的系统操作方法、公积金增员的系统操作方法、各类险种的缴费基数确定规则与比例，理解社保、公积金台账的基本项目设置及社保、公积金的缴纳政策。

项目描述：为新入职的 Java 开发工程师进行社保、公积金增员，具体流程见图 4-18。

图 4-18　社保、公积金增员的工作流程

4.6.1 工作分派——社保、公积金增员

任务描述：

请你给本部门全体人员召开工作会议，明确社保、公积金增员的任务目标，并为大家简单介绍该任务的工作流程、注意事项等。

4.6.2 记录社保、公积金台账

任务描述：

（1）学习【任务导航】中的内容，了解《社保、公积金台账》记录的作用与意义，并掌握社保、公积金基数确定依据；

Tips：社保、公积金台账记录项目（一般台账包括但不限于以下项目）

个人编码： 在员工公积金增员、公积金系统填报时自动生成的编号。

人员编码： 员工在公司的员工号。

员工姓名、员工身份证号： 入职时提供的身份证上的信息。

公积金、社保缴费基数： 根据住房公积金管理条例规定，新入职员工缴费基数以首月全月实际工资性收入确定月缴费基数，首月不足月的按次月全月实际工资计算。在 TZ 公司，新员工的缴费基数为试用期月基本工资。

公积金增员操作月： 登录系统为员工操作公积金增员的月份（在此案例中，此员工 3 月 13 日入职，3 月为其操作增员，则记为 3 月）。

公积金增员月： 为员工增员的月份（在此案例中，此员工 3 月 13 日入职，则记为 3 月）。

公积金缴至月： 离职员工最后缴费的月份。

公积金备注： 备注信息。

缴纳总额： 按照公积金政策及公司规定，计算个人和公司的公积金缴纳总额。

户口性质： 区分为农业和非农业，农业户口的员工个人不缴纳失业保险。在增员时，可以通过社保系统查看，也可在员工入职填写的《工作登记表》中查看。

社保增员操作月： 登录系统为员工操作社保增员的月份（在此案例中，此员工 3 月 13 日入职，3 月为其操作增员，则记为 3 月）。

社保增员月： 为员工增员的月份（在此案例中，此员工 3 月 13 日入职，则记为 3 月）。

社保缴至月： 离职员工最后缴费的月份（在此案例中，此员工按照三年签一次劳动合同）。

社保备注： 备注信息。

（2）参照【背景资源】中的内容，了解北京市社保、公积金的缴费标准；

Tips：北京市 2016 年社保基数及缴费比例规定

社会保险基数简称社保基数，是指职工在一个社保年度的社会保险缴费基数。随着 2015 年全市职工平均工资的公布，2016 年度的各项社保缴费基数也随之确定，养老、失业保险最低基数为 2834 元，工伤、医疗、生育保险最低基数为 4252 元，五险的最高基数为 21 258

元。具体基数及比例如下。

缴纳险种 员工类别	养老保险 最低缴费基数	养老保险 企业缴纳金比例	养老保险 企业缴纳金额	失业 最低缴费基数	失业 企业缴纳金比例	失业 企业缴纳金额	工伤 最低缴费基数	工伤 企业缴纳金比例（1至8档范围为0.2%-1.9%）	工伤 企业缴纳金额	医疗 最低缴费基数	医疗 企业缴纳比例	医疗 企业缴纳金额	生育 最低缴费基数	生育 企业缴纳比例	生育 企业缴纳金额	企业费用合计
本市城镇职工	2834.00	19%	538.46	2834.00	0.80%	22.67	4252.00	0.20%	8.50	4252.00	10%	425.20	4252.00	0.80%	34.02	1028.85
外埠城镇职工	2834.00	19%	538.46	2834.00	0.80%	22.67	4252.00	0.20%	8.50	4252.00	10%	425.20	4252.00	0.80%	34.02	1028.85
本市农村劳动力	2834.00	19%	538.46	2834.00	0.80%	22.67	4252.00	0.20%	8.50	4252.00	10%	425.20	4252.00	0.80%	34.02	1028.85
外埠农村劳动力	2834.00	19%	538.46	2834.00	0.80%	22.67	4252.00	0.20%	8.50	4252.00	10%	425.20	4252.00	0.80%	34.02	1028.85

个人缴纳部分

缴纳险种 员工类别	养老保险 最低缴费基数	养老保险 个人缴纳比例	养老保险 个人缴纳金额	失业 最低缴费基数	失业 个人缴纳比例	失业 个人缴纳金额	医疗 最低缴费基数	医疗 个人缴纳比例	医疗 个人缴纳金额	个人费用合计
本市城镇职工	2834.00	8%	226.72	2834.00	0.20%	5.67	4252.00	2%+3.00	88.04	320.43
外埠城镇职工	2834.00	8%	226.72	2834.00	0.20%	5.67	4252.00	2%+3.00	88.04	320.43
本市农村劳动力	2834.00	8%	226.72	2834.00	0.00%	0.00	4252.00	2%+3.00	88.04	314.76
外埠农村劳动力	2834.00	8%	226.72	2834.00	0.00%	0.00	4252.00	2%+3.00	88.04	314.76

2015年各项数值：

（1）2015年度北京市职工年平均工资为85 038元、月平均工资为7086元；

（2）缴费基数上限按照北京市2015年职工月平均工资的300%确定，最高不超过21 258元；

（3）参加养老和失业保险的职工缴费基数下限按照北京市2015年职工月平均工资的40%确定，最低不低于2834元；

（4）参加医疗、工伤和生育保险的职工，缴费基数下限按照北京市2015年职工月平均工资的60%确定，最低不低于4252元；

（5）北京市个人委托存档的灵活就业人员缴纳基本养老保险、失业保险时，个人可选择三个档次作为缴费基数，分别为北京市2015年职工月平均工资的100%、60%和40%，即7086元、4252元和2834元。基本医疗保险缴费基数为2015年月平均工资的70%，即4960元。

（3）单击【做任务】进入【工作交接文件】，下载《社保、公积金台账》，将新入职员工张佑的基本信息（在《人员异动表》中查询）录入《社保、公积金台账》的"增员"表中（其中"个人编码"由公积金系统自动生成，待公积金系统增员操作后再补充到该处），见图4-19。

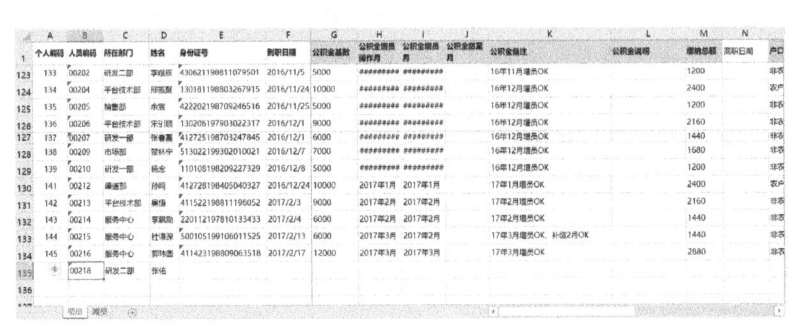

图4-19 录入社保、公积金台账

4.6.3 社保增员

任务描述：
（1）学习【任务导航】中的内容，掌握北京市社保增员操作指南；

Tips：社保增员

一、社保增减员注意事项

根据不同地区的政策要求，社保增减员有明确规定的时间，北京市不同地区的社保增减员时间节点也不相同，有些区域是每月 25 日，有些区域是到当月月底，所以应在节点前申报增员或减员，当月即生效。

二、社保增员操作指南

1. 登录北京市社会保险网上服务平台；
2. 单击左侧功能列表中的【转入人员增加申报】→【普通增员】，进入增员信息页面；
3. 输入身份证号、员工姓名，单击【查询】，查询转入人员信息；
4. 根据右侧查询出的人员类别信息及《社保、公积金台账》中的社保、公积金基数，继续录入信息，录入信息完毕后单击【保存】，检查信息正确性，确认无误，单击【提交】；
5. 转入人员增加申报实时反馈结果。

（2）单击【做任务】，登录北京市社会保险网上申报查询系统，对上一步新录入台账中的新员工张佑进行增员操作，见图 4-20 和图 4-21；

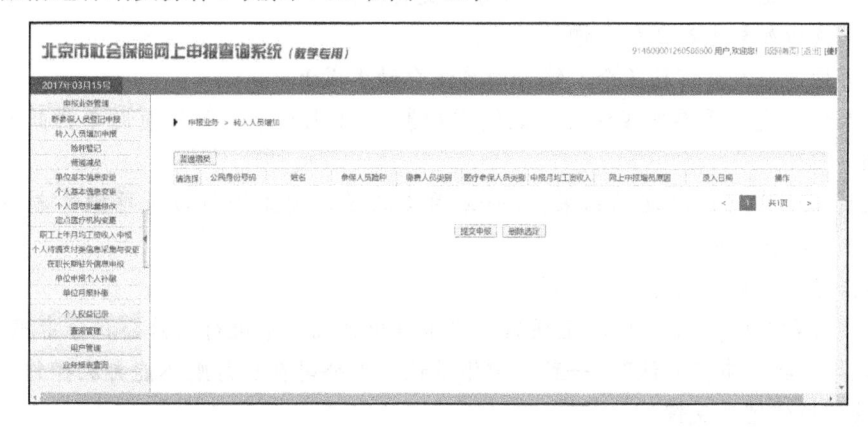

图 4-20　登录北京市社会保险网上申报查询系统

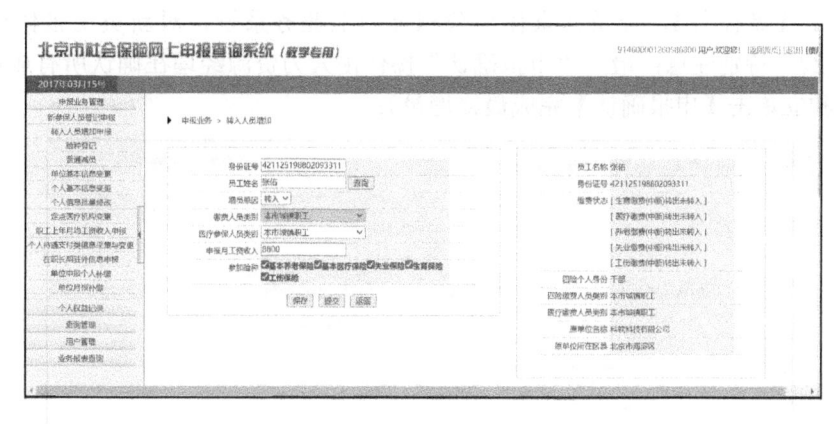

图 4-21　社保增员操作

（3）补充《社保、公积金台账》中的社保信息。

4.6.4 公积金增员

任务描述：
（1）学习【任务导航】中的内容，掌握北京市公积金系统增员操作指南；

Tips：公积金增员

一、公积金增减员注意事项

不同公司选择的公积金增/减员操作时间节点不一样，这取决于公司与公积金中心约定的托收时间，一般托收日前3个工作日就不能操作增/减员了。

特别强调：公司每个月只能对公积金系统进行一次增/减员的操作，所以，要注意在操作时，避免漏掉需要本月操作增/减员的人员。

二、公积金增员操作指南

1. 登录北京市住房公积金网；
2. 单击左侧功能列表中的【汇缴管理】→【托收汇缴】，进入申报页面；
3. 单击【变更处理】，进入公积金业务变更页面；
4. 单击【增加】进入公积金增员页面；
5. 填写拟增员人员信息（个人编号由系统自动生成）；
6. 录入信息完毕后单击【保存并继续增加】（当本月还有其他增员时单击此处）或【保存并退出】；
7. 人员增加申报实时反馈结果；（如本月需减员，要先进行减员再操作本步骤）单击【校验变更】进行信息校验；
8. 单击【返回】回到变更处理页面；
9. 核实公积金增/减员信息无误后，单击【申报确认】进行当月公积金申报。（本公司全部增员完毕，再"申报确认"。一旦"申报确认"本公司在当月则不能再次操作。）
10. 收到操作结果反馈。

（2）单击【做任务】，登录北京住房公积金网上业务系统，对新员工张佑进行增员操作，见图4-22（特别注意：最终"申报确认"操作由人力资源经理在确认所有成员都做完增员操作后，独立单击【申报确认】完成最终增员）；

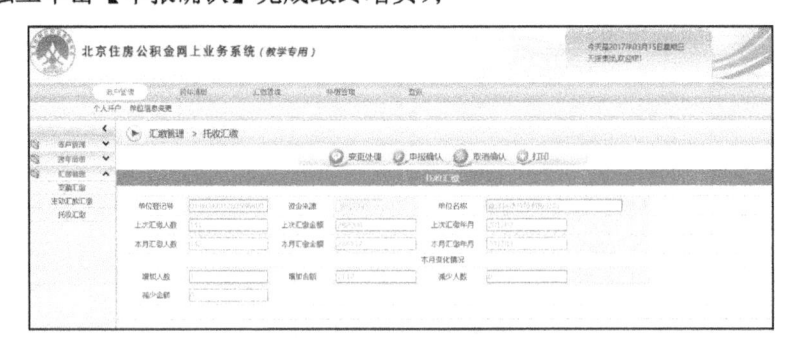

图 4-22 公积金增员操作

（3）补充《社保、公积金台账》中公积金的信息。

4.7 签订新员工绩效计划

该任务的主要目标是通过训练让学生理解业务部门的绩效考核方案，掌握利用签订绩效计划进行员工试用期劳动风险防控的方法，以及掌握工作邮件撰写时主题、收件人、抄送人、称呼、邮件签名等方面的注意事项。

项目描述：发邮件给相关部门经理，启动新员工绩效计划签订工作，并复核是否合规，具体流程见图 4-23。

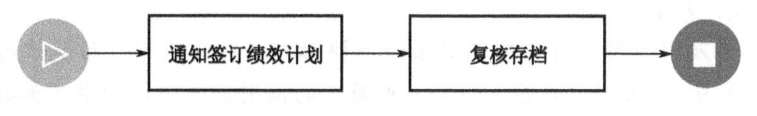

图 4-23　签订绩效计划的工作流程

4.7.1 工作分派——签订绩效计划

任务描述：

请你给本部门全员召开工作会议，明确签订绩效计划的任务目标，并为大家简单介绍该任务的工作流程、注意事项等。

4.7.2 通知签订绩效计划

任务描述：

（1）单击【快捷入口】→【云盘】→【工作交接文件】，下载并查看《研发中心绩效考核设置方案》，了解部门的绩效考核层级关系，见图 4-24；

图 4-24　研发中心绩效考核设置方案

（2）学习【任务导航】中的内容，掌握工作沟通邮件的撰写方法；

Tips：工作邮件编写规范

发件人：××

收件人：姜际（jiangji@tiz.com）工作需要对接的人员，本案例试用期绩效计划书制定按照《研发中心绩效考核方案》中的设定应为部门经理，所以收件人应该是姜际。

抄送：无（抄送人是知晓人的意思，根据《研发中心绩效考核方案》的考核层级关系，确定员工的绩效计划总经理不需要关注，所以无须抄送总经理）。

主题：新员工签订试用期绩效计划（邮件主题要明确、精炼同时突出内容的主旨，要让收件人一看到这个主题就能大概知道你这封邮件主要沟通的是什么方面的事情）。

特别注意：当主题为空时，收件人无法意识到这是一封重要邮件，从而经常被忽略。

正文：

姜际经理：（称呼必不可少，基本邮件礼仪，如果是一一发送，此处为收件人姓+职务，或××老师，熟悉的同事可直接写名字、昵称）

您好！（问候，基本邮件礼仪）

为了让新员工及时了解工作内容与要求，尽快融入工作，同时，防范试用期用工风险，现请您在本周（3月17日17点前）将新入职员工的试用期绩效计划书（如有附件要在正文中提示收件人，如见附件）与员工沟通、签订后给我。

（1. 邮件内容力求简洁，关键内容特别是回复时间、要求必须写在前面，用粗体或特殊颜色、背景等方式展现，力求让收件人一眼就能看到重点。

2. 确定回收时间时，尽量要确定为几点前，如无具体时间，通常业务部门主管因繁忙，会自动默认为24点，无形中减少了后续跟催和整理汇总的时间。）

如有疑问，请致电分机：××××或发邮件给我。（给出准确的沟通渠道，保障及时掌握异常情况的出现）

期待您的回复！（结束语）

此致
敬礼！

　　　　　　　　　　　　　　　××××（署名，让收件人知道发件人的相关信息）
　　　　　　　　　　　　　　　　　　　　　　　　人力资源部
　　　　　　　　　　　　　　　　　　　　　　　　×××公司
　　　　　　　　　　　　　　　　　　　　电话(Tel)：010-62436688
　　　　　　　　　　　　　　　　　　　　手机(Mob)：×××××××
　　　　　　　　　　　　　　　　　　　　邮箱(Mail)：×××@tiz.com

声明：本邮件及附件均含有保密信息并受相关法律法规保护，仅供本邮件的预期收件人按发件人允许合法使用。如果您不是本邮件的预期收件人，请立即回复告知发件人并删除本邮件及附件。未经本邮件的发件人允许，严禁任何人对本邮件、附件或其包含的信息进行散播、披露或复制。谢谢！

（如果和公司签订的知识产权协议或劳动合同有相关要求时，建议署名后须加入此"声明"。）

（3）单击【做任务】进入邮箱，写邮件通知研发二部部门经理，及时与新入职员工张佑签订试用期绩效计划。

4.7.3 复核存档

任务描述：

（1）单击【做任务】进入邮箱，查收姜经理回复的邮件，对员工张佑签订的试用期绩效计划进行复核，看本人是否签字，指标是否符合 SMART 原则，见图 4-25；

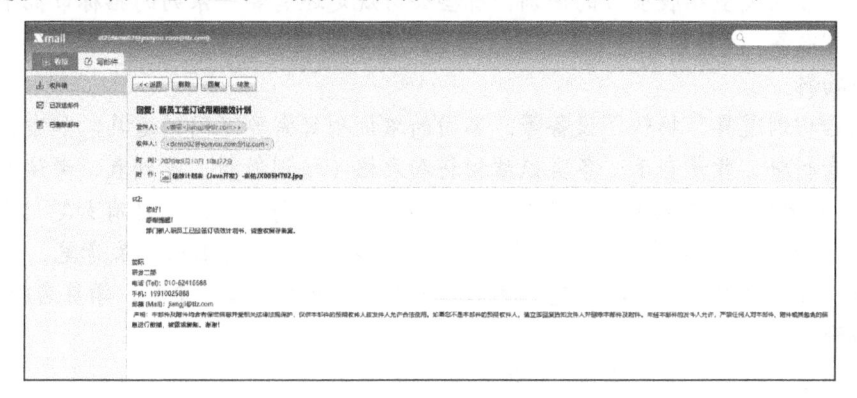

图 4-25 复核试用期绩效计划

（2）复核无误后存入档案中（如有打印机打印存档）。

4.8 制作培训准备清单

该任务的主要目标是通过训练让学生掌握培训工作的整体流程和关键点，掌握培训实施准备与推进的方法和工具。

项目描述：请在 3 月 20 日着手制作一份培训工作准备清单及培训开场白，为本次新员工入职培训做好准备工作。

4.8.1 工作分派——培训准备清单

任务描述：

请你给本部门全员召开工作会议，明确培训准备清单的任务目标，并为大家简单介绍该任务的工作流程、注意事项等。

4.8.2 制定新员工培训准备清单

任务描述：

（1）学习【任务导航】中的内容，了解保障培训顺利实施的基础准备工作的内容和方法；

Tips："四备一单"让培训准备不再凌乱

一、备人员

培训师：确定培训师人选及时间安排。

参训人员：确定参训人员名单（"一单"）。
组织人员：大型培训不是一个人可以完成的，需要一个团队协作完成。

二、备场地
场地类型：课堂式、圆桌式、会议式、小组式等。
场地预定：需要提前预订场地，外部场地或需要住宿涉及费用审批问题，需要提前了解清楚，如果是涉及大型拓展项目的培训，有些公司规定还需要一系列的招标审批手续，所以更加需要提前准备。

三、备物料
材料包括培训道具、物料、设备等。不同的培训项目需要不同的道具，如案例演练、游戏道具；影音材料、背景音乐；各类纸质材料和表格（培训教材、签到表、考试卷、培训调查反馈表）、大张白纸、签字笔、记号笔、奖品及荣誉证书等。另外，还有如笔记本电脑、投影仪、音箱、麦克风、电源排插、电池、充电器、摄像机、照相机、录音笔、白板、白板笔、茶歇等。有的培训为了突显主题，烘托氛围还需要准备条幅、桌签、学员名牌等。

四、备资源
大型培训包含不同种类的课程，会有不同的讲师。
外部讲师：确认配合讲师的辅助教学环境、课程大纲、教材。
内部讲师：确认课程大纲及授课PPT、配套的教辅、道具等相关的材料。
自己担任讲师：注意把相关课程的资料准备好。

（2）公司计划进行新一期的新员工培训（培训方案见【背景资源】），请依据《培训班主任指导手册》（在【云盘】→【工作交接文件】中），制作一份《新员工培训准备清单》；
（3）将做完的《新员工培训准备清单》上传至【云盘】→【我的文件】。

4.8.3　准备培训开场白

任务描述：
（1）学习【任务导航】中的内容，掌握主持一场培训都涉及哪些方面的内容；

Tips：如何主持一场培训

一、开场（不超过3分钟）
问好：礼貌问候全场。
自我介绍：你是谁？什么身份？
培训主题：概述此次培训的主题、目的与日程。
培训纪律：保证培训效果与顺利推进。
主讲嘉宾推介：进行包装，树立嘉宾威信，以激发听众的兴趣。

二、串场（不超过2分钟）
承上启下：关照前嘉宾观点，画龙点睛；推介后嘉宾上场，渲染蓄势。
日程提醒：如果半天或全天结束，提醒学员用餐或下一场次日程。

三、结束
表示感谢：对培训讲师表示感谢；对参与学员表示感谢；对培训过程中涉及的参与人员

表示感谢。

　　颁奖总结：进行优秀学员或团队评比；培训合影。
　　评估调研：进行培训效果评估调研，以期未来提升培训效果。

（2）为新员工培训准备主持人开场白，将准备稿上传至【云盘】→【我的文件】。

4.9　核算员工工资

　　该任务的主要目标是通过训练让学生了解工资核算的项目及各数据来源、工资核算项目对应的公式，掌握个人所得税计税方法、Excel 中常用的 VLOOKUP 函数的使用、工资核算与发放的流程，了解企业员工信息流的管理。

　　项目描述：核算新入职的 Java 开发工程师 4 月份的工资，具体流程见图 4-26。

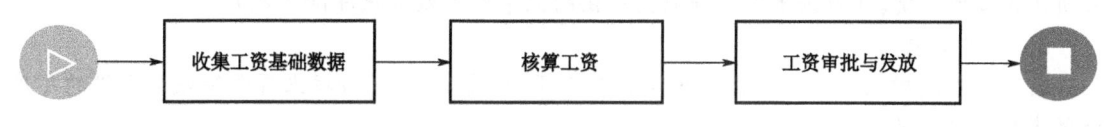

图 4-26　核算工资的工作流程

4.9.1　工作分派——核算工资

任务描述：

请你给本部门全员召开工作会议，明确核算工资的任务目标，并为大家简单介绍该任务的工作流程、注意事项等。

4.9.2　收集工资基础数据

任务描述：

（1）学习【任务导航】中的内容，了解薪酬项目及其数据来源；

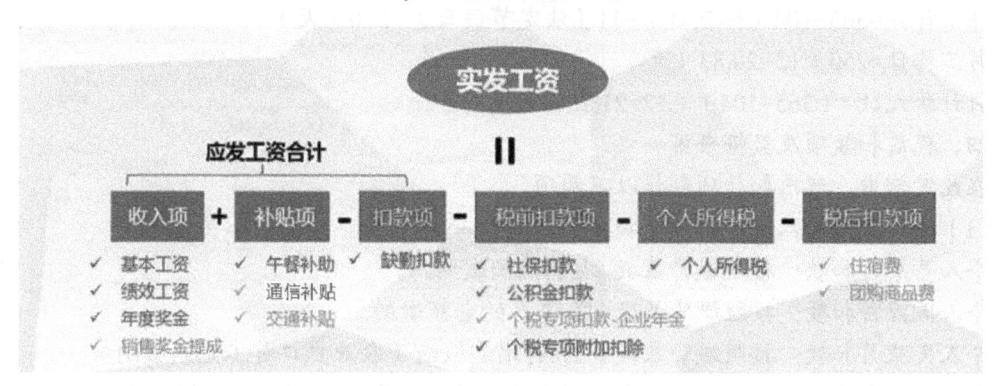

Tips：薪酬项目构成

备注 1：税后扣款项指公司代扣代缴、员工个人承担的费用，如公司团购的商品费用或员工住宿费等。

备注 2：其中，标灰色的薪酬项目在此案例中不涉及。

一、收入项及数据来源

1. 基本工资

正式员工按转正工资执行，试用期员工按照 offer 中的约定执行，一般不低于转正工资的 80%。

（1）当月新员工基本工资可以在《人员异动表》或 offer 中查询；

（2）老员工基本工资数据可以在上月的《工资核算表》中查询；

（3）调薪的员工，应当以调薪表中的基本工资为准。

2. 绩效工资

员工季度绩效按季度考核，绩效工资是在当年 4 月、7 月、10 月及次年 1 月发放，试用期员工无绩效工资。（数据来源于绩效岗提供的上季度绩效考核评价结果）

3. 年度奖金

员工年度绩效按年度考核，年度奖金在次年 1 月发放。（数据来源于绩效岗提供的年度绩效考核评价结果）

二、补贴项及数据来源

在此案例中，午餐补助（简称"餐补"）根据《公司员工餐补补贴管理制度》规定，标准为 15 元/工作日，按照当月实际出勤天数核算。

计算公式如下：

当月餐补=餐补标准×当月实际出勤天数

例如：2 月份，员工张三当月实际出勤 10 天，则 2 月份的餐补=15×10=150 元

（实际出勤天数来源于当月《考勤统计表》。）

三、扣款项及数据来源

在此案例中，扣款项仅包括缺勤扣款。根据公司《考勤不休假管理制度》中的规定，涉及以下扣款：

缺勤扣款=事假扣款+病假扣款+迟到扣款+空缺扣款

备注：在此案例中，"空缺扣款"指员工因新入职或离职造成的缺勤天数而导致的扣款。

事假扣款=基本工资÷21.75

年工作日=365-104（休息日）-11（法定节假日）=250（天）

月工作日=250÷12=20.83（天）

月计薪天数=（365-104）÷12=21.75（天）

四、税前扣款项及数据来源

在此案例中，税前扣款项包括以下两项。

（1）个人缴纳的社保、公积金扣款。

个人养老月扣款：按照缴费基数 8%的比例缴纳。

个人医疗月扣款：按照缴费基数 2%+3 元的金额缴纳。

个人失业月扣款：按照缴费基数 0.2%的比例缴纳（农业户口员工无须缴纳）。

个人公积金月扣款：根据公积金管理办法，按照缴费基数 12%的比例缴纳。

（数据来源于《员工社保、公积金明细表》。）

（2）个税专项附加扣除。

专项附加扣除名称	扣除标准
赡养老人	独生子女：2000元/月 非独生子女：最高1000元/月
子女教育	每个子女1000元/月
继续教育	学历教育：400元/月 职业资格教育：3600元/年
住房贷款利息	1000元/月
住房租金	北京地区1500元/月
大病医疗	1.5～8万元据实抵扣/年

其中，在一个纳税年度内，住房贷款利息和住房租金不能同时享受扣除。
（数据可从个人所得税App中导出。）

（2）单击【做任务】进入【工作交接文件】下载《员工考勤表-4月》《员工社保、公积金明细表-4月》《工资核算表-3月》，收集各薪酬项目的基础数据，为核算员工张佑4月份的工资做准备。

4.9.3 核算工资

任务描述：
（1）学习【任务导航】中的内容，掌握工资核算的方法与函数公式；

Tips：重要公式介绍

缺勤扣款计算
事假扣款：事假扣款=员工当月月基本工资标准÷21.75天×月累计事假天数。
函数公式：W3=ROUND(F3/21.75*L3,2)
病假扣款：短期病假扣款=员工当月月基本工资标准×50%÷21.75天×月累计病假天数。
函数公式：X3=ROUND(F3*50%/21.75*M3,2)
迟到扣款：月度累计迟到不足2次（含），由部门经理提醒员工注意或提出警告，月度累计3次（含）以上，扣发当月工资20元/次；迟到2小时（含）以上，按照事假处理。
函数公式：Y3=IF(T3>2,T3*20,0)
空缺扣款：空缺扣款=员工月基本工资标准÷当月应出勤天数×空缺天数。
函数公式：Z3=ROUND(F3/J3*U3,2)
备注1：函数ROUND(数值,2)指的是将数值四舍五入，保留两位小数。
备注2：21.75天，为法定月计薪天数。
备注3：在此案例中，"空缺扣款"指员工因新入职或离职造成的缺勤天数而导致的扣款。

个人所得税计算（本案例采用2019年新个税法计算）
个税征缴方式：
（1）怎么征？全年累计计税；

第4章 全岗体验训练

（2）怎么缴？按月预扣预缴。

计算公式：本月实缴个税=本月累计应缴个税−上月累计已缴个税。

（简单来说：本月实际缴纳的个税等于，在这个纳税年度内截至本月累计应缴个税减去截至上月累计已缴个税）

备注1："上月累计应税所得额"应为上月工资核算表中的"本月累计应税所得额"项。

备注2：核算新员工第1个月的工资时，工资核算表中"上月累计应税所得额"直接等于0，不用考虑入职本公司以前的情况。

（2）将《工资核算表-3月》打开另存为《工资核算表-4月》；

（3）根据【任务导航】中的方法，用"4月变动数据"替换"3月变动数据"，此时表中公式将自动计算出员工张佑4月份的工资（"4月变动数据"来源于《员工考勤表-4月》《员工社保、公积金明细表-4月》《工资核算表-3月》）；

（4）将《工资核算表-4月》上传至【云盘】→【我的文件】。

4.9.4　工资审批与发放

任务描述：（以下操作在后续任务中会详细练习，此环节不做训练，在本任务中知晓此流程即可）

（1）制作薪酬汇总表；

（2）发送上级审批薪资表；

（3）填写支出凭单，审核签字后，送至财务部；

（4）制作工资条，发送给全体员工。

4.10　员工转正

该任务的主要目标是通过训练让学生掌握转正办理流程、规范，了解与员工转正相关的法律风险（转正提醒、转正通知）。

项目描述：新入职的Java开发工程师试用期即满，请跟进其转正手续，具体流程见图4-27。

转正提醒 → 复核转正材料 → 更新人员异动表 → 发送转正通知

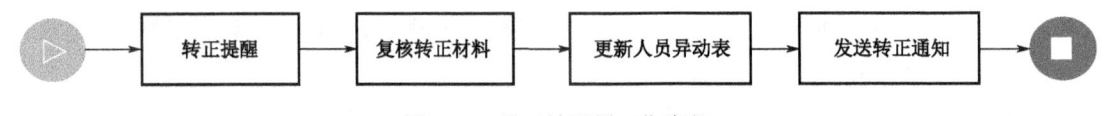

图4-27　员工转正的工作流程

4.10.1　工作分派——员工转正

任务描述：

请你给本部门全员召开工作会议，明确员工转正的任务目标，并为大家简单介绍该任务的工作流程、注意事项等。

4.10.2 转正提醒

任务描述：

（1）学习【任务导航】中的内容，掌握公司员工转正工作流程及规范；

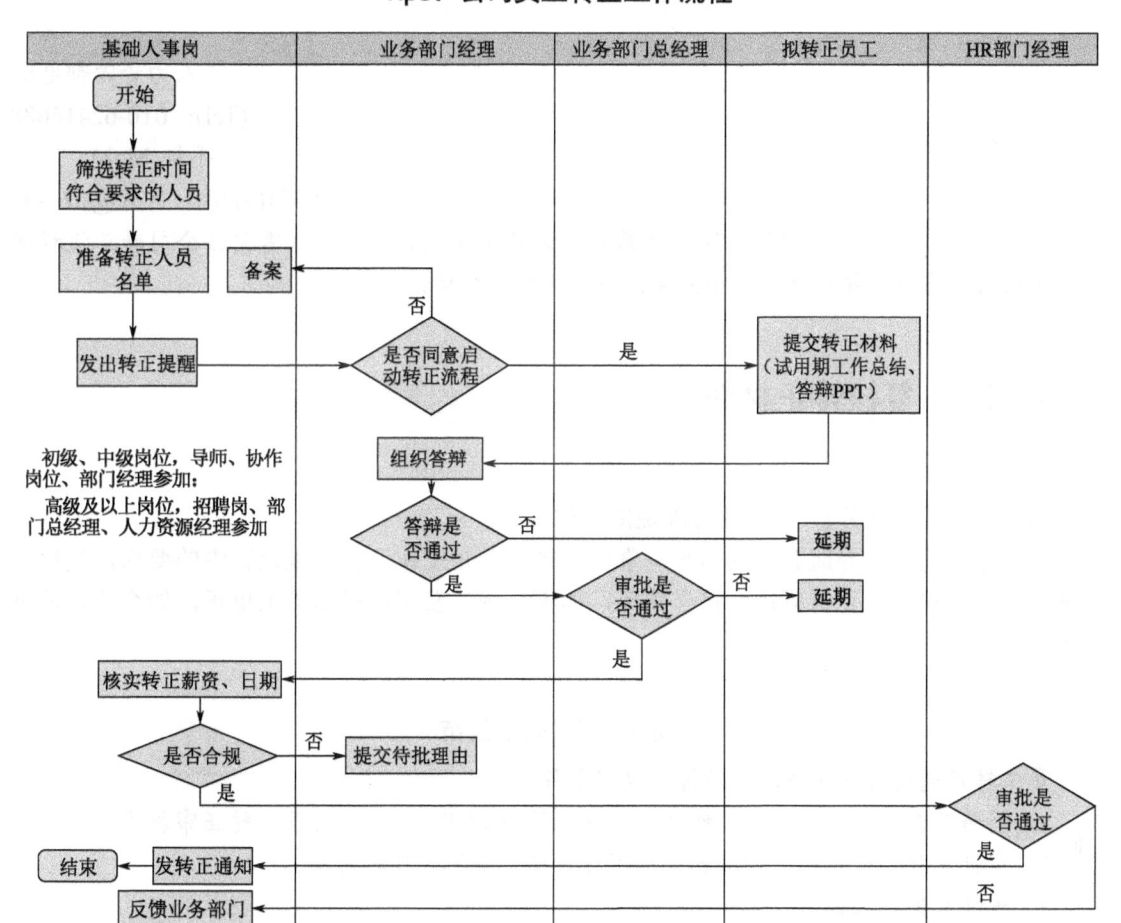

Tips：公司员工转正工作流程

基础人事岗	业务部门经理	业务部门总经理	拟转正员工	HR部门经理

开始 → 筛选转正时间符合要求的人员 → 准备转正人员名单 → 发出转正提醒 → 是否同意启动转正流程（否：备案）→ 是：组织答辩 → 提交转正材料（试用期工作总结、答辩PPT）→ 答辩是否通过（否：延期）→ 是：审批是否通过（否：延期）→ 是：核实转正薪资、日期 → 是否合规（否：提交待批理由 → 审批是否通过）→ 是：发转正通知 → 反馈业务部门 → 结束

初级、中级岗位，导师、协作岗位、部门经理参加；
高级及以上岗位，招聘岗、部门总经理、人力资源经理参加

（2）参照【背景资源】中的《转正提醒邮件模板》，单击【做任务】，进入邮箱，编写主题为"员工转正提醒"的邮件，提醒部门经理及时组织员工张佑转正（员工信息可在《人员异动表》中查询）。

Tips：转正提醒邮件模板

发件人：人事专员

收件人：××（对应部门经理）

主题：员工转正提醒

正文：

　　××：您好！按照公司的转正时限标准，您部门以下员工可在 6 月份安排转正，信息如下。

姓名	岗位名称	职级	到职日期	转正日期

如其试用期表现符合转正要求，请为其安排转正答辩，并在××月××日前，将所有转正材料提交，感谢配合！如其试用期表现需进一步观察，请回复邮件说明情况，确定延期转正时间，避免后续转正提醒不及时，导致不必要的风险和损失，感谢！

××
人力资源部电话
(Tel)：010-62416688
手机(Mob)：××
邮箱(Mail)：××@tiz.com

PS：如果是新上任的部门经理，他第一次为员工组织转正，那么需要按公司转正流程规范将对应需要准备的转正材料及相关注意事项详细地告诉他。

4.10.3 复核转正材料

任务描述：

（1）单击【做任务】，查收助理周妮的工作邮件；

（2）学习【任务导航】中的内容，掌握《员工转正工作流程及规范》中的要求，复核业务部门提交的员工转正材料是否符合规范，如不合规，发邮件通知员工更正，如合规，请进入下一步。

Tips：员工转正规范

员工转正通过通知发送，必须符合以下条件：
1. 材料齐全，包括试用期工作总结、转正答辩PPT、转正评价表、转正审批表；
2. 审批完整，包括转正评价表评价项目完整、审批表签批完整；
3. 邮件发送要求如下：
收件人：转正员工；
抄送人：部门经理；
邮件主题：员工转正通知。

4.10.4 更新人员异动表

任务描述：

（1）单击【做任务】，进入【我的文件】，下载最近更新的《人员异动表》，将转正人员信息记录到《人员异动表》"转正"表中，见图4-28；

（2）记录完成后，将【我的文件】中旧的《人员异动表》删除，上传新更新的《人员异动表》。

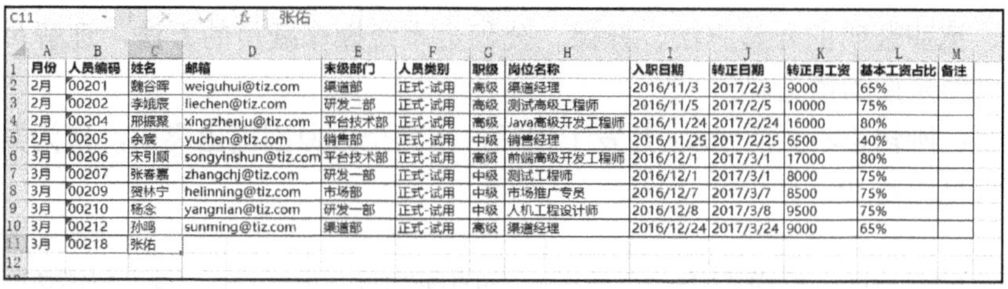

月份	人员编码	姓名	邮箱	末级部门	人员类别	职级	岗位名称	入职日期	转正日期	转正月工资	基本工资占比	备注
2月	00201	魏谷晖	weiguhui@tiz.com	渠道部	正式-试用	高级	渠道经理	2016/11/3	2017/2/3	9000	65%	
2月	00202	李姚宸	liechen@tiz.com	研发二部	正式-试用	高级	测试高级工程师	2016/11/5	2017/2/5	10000	75%	
2月	00204	邢振聚	xingzhenju@tiz.com	平台技术部	正式-试用	高级	Java高级开发工程师	2016/11/24	2017/2/24	16000	80%	
2月	00205	余宸	yuchen@tiz.com	销售部	正式-试用	中级	销售经理	2016/11/25	2017/2/25	6500	40%	
3月	00206	宋引顺	songyinshun@tiz.com	平台技术部	正式-试用	高级	前端高级开发工程师	2016/12/1	2017/3/1	17000	80%	
3月	00207	张春嘉	zhangchj@tiz.com	研发一部	正式-试用	中级	测试工程师	2016/12/1	2017/3/1	8000	75%	
3月	00209	贺林宁	helinning@tiz.com	市场部	正式-试用	中级	市场推广专员	2016/12/7	2017/3/7	8500	75%	
3月	00210	杨念	yangnian@tiz.com	研发一部	正式-试用	中级	人机工程设计师	2016/12/8	2017/3/8	9500	75%	
3月	00212	孙鸣	sunming@tiz.com	渠道部	正式-试用	高级	渠道经理	2016/12/24	2017/3/24	9000	65%	
3月	00218	张佑										

图 4-28　更新人员异动表

4.10.5　发送转正通知

任务描述：

（1）学习【任务导航】中的内容，了解员工转正中可能发生的劳动纠纷；

（2）单击【做任务】，进入邮箱，参照【背景资源】中的《员工转正通知模板》，给通过转正的员工张佑发送《员工转正通知》邮件。

Tips：转正通知模板

××：

您好！鉴于您在试用期间的工作表现，经公司研究决定同意您转正的申请，您将于××年×月×日起转为公司正式员工，在此向你表示祝贺！

以下是您转正后的薪资福利情况，以下内容为公司保密事项，请务必遵守《公司保密制度》。

岗　　位			
职　　级			
基本工资	元	基本工资占比	
考核上级			

自转正之日起须参加月度绩效考核，未做考核或未及时提交考核者不给予核发绩效工资。转正后享受正式员工的福利。

希望在今后的工作中继续努力，努力提升技能水平，进一步发挥岗位价值，与公司同发展，共进步！

特此通知！

人力资源部

年　　月　　日

4.11　员工离职办理

该任务的主要目标是通过训练让学生掌握企业员工离职的办理流程、员工离职的相关法律风险防控、离职证明的开具方法、社保、公积金系统操作减员的方法，理解员工存档资料项目及劳动风险防控的意义。

项目描述：刚转正不久的 Java 开发工程师，因为个人原因提出离职，请为其办理离职手续，具体流程见图 4-29。

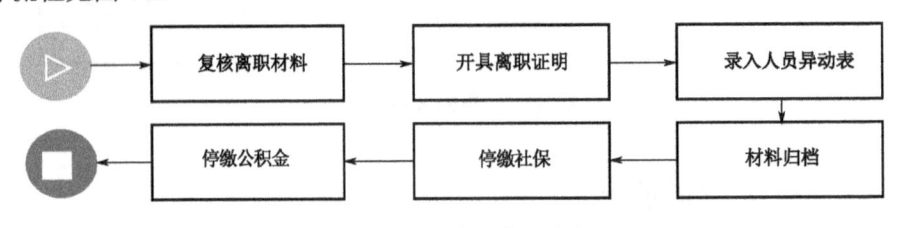

图 4-29 员工离职办理流程

4.11.1 工作分派——员工离职办理

任务描述：

请你给本部门全员召开工作会议，明确办理员工离职的任务目标，并为大家简单介绍该任务的工作流程、注意事项等。

4.11.2 复核离职材料

任务描述：

（1）学习【任务导航】中的内容，掌握员工离职办理流程及规范；

Tips：员工离职审批流程及规范

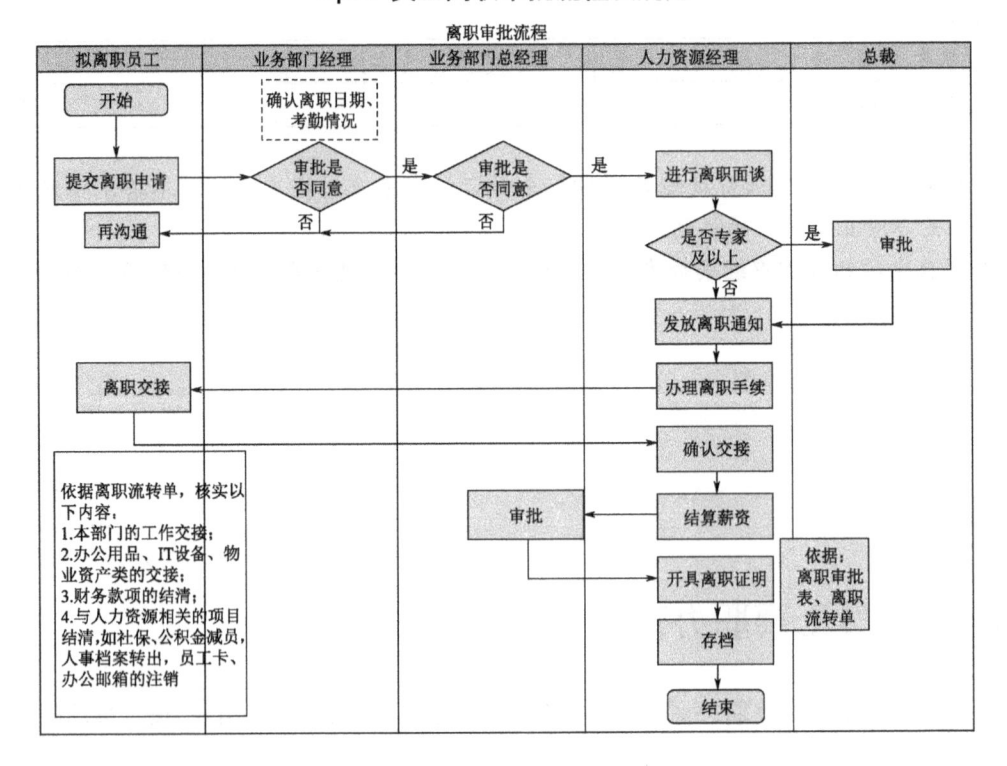

根据《劳动合同法》第五十条规定，用人单位应当在解除或者终止劳动合同时出具解除或者终止劳动合同的证明，并在十五日内为劳动者办理档案和社会保险关系转移手续。

在劳动者违反《劳动合同法》解除劳动合同的情形下，法律已经对其行为规定了相应的违法后果——给用人单位造成损失的，应当承担赔偿责任，此时用人单位亦应当提供劳动合同解除的证明。遇到恶意不交接(需有证据证明)却强烈要求开具离职证明的劳动者，企业可开具离职证明给劳动者，同时，在离职证明中客观地载明"该员工与本单位尚未交接完毕"。相信劳动者拿到了此证明，也无法入职新用人单位，因为新用人单位不会招用尚未交接完毕的劳动者。

（2）单击【做任务】，进入邮箱，查看助理周妮关于员工张佑离职办理的工作邮件；

（3）复核员工提交的《离职审批表》《离职流转单》（如有打印机请打印）中各级审批人、离职信息是否签批完整、离职时间是否一致，如有问题需要尽快补签或修正。

4.11.3 开具离职证明

任务描述：

（1）学习【任务导航】中的内容，了解离职证明开具的相关法律风险；

Tips：离职证明开具注意事项

一、离职证明的法律规定

离职证明即解除劳动合同证明，是用人单位在员工解除或者终止劳动合同时出具的解除或者终止劳动合同的证明。

《劳动合同法》第五十条规定，用人单位应当在解除或者终止劳动合同时出具解除或者终止劳动合同的证明，并在十五日内为劳动者办理档案和社会保险关系转移手续。

《劳动合同法》第八十九条规定，用人单位违反本法规定未向劳动者出具解除或者终止劳动合同的书面证明，由劳动行政部门责令改正；给劳动者造成损害的，应当承担赔偿责任。离职证明有很多作用，如在办理档案和社保转移、重新入职、厘清劳资双方权利和义务等方面，是很重要的法律依据，因此如果出具的证明弄虚作假，情节严重的，将构成犯罪。

二、离职证明的开具

1. 离职证明中应当写明劳动合同期限、解除或者终止劳动合同的日期、工作岗位、在本单位的工作年限等信息。

2. 离职证明中的信息应当符合真实的情况，以避免因信息不实产生的劳动纠纷（曾发生过因多写员工在职时间，员工追偿工资、社保等劳动纠纷案件）。

3. 离职证明应盖人力资源部公章或公司公章，根据各公司用章审批流程，申请用章（盖骑缝章）。

（2）在附录中找到离职证明模板（见附录3-7）；

（3）填写离职证明，可以从《人员异动表》（在【我的文件】中），以及《离职审批表》中查询拟离职人员张佑的信息；

（4）在公司名称处、骑缝处盖人力资源部专用章。

4.11.4 录入人员异动表

任务描述：

（1）单击【做任务】，进入【我的文件】，下载最近更新的《人员异动表》，将离职人员信息记录到《人员异动表》的"离职"表中；

（2）记录完成后，将【我的文件】中旧的《人员异动表》删除，上传更新的《人员异动表》。

4.11.5 材料归档

任务描述：

（如有打印机）将离职人员纸质材料放入该员工档案中，并单独做离职存档。

4.11.6 停缴社保

任务描述：

（1）学习【任务导航】中的内容，掌握社保减员操作；

Tips：社保减员操作指南

1. 登录北京市社会保险网上服务平台。
2. 单击左侧功能列表中【普通减员】，进入普通减员申报页面。零星减员：适用于减员人数少且单位参保人数少的情况。批量减员：适用于单位整体或大量减员，最大化减少申报失败的情况。
3. 单击【零星减员】，进入减员人员信息页面，输入身份证号和姓名，单击查询。
4. 录入信息完毕后单击【保存】，最后单击【提交】。
5. 查看零星减员实时反馈结果。

（2）单击【做任务】，登录北京市社会保险网上申报查询系统，根据员工张佑的离职时间，为其进行社保减员，见图4-30。

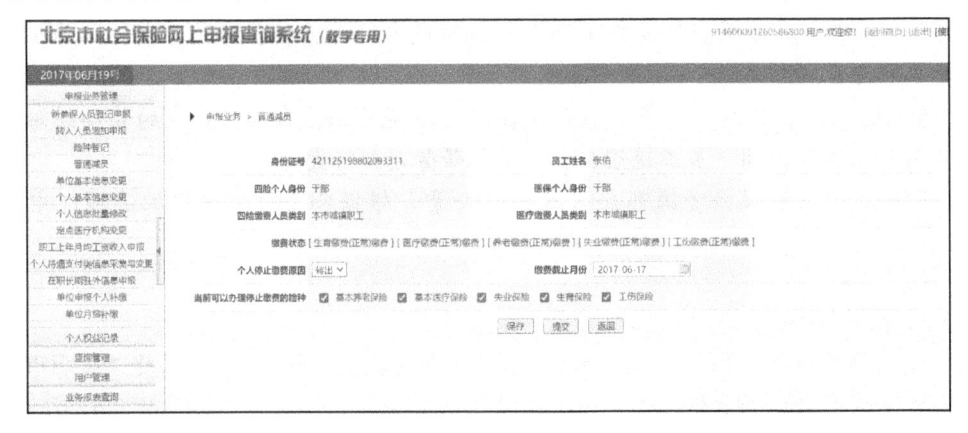

图 4-30 社保减员

4.11.7 停缴公积金

任务描述：
（1）学习【任务导航】中的内容，掌握公积金减员操作；

Tips：公积金减员操作指南

一、公积金增减员注意事项

不同公司的公积金选择的增减员操作时间节点不一样，这取决于公司与公积金中心约定的托收时间，一般托收日前 3 个工作日就不能操作增减员了。特别强调：公司每个月只能对公积金系统进行一次增减员的操作，所以，要注意在操作时，避免漏掉需要本月操作增减员的人员。

二、减员操作指南
1. 登录北京市住房公积金网；
2. 单击左侧功能列表中的【汇缴管理】→【托收汇缴】，进入申报页面；
3. 单击【变更处理】，进入公积金业务变更页面；
4. 单击【减少】进入公积金减员页面；
5. 输入个人编号后自动带出其他信息；
6. 查看确认无误后单击；
7. （如本月需增员，要先进行增员再操作本步骤）单击【校验变更】进行信息校验；
8. 单击【返回】回到变更处理页面；
9. 核实公积金增员/减员信息无误后，单击【申报确认】进行当月公积金申报（本公司全部增员完毕，再"申报确认"，一旦"申报确认"当月则不能再次操作）；
10. 收到操作结果反馈。

（2）单击【做任务】，登录北京住房公积金网上业务系统，根据员工的离职时间，进行公积金减员。（特别注意：最终"申报确认"操作由人力资源经理在确认所有成员都做完减员操作后，独立单击【申报确认】完成最终减员。）

4.12 人力技能竞赛

该任务的主要目标是通过复盘流程，强化学生对人力资源管理流程的认知与劳动风险的把控。

任务描述。
（1）请各人力资源经理带领人力资源部的员工根据比赛规则与要求，依靠团队协作，集思广益完成情景剧的剧本设计、角色分工（要求每组全部成员参与演绎）、表演排练与专业知识点把控。
（2）老师组织各组按照抽签顺序出场演绎，每组面对全班做主题演绎。
（3）所有主题演绎结束后，老师组织各组现场投票，评选出演绎胜出者，给予积分奖励。

（4）风险演绎点如下。

①招聘：招聘广告发布中的地域、性别等歧视。

②入职：入职的离职证明，各类证件的真伪，劳动合同是否为本人手签，复印件是否有本人确认签名，劳动合同是否及时签订。

③转正：转正手续办理时间；如果因试用期不符合录用条件而解除劳动合同，不符合录用条件是否有证据等。

④离职：离职证明开具 15 日内转移保险与劳动关系，并进行工作交接。

Tips：任务发布与规则说明

1. 演绎主题限定在招聘、入职、转正、离职环节；
2. 演绎主题包含比赛主题的流程和风险控制点，时长控制在 5～10 分钟；
3. 知识点准确丰富，表演精彩。

本章小结

本章主要结合人力资源管理的常规工作，要求学生以人力资源管理岗位的工作角色完成员工招聘、入职、转正和离职等阶段的相应实训任务，帮助学生掌握人力资源管理各模块的基本业务流程，理解和强化人力资源管理的相关政策和法律法规。本章最终需要提交的成果见表 4-2。

表 4-2　全岗体验阶段提交成果

任务名称	提交成果	备注
4.1 发布广告★	2 份符合结果的简历（Word 格式电子版）	
4.2 筛选简历★	名称：4-2 岗位名称+简历 1、4-2 岗位名称+简历 2	
4.3 面试★★	应聘人员面试评价表 2 份（纸质文件，表格上填写岗位名称及姓名）按组提交	
4.4 发放 Offer★	4-4 岗位名称+录用邀请函（Word 格式电子版）	
4.5 办理新员工入职★	4-5 岗位名称+人员异动表（Excel 格式电子版）	
4.6 社保、公积金增员★	4-6 岗位名称+社保增员（截图）：申报管理→转入人员增加申报→输入增员后人员姓名及身份证号查询，将查询结果截图； 4-6 岗位名称+公积金增员（截图）：汇缴管理→托收汇缴→变更处理，将查询结果截图	注意：变更确认按钮只有人力资源经理在所有人员都提交后，由人力资源经理点击。其他人员不能点击操作
4.7 签订新员工绩效计划★	试用期绩效计划（纸质）	全组人员填写本人试用期绩效计划
4.8 制作培训准备清单★★	4-8 岗位名称+新员工培训准备清单（Excel 格式电子版）； 4-8 岗位名称+主持人开场白（Word 格式电子版）	
4.9 核算员工工资★★★	4-9 岗位名称+工资核算表-4 月	

续表

任务名称	提交成果	备注
4.10 员工转正★	4-10 岗位名称+转正提醒邮件； 4-10 岗位名称+人员异动表； 4-10 岗位名称+转正通知书	
4.11 员工离职办理★	离职证明（纸质文件，表格上填写岗位名称及姓名）； 4-11 岗位名称+人员异动表； 4-11 岗位名称+社保减员（截图）：普通减员→零星减员→输入姓名、身份证号，将查询结果截图； 4-11 岗位名称+公积金减员（截图）：托收汇缴→变更处理，将查询后结果截图	在附录 3-7 中，找到离职证明模板

第 5 章　专业技能训练

> 📁 **学习目标**

（1）掌握人力资源各岗位的关键技能、工具、方法；
（2）清晰认知人力资源各岗位的岗位职责与分工、关键控制点及风险防控要求，强化知识、理论的理解和实践应用；
（3）学会通过各种学习资源查找所需信息；
（4）培养办公自动化和数据信息处理能力；
（5）提高对企业主要人力资源管理体系、制度、流程、规范的理解能力。

5.1　全员任务——工作资料交接

该任务的主要目标是通过训练让学生了解上岗工作交接的环节。
项目描述：进行工作资料交接，准备正式上岗工作。
角色名称：全体成员。
活动名称：进行工作交接。
任务描述：
单击【做任务】开始进行工作交接，在【工作交接文件】中查收岗位交接文件，用于后面的工作处理。

5.2　人力资源经理的主要任务

人力资源经理一共有 4 个主要实训任务，具体见表 5-1。

表 5-1　人力资源经理的主要任务

任务/活动	具体动作
5.2.1 人才梯队项目计划★★★	1.了解项目要求；2.设计实施计划
5.2.2 准备内审资料★★	准备内审材料
5.2.3 编制人工成本预算★★★	1.启动人工成本预算专项；2.测算工资标准；3.编制人工成本预算
5.2.4 实施内审方案★★	1.实施内审；2.编写审计报告；3.反馈审计结果

5.2.1 人才梯队项目计划

该任务的主要目标是通过训练让学生理解继任计划的目的、意义和作用；了解人才梯队的含义和分层体系，并能够用自己的语言进行解读；了解关键人才的辨别，理解人才梯队建设与业务的关联；掌握人才梯队建设的步骤和推进重点。

项目描述：根据集团人力资源的整体部署，结合本公司情况制定人才梯队项目实施计划，具体流程见图 5-1。

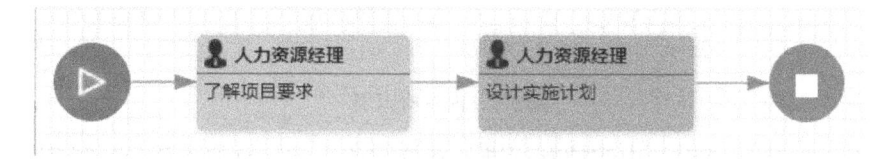

图 5-1　人才梯队项目计划的工作流程

1. 了解项目要求

角色名称：人力资源经理。

任务描述：

（1）单击【做任务】进入邮箱，阅读集团人力资源部的通知，了解人才梯队项目的基本情况；

（2）根据项目要求，确定本公司工作小组成员及分工；

（3）根据项目介绍，整理关键人才储备不足的企业风险，并能够辨识不同情境的风险类型。

2. 设计实施计划

角色名称：人力资源经理。

任务描述：

（1）学习【任务导航】中的内容，了解人才梯队项目实施计划的制定要点；

（2）根据项目介绍和本公司实际情况，确定项目范围；

（3）单击【做任务】，进入邮箱，查看"关于人才梯队建设实施计划提报的通知"及其回复，根据 CEO 的时间和集团的整体时间要求，制定实施计划。

（4）将实施计划提交给项目小组。

5.2.2 准备内审资料

该任务的主要目标是通过训练让学生理解《劳动法》《劳动合同法》中的公司风险防控点，了解案例公司的人力资源管理制度、流程规范。

项目描述：集团即将开展人力资源内审工作，请准备内审资料以备检查。

角色名称：人力资源经理。

任务描述：

（1）单击【做任务】进入邮箱，查看集团内审实施通知，并下载《内审检查表》（见图 5-2）；

图 5-2　内审检查表

（2）根据《内审检查表》中的控制标准、支持文档、控制点相关资料，组织部门人员准备文档材料备查。

5.2.3　编制人工成本预算

该任务的主要目标是通过训练让学生了解人工成本的构成要素、企业人力资源预算假设的作用和意义，理解人力资源费用编制预算的原则、与人员费用预算相关表单的构成，掌握人工成本预算核算方法，了解跨部门分工与协作。

项目描述：企管部发布公告，为适应互联网转型，公司将于 8 月正式成立互联网产品研发部，请编制该部门人工成本预算，具体流程见图 5-3。

图 5-3　编制人工成本预算的工作流程

1. 启动人工成本预算专项

角色名称：人力资源经理。

当前日期：2017 年 7 月 20 日

任务描述：

（1）学习【任务导航】中的内容，了解人工成本的主要构成；

Tips：人工成本的构成

人工成本，是指企业在一定时期内，在生产、经营和提供劳务活动中，因使用劳动者而支付的所有直接费用与间接费用的总和。

根据国家劳动部（1997）261 号文件规定，人工成本包括：职工工资和奖金、社会保险费用、住房公积金、职工培训费用和其他人工成本支出等，见下图。

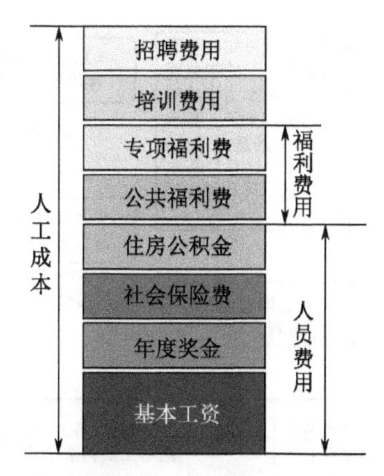

【注意】

社会保险费与住房公积金均为用人单位根据缴费基数与单位缴费比例核算缴纳的部分，与个人缴纳的社会保险与住房公积金不同，两者不能混淆。

（2）单击【做任务】进入邮箱，查收企管部发来的关于"上报互联网产品研发部的人员编制及人工成本预算汇总表"的邮件，并下载邮件附件；

（3）将该邮件正文及附件中的《1-2017 年互联网产品研发部人员编制及人工成本预算假设表》《2-互联网产品研发部人员编制表》转发给薪酬专员，并要求薪酬专员在下班前按照预算假设表中规定的互联网产品研发部的薪酬结构，完成《互联网产品研发部在岗人员薪酬结构调整测算表》的编制工作。

2. 测算工资标准

角色名称：薪酬专员。

当前日期：2017 年 7 月 20 日。

任务描述：

（1）单击【做任务】进入邮箱，收取人力资源经理的邮件，下载附件中的《1-2017 年互联网产品研发部人员编制及人工成本预算假设表》《2-互联网产品研发部人员编制表》；

（2）学习【任务导航】中的内容，掌握薪酬结构调整时基本工资的测算方法；

Tips：薪酬结构调整时基本工资的测算方法

一、薪酬结构调整的规则

根据互联网产品研发部预算假设表的要求，内部调动人员年度总现金收入不变（其中，总现金收入=基本工资+绩效工资+绩效奖金）。

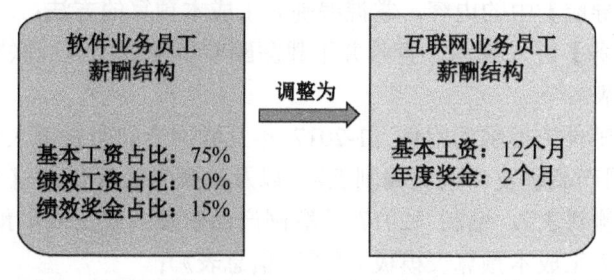

软件业务员工薪酬结构
基本工资占比：75%
绩效工资占比：10%
绩效奖金占比：15%

调整为

互联网业务员工薪酬结构
基本工资：12 个月
年度奖金：2 个月

薪酬结构调整的目标：根据预算假设中互联网业务员工的薪酬结构调整后，每个人的月基本工资标准及年度奖金标准。

二、薪酬结构调整时基本工资的测算路径

薪酬结构调整测算表：

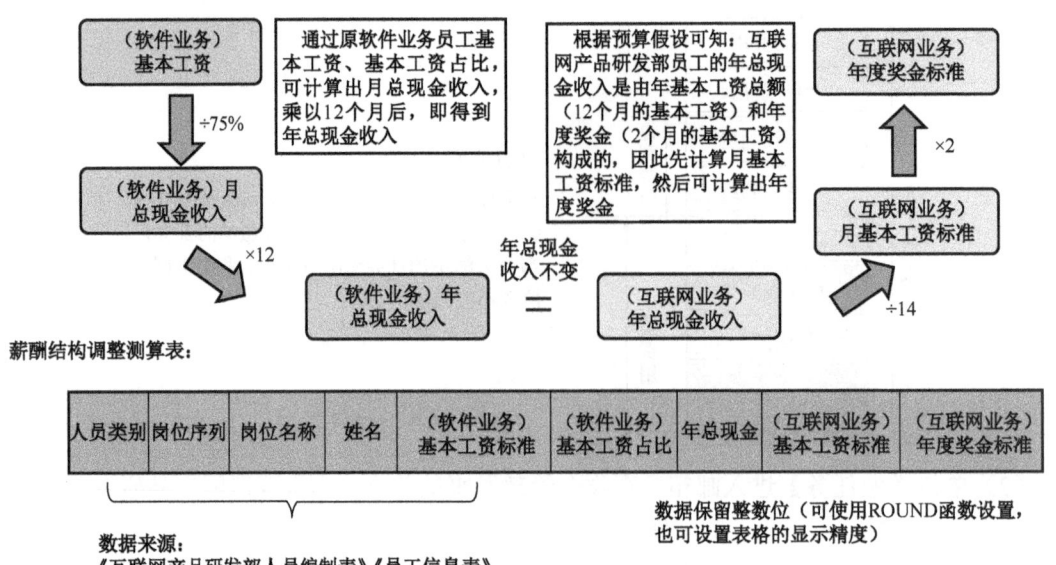

| 人员类别 | 岗位序列 | 岗位名称 | 姓名 | （软件业务）基本工资标准 | （软件业务）基本工资占比 | 年总现金 | （互联网业务）基本工资标准 | （互联网业务）年度奖金标准 |

数据来源：
《互联网产品研发部人员编制表》《员工信息表》

数据保留整数位（可使用ROUND函数设置，也可设置表格的显示精度）

例如，贾某原在软件部门的基本工资为 7000 元/月，基本工资占比为 75%，则年总现金收入标准为：7000÷75%×12=112 000 元。若贾某 2017 年 8 月起调入互联网产品研发部，则互联网研发部年度基本工资总额+年度奖金=14 个月基本工资，故在年总现金收入标准不变的情况下，由于薪酬结构发生调整，贾某的月基本工资标准调整为：112 000÷14=8000 元/月，年度基本工资总额标准调整为：8000×12=96 000 元，年度奖金标准变为 8000×2=16 000 元。

（3）按照预算假设表中规定的互联网产品研发部员工薪酬结构，使用【工作交接文件】中的《薪酬结构调整测算表模板》，对调入互联网产品研发部的 6 位员工的月基本工资标准及年度奖金标准进行测算（在岗人员信息可通过【工作交接文件】中的《员工信息表》查询）；

（4）将测算表另存为《互联网产品研发部在岗人员薪酬结构调整测算表》，并邮件反馈给人力资源经理。

3. 编制人工成本预算

角色名称：人力资源经理。

当前日期：2017 年 7 月 22 日。

任务描述：

（1）学习【任务导航】中的内容，掌握编制人工成本预算的方法；

（2）单击【做任务】进入邮箱，查收并下载薪酬专员发来的《互联网产品研发部在岗人员薪酬结构调整测算表》；

（3）根据企管部邮件中提供的附件《1-2017 年互联网产品研发部人员编制及人工成本预算假设表》《2-互联网产品研发部人员编制表》，以及薪酬专员提供的《互联网产品研发部在岗人员薪酬结构调整测算表》，编制《2017 互联网产品研发部人工成本预算表》（可参照【工作交接文件】中的《人工成本预算表模板》《员工信息表》）；

（4）根据《2017 互联网产品研发部人工成本预算表》的数据，填写附件《3-人员编制及人工成本预算汇总表》；

（5）将《3-人员编制及人工成本预算汇总表》上传至【云盘】→【我的文件】。

5.2.4 实施内审方案

该任务的主要目标是通过训练让学生理解人力资源管理中的风险防控点,掌握审计报告撰写的要素。

项目描述:实施集团发布的内审方案,完成内审报告撰写与结果反馈,具体流程见图 5-4。

图 5-4 实施内审方案的工作流程

1. 实施内审

角色名称:人力资源经理。

任务描述:

开始实施成员企业间相互审计,记录《××公司内审检查表》(可参照【背景资源】中的填写示例)。

2. 编写审计报告

角色名称:人力资源经理。

任务描述:

(1)单击【成绩管理】→【公司内审】进入审计报告编写页面,根据内审检查表和实际内审情况,编写内审报告并评分;

(2)将内审报告导出,为反馈做准备。

3. 反馈审计结果

角色名称:人力资源经理。

任务描述:

与内审对象公司的人力资源经理沟通确认后,将最终修订的《××公司内审检查表》《××公司内审报告》上传至【云盘】→【我的文件】。

5.3 绩效专员的主要任务

绩效专员一共有 4 个主要实训任务,具体见表 5-2。

表 5-2 绩效专员的主要任务

任务/活动	具体动作
5.3.1 绩效考核评估实施★★	1.绩效考评通知;2.员工绩效自评(本岗);3.员工绩效自评(其他岗);4.绩效自评收集;5.部门绩效考核评估;6.考核结果审核
5.3.2 绩效考核结果面谈★★	1.制订绩效面谈计划;2.绩效面谈;3.绩效面谈实施
5.3.3 绩效考核结果申诉★★	1.接受绩效申诉;2.申诉情况调查;3.形成初步处理意见;4.审核申诉处理意见;5.形成复审处理意见;6.沟通解决申诉事宜
5.3.4 绩效计划填报与审核★★	1.提醒员工填报绩效计划;2.个人绩效计划填报(全岗);3.绩效计划审核

5.3.1 绩效考核评估实施

该任务的主要目标是通过训练让学生理解《绩效考核实施细则》，掌握绩效考核评估实施的工作流程，掌握个人和部门绩效考核评估要点。

项目描述：进入 7 月份，按照绩效管理实施计划组织第二季度员工绩效考核评估工作，具体流程见图 5-5。

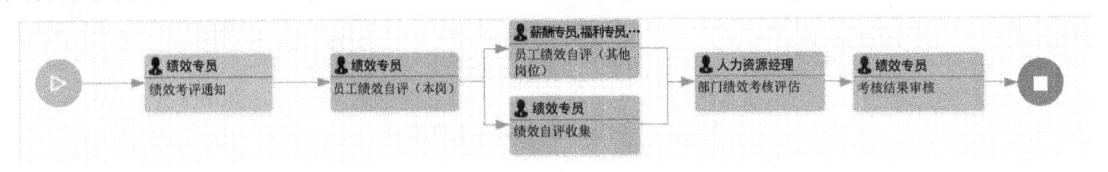

图 5-5 绩效考核评估实施的工作流程

1. 绩效考评通知

角色名称：绩效专员。

任务描述：

（1）查看【任务导航】中的内容，了解公司 2017 年第二季度员工个人绩效考核评估实施流程；

（2）单击【做任务】，查看【工作交接文件】中的《绩效考核实施细则（2017 年）》，了解绩效考核评估实施阶段各工作的详细要求；

（3）单击菜单栏中的【快捷入口】进入邮箱，参考【任务导航】中的内容，发给各部门经理关于绩效考核启动通知的邮件，主题为"关于 2017 年第二季度绩效考核评估工作安排的通知（部门经理）"（各部门经理邮箱地址详见【工作交接文件】中的《干部通讯录》）；

（4）给人力资源部全体同事（人力资源经理除外）发送绩效考核启动通知邮件，主题为"关于 2017 年第二季度绩效考核评估工作安排的通知（员工）"，并要求大家尽快将考核自评结果邮件反馈给你，后续由你提交给人力资源经理（在本次考核中，其他部门的员工通知已由 HR 助理协助发放完成）。

2. 员工绩效自评（本岗）

角色名称：绩效专员。

任务描述：

（1）单击【做任务】进入【我的文件】，下载本人的《员工试用期绩效计划》（在之前任务阶段填写的）；

（2）查看【任务导航】中的内容，学习绩效考核员工自评填写规范；

Tips：绩效考核员工自评填写规范

一、"实际完成情况（结果）"填写规范

员工根据本人在绩效考核期间工作的实际完成结果填写，要求：（1）实事求是，必须有完成的实际证据支持；（2）客观量化，符合 SMART 原则。

二、"自评分"填写规范（x,y,z,…,为各个单项指标）

（总计）得分＝x 自评分×指标权重＋y 自评分×指标权重＋z 自评分×指标权重＋…

举例：（总计）93=100×40%+90×20%+80×20%+95×20%

（3）根据绩效考核通知要求，基于本人试用期（即全岗体验训练阶段）的工作表现进行自评，填写本人《员工试用期绩效计划》中绩效自评部分（包括"实际完成情况（结果）"与"自评分"两部分），并上传至【我的文件】；

（4）将填写完成后的《员工试用期绩效计划》，通过邮件反馈给绩效专员。

3. 员工绩效自评（其他岗）

角色名称：除绩效专员以外的全体成员。

任务描述：

（1）单击【做任务】进入邮箱，查看绩效专员发来的"关于 2017 年第二季度绩效考评工作安排的通知（员工）"邮件；

（2）单击菜单栏中的【快捷入口】→【云盘】→【我的文件】，下载本人的《员工试用期绩效计划》（在之前任务阶段填写的）；

（3）查看【任务导航】中的内容，学习绩效考核员工自评填写规范；

（4）根据绩效考核通知要求，基于本人试用期（即全岗体验训练阶段）的工作表现进行自评，填写本人《员工试用期绩效计划》中绩效自评部分（包括"实际完成情况（结果）"与"自评分"两部分），并上传至【我的文件】；

（5）将填写完成后的《员工试用期绩效计划》，通过邮件反馈给绩效专员。

4. 绩效自评收集

角色名称：绩效专员。

任务描述：

（1）单击【做任务】进入邮箱，跟催并收集齐全人力资源部全体员工（除人力资源经理外）发来的《员工试用期绩效计划》；

（2）根据绩效考核通知要求（"员工自评"的考评要求及填写规范），审核每位员工填写的完整性与规范性，并要求填写不完整与不规范的员工，重新填写并再次提交；

（3）整理审核完成后的人力资源部全体员工《员工试用期绩效计划》，一起提交给人力资源经理。

5. 部门绩效考核评估

角色名称：人力资源经理。

任务描述：

（1）单击菜单栏中【快捷入口】进入邮箱，查看并明确"关于 2017 年第二季度绩效考核评估工作安排的通知（部门经理）"的考核要求；

（2）查看【任务导航】中的内容，学习如何根据员工实际工作完成情况及参考自评成绩，给予部门绩效考评分数与意见；

（3）将部门每位员工的绩效考评分数与意见，分别填写在《员工试用期绩效计划》中的"考核上级评分"和"考核上级审批"中，并确认签字；

（4）单击【做任务】进入【工作交接文件】，下载本人的《员工试用期绩效计划》（在此前任务阶段填写的）；

（5）根据绩效考核通知要求，基于本人试用期（之前任务）工作表现进行自评，填写本人《员工试用期绩效计划》中绩效自评部分（包括"实际完成情况（结果）与"自评分"两部分）；

（6）将部门全体员工的《员工试用期绩效计划》（已完成员工自评和部门考评），以及本人的《员工试用期绩效计划》（已完成员工自评）上传至【云盘】→【我的文件】。

6. 考核结果审核

角色名称：绩效专员。

任务描述：

单击【做任务】进入【工作交接文件】，下载《各部门员工第二季度绩效考核评估结果汇总表》，并分别将各部门员工考评结果邮件发给各个中心总经理审核（邮件地址详见【工作交接文件】中的《干部通讯录》）。

5.3.2 绩效考核结果面谈

该任务的主要目标是通过训练让学生掌握绩效面谈的技巧，掌握有效授权与分工的要点与技巧。

项目描述：员工绩效考评结果已经审核通过，部门经理将与员工做绩效面谈，告知员工考评结果，达成共识，共同制订绩效提升计划。具体流程见图5-6。

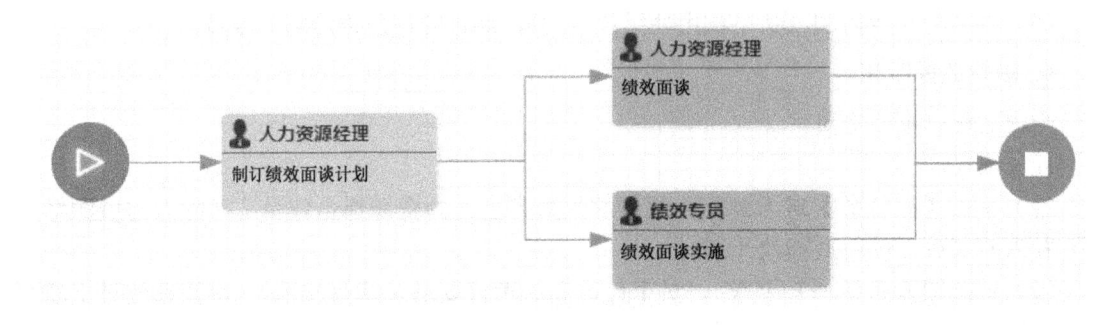

图 5-6 绩效考核结果面谈的工作流程

1. 制订绩效面谈计划

角色名称：人力资源经理。

任务描述：

（1）单击【做任务】进入邮箱，查看人力资源专员发来的关于"第二季度绩效面谈提醒通知"的邮件；

（2）根据通知的要求，基于部门每位员工的实际工作情况（之前做任务中的实际表现），确定与每位员工的绩效面谈内容提纲；

（3）查看【任务导航】中的内容，学习如何有效授权与分工；

（4）查看【任务导航】中的内容，学习如何与员工进行绩效面谈，单击【快捷入口】→【云盘】→【工作交接文件】，下载并使用《绩效面谈反馈记录表》；

Tips：绩效面谈九步曲

绩效面谈流程（九步曲）		面谈规范及要求
Step1	良好气氛开场	开场要有一个暖场，是为了使绩效面谈气氛好一些，放松一些，员工不紧张，才能与你说心里话
Step2	进入主题	进入正题，有一句话是必须说的，"今天我们要做年度/季度绩效面谈。"
Step3	主管引导，并倾听部属自述	1. 绩效面谈中尽量让员工多说一些，学会使用沟通技巧； 2. 应该多提开放性问题，如使用"5W1H工作分析方法"： 原因（何因Why）；对象（何事What）；地点（何地Where）；时间（何时When）；人员（何人Who）；方法（何法How）
Step4	告知考核结果	考核的结果一定要告诉员工
Step5	肯定成绩、指出不足，并客观分析根本原因	1. 肯定员工的成绩； 2. 指出员工的不足； 3. 分析成功与不足的根本原因（知识技能、能力素质、思想态度、行为方式等）
Step6	探讨沟通如何提高绩效，以及解决方案	双方沟通的目的就是为了提高绩效，并且形成解决方案，"我们未来怎么可以做到更好？"
Step7	设定下期工作目标/发展目标	形成员工下期绩效提升计划，或者能力提高的目标及计划，才是绩效面试的主要目的
Step8	结束面谈	
Step9	整理面谈记录	此次绩效面谈的书面记录，将作为以后绩效改进的依据及证据留存

（5）与绩效专员做绩效面谈，填写完成《绩效面谈反馈记录表》，并与绩效专员商讨确定与其他岗位员工的绩效面谈计划；

（6）根据与绩效专员商讨确定的绩效面谈计划（在过程中要充分体现授权与分工），撰写邮件发给绩效专员以按期执行。

2. 绩效面谈

角色名称：人力资源经理。

任务描述：

（1）按照绩效面谈计划与相关人员做绩效面谈（根据与绩效专员的分工安排，确定相关人员范围），基于面谈员工的实际工作情况（之前做任务中的实际表现），填写完成《绩效面谈反馈记录表》；

（2）将填写完成的《绩效面谈反馈记录表》，上传至【云盘】→【我的文件】。

3. 绩效面谈实施

角色名称：绩效专员。

任务描述：

（1）单击【做任务】，进入邮箱，查看人力资源经理发来的绩效面谈计划；

（2）查看【任务导航】中的内容，学习如何与员工进行绩效面谈；

（3）单击【快捷入口】→【云盘】→【工作交接文件】，下载并使用《绩效面谈反馈记录表》；

（4）按照绩效面谈计划，代表人力资源经理与相关人员做绩效面谈（根据与人力资源经理的分工安排，确定相关人员范围），基于面谈员工的实际工作情况（之前做任务中的实际表现），填写完成《绩效面谈反馈记录表》；

（5）将填写完成的《绩效面谈反馈记录表》邮件发送给人力资源经理备案，上传至【云盘】→【我的文件】。

5.3.3 绩效考核结果申诉

该任务的主要目标是通过训练让学生掌握绩效申诉处理流程，理解跨部门沟通与协作。

项目描述：某位员工对部门绩效考核结果不认可，向公司绩效专员提出申诉请求，人力资源部组织解决申诉意见，具体流程见图5-7。

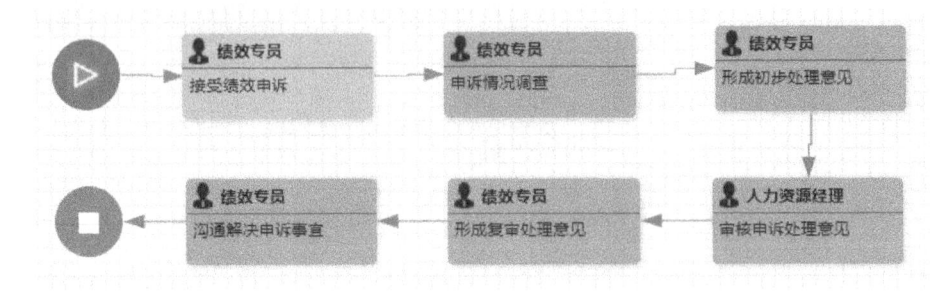

图 5-7 绩效考核结果申诉的工作流程

1. 接受绩效申诉

角色名称：绩效专员。

任务描述：

（1）单击【做任务】进入邮箱，收到市场部某员工"关于第二季度绩效考核结果申诉（市场部贺林宁）"的邮件；

（2）查看【任务导航】中的内容，学习如何处理员工绩效申诉；

Tips：绩效申诉的流程

一、与申诉员工沟通，了解具体申诉情况

（1）辨别员工申诉理由（员工绩效申诉理由一般包括以下5个方面）：

- 考核未按事先确认的项目进行；
- 考核评分依据存在异议；
- 客观考核条件变化，对工作产生较大影响；
- 受协作岗位或部门的牵连，影响员工或部门绩效；
- 主管评分不公平。

（2）了解具体申诉事情、指标。

二、申诉调查介入阶段

（HR的调查应主要集中于对事实的调查和对申诉项目的核查。）

（1）先与申诉人本人进行面谈，了解情况；

（2）再与申诉人直属领导面谈，了解相关意见和看法；

（3）如果有必要，再与相关部门同事面谈，从侧面了解申诉人的实际工作情况或者验证真实情况。

三、形成申诉处理意见

（1）绩效专员结合申诉人意见和实际调查情况，对申诉问题进行具体分析，形成初步处理意见；

（2）将初步处理意见上报人力资源经理审核，形成复审意见；

（3）将复审意见与部门经理沟通，形成最终申诉意见。

四、申诉结果反馈

将最终申诉意见与申诉员工进行沟通，解决申诉问题。

（3）给申诉员工回复邮件，包括：①正式受理申述；②给予反馈的可能时间或推进此事的进程计划。

2. 申诉情况调查

角色名称：绩效专员。

任务描述：

（1）单击【做任务】进入邮箱，撰写"关于市场部员工绩效申诉调查"的邮件，将员工的申诉请求反馈给市场部经理，并向其了解相关的信息与数据（邮箱地址请查看【工作交接文件】中的《干部通讯录》）；

（2）撰写"关于市场部员工绩效数据调查"的邮件，向销售部经理了解与申诉情况有关的市场部员工绩效数据。

3. 形成初步处理意见

角色名称：绩效专员。

任务描述：

（1）单击【做任务】进入邮箱，收取市场部经理反馈的"关于市场部员工绩效申诉调查的情况反馈（市场部）"的邮件，以及销售部经理反馈的"关于市场部员工绩效数据调查的情况反馈（销售部）"的邮件；

（2）根据绩效管理要求，结合调查情况信息反馈，形成"初步处理意见"；

（3）将"申诉调查情况与初步处理意见"通过邮件上报人力资源经理审核，并与人力资源经理当面沟通。

4. 审核申诉处理意见

角色名称：人力资源经理。

任务描述：

（1）单击【做任务】进入邮箱，查收绩效专员发来的"申诉调查情况与初步处理意见"邮件，并与绩效专员当面沟通，了解申诉情况和初步处理意见；

（2）根据绩效管理相关要求，结合调查情况信息反馈，对绩效专员的"初步处理意见"，通过邮件反馈给予审核意见。

5. 形成复审处理意见

角色名称：绩效专员。

任务描述：

（1）单击【做任务】进入邮箱，根据人力资源经理邮件反馈意见形成"复审处理意见"；

（2）撰写主题为"关于市场部员工绩效申诉处理意见"的邮件，将调查结果、复审处理意见同时反馈给员工及被申诉部门主管。

6. 沟通解决申诉事宜

角色名称：绩效专员。

任务描述：

单击【做任务】进入邮箱，收取员工及部门经理反馈的"关于市场部员工绩效申诉处理意见"的邮件，了解他们对调查结果、复审处理意见的反馈，沟通解决申诉事宜。

5.3.4 绩效计划填报与审核

该任务的主要目标是通过训练让学生掌握绩效计划填报流程、KPI 指标设计规范与要点、员工个人绩效计划有效性审核方法，理解业务绩效指标分解到个人绩效指标的方法。

项目描述：第三季度已开始，请组织员工填报第三季度绩效计划，并审核员工个人绩效计划的有效性，具体流程见图 5-8。

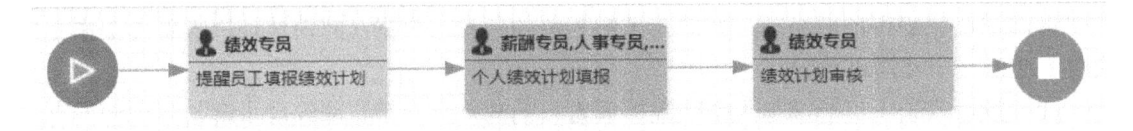

图 5-8 绩效计划填报与审核的工作流程

1. 提醒员工填报绩效计划

角色名称：绩效专员。

任务描述：

（1）查看【任务导航】中的内容，了解公司 2017 年第三季度员工个人绩效计划填报流程；

Tips：绩效计划填报要求与流程

流程步骤	填报要求	截止时间
步骤一：计划沟通和填报	员工与部门经理沟通，根据本部门2017年第三季度绩效目标与计划，确定员工个人绩效计划（包括：绩效指标、指标权重、目标值、评分标准等），并填写在《个人季度绩效计划表（正式员工）》中	2017-07-12
步骤二：主管领导审核与修订确认	审核：部门经理审核《个人季度绩效计划表（正式员工）》；如有修改意见，则和员工再次沟通，并达成共识； 修改：员工根据沟通结果修改《个人季度绩效计划表（正式员工）》； 确认：部门经理确认《个人季度绩效计划表（正式员工）》	2017-07-14

（2）单击【做任务】进入邮箱，参考【任务导航】中的内容，给本公司人力资源部全体员工发送"关于第三季度员工个人绩效计划填报通知"的邮件（其他部门助理周妮已经通知）。

2. 个人绩效计划填报（全岗）

角色名称：全体成员。

任务描述：

（1）查看【任务导航】中的内容，学习如何设计并填写员工"关键绩效指标（KPI）"；

（2）单击【做任务】进入【工作交接文件】，仔细阅读并明确《第三季度人力资源部绩效计划》(见图 5-9)，找到与本岗相关的考核指标，进行细化分解；

第三季度人力资源部绩效计划

部门名称：人力资源部			考核期间（季度）：20 17 年 7 月 1 日 — 20 17 年 9 月 30 日					
一、部门季度绩效计划：								
指标类型	绩效指标	指标权重	指标定义	目标值（万元）	考核数据提供部门	评分标准	实际执行完成情况	考核部门/人
财务指标(30%)	公司收入指标	30%	第三季度公司整体收入达成指标	15000	公司企管部	管理报表		
	招聘计划完成率	20%	截止第三季度末实际完成入职的新员工数量占全年招聘需求数量的比例	90%	人力资源部	达到90%为满分，每少2个百分点，扣1分		
	培训计划完成情况	10%	第三季度实际完成的培训数量	5场培训	人力资源部	共计5场培训，少一场扣4分		
	员工对培训计划实施的满意度	10%	已经参加培训员工对第三季度组织实施的培训内容、讲师、时间等具体安排的满意度	98%	人力资源部	达到98%为满分，每少1个百分点，扣1分		
	绩效考核组织执行情况		严格按照公司绩效管理制度要求		人力资源部	每出现一次不及时或者		

图 5-9 人力资源部绩效计划

（3）在【工作交接文件】中下载《个人季度绩效计划表》（见图 5-10），根据部门绩效计划有关指标细化分解，填写本岗的《个人季度绩效计划表》中绩效计划有关指标（包括考核期间、绩效指标、指标权重、目标值，评分标准等部分）；

个人季度绩效计划表（正式员工）

员工姓名：			所属部门：		所在岗位：		
考核期间（季度）：20 __年__月__日 — 20 __年__月__日							
一、个人季度绩效计划：							
指标类型	绩效指标	指标权重	目标值（计划完成情况）	评分标准	实际完成情况（结果）	自评分	考核
非财务指标							
财务指标							
个人成长指标							
结果总计		100%	— —			0	

图 5-10 个人季度绩效计划表

（4）将填写完成后的《个人季度绩效计划表》邮件提交人力资源经理审核；
（5）提醒部门其他同事按规定时间将《个人季度绩效计划表》邮件提交人力资源经理审核。

3. 绩效计划审核

角色名称：绩效专员。
任务描述：
（1）查看【任务导航】中的内容，学习如何审定员工个人绩效计划的有效性；
（2）单击【做任务】进入【工作交接文件】，查看《第三季度销售部部门绩效计划》，以及销售部（北京区域）第三季度 3 位员工的个人绩效计划表（见图 5-11）；

员工姓名：张山	所属部门：销售部（北京区域）	所在岗位：客户经理

考核期间（季度）： 2017 年 7 月 1 日 — 2017 年 9 月 30 日

一、个人季度绩效计划：

指标类型	绩效指标	指标权重	目标值（计划完成情况）	评分标准	实际完成情况（结果）	自评分	考核
财务指标	第三季度销售收入	30%	100万	第三季度已经签单销售额总计100万及以上，得分100分；每少5%，扣5分；			
	第三季度销售回款	20%	20万	第三季度已经财务部确认回款额总计20万及以上，得分100分；每少5%，扣5分；			
非财务指标	开拓北京市场优质客户数量	20%	开拓3家优质客户	优质客户定义：单笔金额大于等于20万的客户；3家及以上客户，100分；每少一家扣5分；			
	在北京市内组织一场高端客户论坛	10%	在8月1日之前，组织一场100人规模的高端客户论坛（高端客户的定义：企业里面部门经理以上职位）	按时（8月1日之前），保量（100人的高端客户），保质完成（会议组织无任何差错），为100分；高端客户人数在50-100人之间扣10分，有1次不影响论坛整体效果的小差错扣10分；未按时，或者高端客户人数在50人及以下，或者有1次以上差			

图 5-11　销售部个人季度绩效计划表

（3）审核销售部北京区域 3 位员工个人绩效计划的有效性，至少包括以下 3 方面内容：①员工个人绩效与部门组织绩效的一致性；②关键绩效指标填报的规范性（SMART 原则）；③个人绩效计划与岗位职责的匹配性。

（4）单击菜单栏中【快捷入口】进入邮箱，给人力资源经理撰写"关于销售部第三季度员工个人绩效计划有效性审核结论"的邮件。

5.4　招聘专员的主要任务

招聘专员一共有 6 个主要实训任务，具体见表 5-3。

表 5-3　招聘专员的主要任务

任务/活动	具体动作
5.4.1 收集汇总招聘需求★	1.招聘调研准备；2.收集汇总招聘需求的具体操作
5.4.2 分析与探寻招聘需求★★	1.分析需求合理性；2.反馈部门审核建议；3.判断需求优先级别；4.深入探寻需求细节
5.4.3 分析与选择招聘渠道★★	1.渠道分析与选择；2.审核招聘渠道预算；3.完善渠道预算
5.4.4 在人才网站发布招聘职位 JD★	发布招聘职位 JD
5.4.5 招聘内荐方案设计与推广★★	1.启动内荐任务；2.设计内荐方案；3.审核内荐方案；4.完善内荐方案；5.设计内荐海报；6.审核内荐海报；7.完善内荐海报
5.4.6 提升校园招聘吸引力★★★	1.设计校招宣讲会吸引方案；2.审核校招吸引方案

5.4.1　收集汇总招聘需求

该任务的主要目标是通过训练让学生了解部门招聘需求审批流程，了解招聘需求表的项目设置及意义。

项目描述：第三季度已经到来，为了保障公司全年业绩及各部门任务目标达成，人才引进任务非常紧迫，故需要你在三天内完成各部门招聘需求的收集与汇总，具体流程见图 5-12。

图 5-12　招聘需求收集汇总的工作流程

1. 招聘调研准备

角色名称：招聘专员。

任务描述：

（1）单击【做任务】查看【工作交接文件】，阅读前任招聘专员留下的"人力资源部第三季度待办工作事项"文件中关于"调查 2017 年下半年各部门招聘需求事宜"的工作事项描述；

（2）撰写一封"关于开展 2017 年各部门招聘需求调查"的邮件，给各部门经理发送招聘需求调查邮件，同时抄送中心总经理（邮箱地址在【工作交接文件】的《干部通讯录》中）。

2. 收集汇总招聘需求的具体操作

角色名称：招聘专员。

任务描述：

（1）学习【任务导航】中的内容，了解部门招聘需求审批流程，明确各部门有效招聘需求的标准；

Tips：部门招聘需求审批流程

1. HR 招聘负责人发出招聘需求调查，发送部门经理，抄送中心总经理；
2. 部门经理根据本部门业务需要填写招聘需求调查表（初步方案），发送中心总经理审核；
3. 中心总经理根据公司/中心整体业务需要，与部门经理沟通，并给予审核意见；
4. 部门经理根据中心总经理审核意见，修改招聘需求调查表（经审核方案），发送 HR 招聘负责人，抄送中心总经理；
5. HR 招聘负责人收集部门招聘需求调查结果。

（2）单击【做任务】进入邮箱，查看各部门招聘需求反馈邮件，并下载各部门经审核的招聘需求表；

（3）汇总各部门经审核的招聘需求，形成《招聘需求汇总表》，上传一个备份文件至【我的文件】。

5.4.2　分析与探寻招聘需求

该任务的主要目标是通过训练让学生掌握招聘需求合理性、优先级与深层探寻的流程，掌握判断招聘需求合理性的方法（编制、薪酬），掌握判断招聘需求优先级别的工具与方法，掌握探寻深层招聘需求的方法，理解编制到岗表和工资标准表的结构与内涵。

项目描述：针对各部门提供的招聘需求的合理性进行初审，结合岗位紧急重要程度进行优先级排序，保障资源被投入到业务急需的岗位上；与业务部门进一步沟通，探索各岗位候选人更准确的"画像"，提升招聘精准度，具体流程见图 5-13。

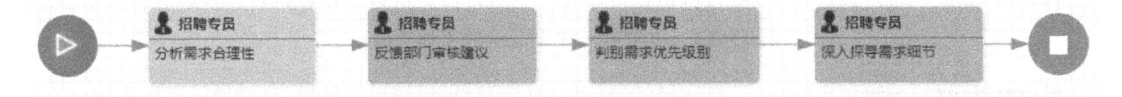

图 5-13 招聘需求分析与探寻的工作流程

1. 分析需求合理性

角色名称：招聘专员。

任务描述：

（1）单击【做任务】进入【工作交接文件】，查看《编制与到岗情况表》，了解公司目前各部门缺编情况；

（2）根据上个任务完成的《招聘需求汇总表》，填写《各部门招聘需求分析表》（见图 5-14，在【工作交接文件】中，直接复制、粘贴《招聘需求汇总表》中的内容即可，填写表中 A—N 列），并根据《编制与到岗情况表》，填写表中的部门缺编数量（表中 O 列）；

图 5-14 各部门招聘需求分析表示例

（3）查看《各岗位等级基本工资标准参考表》（在【工作交接文件】中），了解目前各岗位薪酬标准；

（4）学习【任务导航】中的内容，掌握如何根据部门目前缺编情况及各岗位等级基本工资标准判断招聘需求合理性（是否符合公司要求），包括以下方面：招聘岗位需求数量合理性；招聘岗位薪酬建议合理性。

Tips：判断招聘需求合理性（需求数量与薪酬建议）

一、判断需求数量合理性（是否编制内）

1. 查看《编制与到岗情况表》，了解某部门"正式员工"及"实习生"的缺编情况，并将缺编数量填入"各部门招聘需求分析表"中的"部门缺编数量"中。

编制与到岗情况表

部门		正式员工				实习生		
一级部门	二级部门	编制数量	6月在岗人数	到岗率	缺编数量	编制数量	6月在岗人数	缺编数量
研发中心	研发一部	32	26	81%	6			0

部门名称 （末级部门）	备注	部门缺编数量	需求数量合理性 （是否编制内）
研发一部	最好有一人能在10内到岗，新项目急需	⑥	

2. 根据"招聘原因"分别统计部门招聘数量，如统计研发一部的招聘数量：补充 6 人；新增 3 人。

部门名称 （末级部门）	岗位名称	招聘原因	需求人数
研发一部	Web前端工程师	补充	2
	JAVA开发工程师	补充	2
	IOS开发工程师	补充	2
	测试实习生	新增	3

3. 数量合理性判断的各种情况。

招聘原因	满足条件	各种情况
补充	充足空缺编制	OK，空编充足
	补充预计离职人员	OK，离职补充
替换	替换现有不合格人员	OK，计划替换
新增	新增编制已经上级领导确认审批	OK，增编审批

注：如既无空缺编制，也未收到新增编制上级审批，则不能开展招聘。

4. 判断数量的合理性。

招聘原因	数量	合理性判断	结论
补充：目前编制不满或者补充预计离职人员	6	部门编制数量充足，共有6个	OK，有空缺编制
替换：对现有人员不满意，以便替换	0	根据邮件或者备注信息了解，目前没有需要替换的人	OK
增编：增加编制，须提供增编审批记录	3	已经有增编审批邮件	OK，新增编制确认已审批

二、判断薪酬建议合理性（是否在薪酬标准范围内）

1. 查看《各部门招聘需求分析表》中的"岗位名称"与"岗位级别"2 项条件，它们是决定招聘职位薪酬建议的主要因素。

序号	部门名称 （末级部门）	岗位名称	岗位级别	岗位职责	任职要求	薪酬建议（基本月薪）
1	销售部	客户经理	中级	1、开拓各类客户，完成个人销售	1、专科以上学历；2、三年以上相关销	6000-7500元

2. 查看《各岗位等级基本工资参考标准表》，对应招聘需求中的"岗位名称"与"岗位级别"2 项条件，查找对应的"基本工资参考标准（元/月）"。

岗位	等级	基本工资参考标准（元/月）
客户经理	中级	6000

另外，根据公司规定，在招聘过程中，薪酬可按上表中基本工资参考标准上下浮动 15% 范围内执行，因此，通过计算（上限为 6000×1.15，下限为 6000×0.85），对应的薪酬范围为 5100～6900 元。

3. 将《各部门招聘需求分析表》中的"薪酬建议（基本月薪）"与《各岗位等级基本工资参考标准表》中对应的薪酬范围对照。

薪酬建议（基本月薪）
6000-7500元

与《各岗位等级基本工资参考标准表》中对应的薪酬范围 5100～6900 元对照，有共同的交集 6000～6900 元，因此，招聘需求中的"薪酬建议（基本月薪）"较为合理。

4. 如果《各部门招聘需求分析表》中的"薪酬建议（基本月薪）"与《各岗位等级基本工资参考标准表》中对应的薪酬范围没有交集，则"薪酬建议（基本月薪）"不合理，建议反馈给部门。

（5）将审核结果填入《各部门招聘需求分析表》中的"需求数量合理性"与"薪酬建议合理性"项目中。

2. 反馈部门审核建议

角色名称：招聘专员。

任务描述：

单击【做任务】进入邮箱，综合以上合理性分析，针对初判为"不合理"的销售部招聘需求，给销售部经理撰写主题为"销售部招聘需求合理性审批意见"的邮件，了解情况并提供建议。（邮件地址可在【工作交接文件】的《干部通讯录》中查询。）

3. 判别需求优先级别

角色名称：招聘专员。

任务描述：

（1）单击【做任务】进入【工作交接文件】，查看公司关于"招聘岗位重要性及紧急程度辨别矩阵"的规则；

（2）查看【任务导航】中的内容，学习根据岗位重要性与紧急程度辨别招聘需求优先级；

Tips：辨别招聘需求优先级别

一、判断招聘岗位的重要性

1. 根据《各部门招聘需求分析表》中的"岗位级别"，判断"重要性"。

注意：销售部招聘的客户经理职位，其岗位级别为"中级"。

序号	部门名称（末级部门）	岗位名称	岗位性质	岗位级别
1	销售部	客户经理	正式	中级

2. 对照《招聘岗位重要性及紧急程度辨别矩阵》中的"重要性辨别表"。

注意：岗位级别为"中级"的职位，重要性为"一般"。

重要性辨别表	
重要性	标准
非常重要	专家及关键岗位（含干部）
重要	高级
一般	中级
不重要	初级

3. 将重要性"一般"，填入《各部门招聘需求分析表》中的"重要性"中。

二、判断招聘岗位的紧急程度

1. 根据《各部门招聘需求分析表》中的"需求提交时间"及"计划到岗时间"，计算要求到岗时间。

切记：到岗时间只计算每月的工作日，排除周末及节假日。

注意：客户经理要求到岗时间为 26 天。

部门名称（末级部门）	岗位名称	需求提交时间	计划到岗时间
销售部	客户经理	2017/6/25	2017/7/30

2. 对照《招聘岗位重要性及紧急程度辨别矩阵》中的"紧急程度辨别表"。

注意：根据要求到岗时间，客户经理的紧急度为"紧急"。

紧急程度辨别表		
紧急度	程度说明	标准
非常紧急	如人员不到位部门无法开展业务	要求到岗时间≤10天
紧急	如人员不到位会导致部门工作延误	要求到岗时间10＜T≤30天
一般	到位以缓解现有人员工作量	要求到岗时间30＜T≤50天
不紧急	如人员不到位对业务影响不大	要求到岗时间＞50天

3. 将判断结果"紧急"，填入《各部门招聘需求分析表》中的"紧急度"中。

（3）填写《各部门招聘需求分析表》中的"重要性""紧急度""招聘工作推进计划"3项。

（4）将填写完成的《各部门招聘需求分析表》上传至【我的文件】，做暂时保存。

4. 深入探寻需求细节

角色名称：招聘专员。

任务描述：

（1）《各部门招聘需求分析表》只能展现部分真实需求，还需要再与部门深入探寻需求细节；

（2）查看【任务导航】中的内容，学习如何与部门深入沟通，探寻需求细节；

Tips：与部门深入探寻招聘需求的内容

确定招聘类型后，就要和业务部门沟通并探寻深层的职位内容与要求，如工作权限、工作关系、任职资格、工作职责等方面，通常我们可以使用以下几个问题：

（1）当前这个岗位的工作，是否可以分解到部门其他人身上？

（2）内部有没有员工可以提拔，胜任这项工作？

（3）此岗位的专业水平需要达到什么程度？

（4）此岗位在部门中充当什么角色？
（5）此岗位需要承担哪些责任？
（6）根据部门目前的薪酬承受能力，这个岗位的薪酬区间是多少？
（7）该岗位的汇报关系是什么？
（8）如果是管理岗位，则管理幅度有多大？
（9）在同行业中，哪些公司的人可以胜任该岗位？

（3）单击【做任务】进入邮箱，以销售部"客户经理"为例，撰写主题为"销售部客户经理职位招聘需求探寻"的邮件，发给部门经理，探寻"客户经理"职位的深层需求信息；

（4）打开邮箱，查看销售部的反馈邮件，了解销售部对"客户经理"职位的深层需求，同时，也体会这种深入探寻的意义。

5.4.3 分析与选择招聘渠道

该任务的主要目标是通过训练让学生掌握招聘渠道选择，以及招聘预算评估审核流程、招聘渠道选择的方法、招聘预算评估的方法。

项目描述：根据各部门招聘职位需求和预算情况，确定招聘渠道，具体工作流程见图5-15。

图 5-15　招聘渠道分析与选择的工作流程

1. 渠道分析与选择

角色名称：招聘专员。

任务描述：

（1）单击【做任务】进入【工作交接文件】，下载并查看《目前各类招聘渠道使用特点比较》，了解各种招聘渠道的优缺点及使用情况；然后，再下载并查看《2016 年本公司招聘渠道使用情况》（见图5-16），了解本公司招聘渠道使用情况及各渠道报价信息；

2016 年本公司招聘渠道使用情况

序号	渠道类别		2016年本公司招聘渠道使用情况	招聘数量	招聘职位	招聘级别	2016年招聘渠道报价	实际招聘费用（元）	备注（费用使用说明）
1	网络招聘	招聘网站（智联招聘网站）	47%	15	java开发工程师 web前端开发工程师 ios开发工程师 人力资源主管 测试工程师	初级、中级	2000元/每年	2000	全年使用智联招聘网站服务费
		相关论坛、或者QQ微信群发信息	16%	5	java开发工程师 web前端开发工程师	初级、中级	0	0	无
		企业门户网站	0%	0					
2	企业内部来源	员工推荐	13%	4	java开发工程师 web前端开发工程师	中级、高级	高级职位，1000元/每人 中级职位，500元/每人	2500	全年推荐奖励费用，包括：中级奖励3人，每人500元，费用1500元。高级奖励1人，每人1000元，费用1000元
		内部晋升	3%	1	开发经理	高级		0	无
3	校园招聘	学校组织现场双选会	13%	4	测试工程师/实习生	初级、中级	1500-2000元（包括场地费、材料费、设计费等）	1700	参加校园双选会1次，其中包括：场地费1000元、宣传费500元、材料费200元
		面向学校发布线上招聘信息	3%	1	实习生	初级		0	无
		传统猎头公司	6%	2	技术架构师	专家	每个成功推荐职位税前年薪的25%	81200	其中，平台架构师猎头费，42000元……

图 5-16　2016 年本公司招聘渠道使用情况表

（2）为各招聘职位选择合适的招聘渠道，并且形成初步渠道预算直接填写在《各部门招聘需求分析表》中的"建议招聘渠道"及"建议渠道预算"空格中即可；

（3）将完成的《各部门招聘需求分析表》邮件发给人力资源经理审核（建议可以面对面与人力资源经理汇报沟通）。

2. 审核招聘渠道预算

角色名称：人力资源经理。

任务描述：

（1）单击【做任务】进入邮箱，查看招聘专员发来的关于"招聘渠道及渠道预算审核"的邮件（内含《各部门招聘需求分析表》）；

（2）给招聘专员发邮件，反馈对招聘渠道调整的建议，可包括以下4项内容及工作建议：

① 根据公司预算决议，2017年第三季度招聘渠道预算为10 000元；

② 要求招聘专员根据渠道预算，重新修改完善招聘渠道；

③ 人力资源经理对各职位招聘渠道选择的建议；

④ 由招聘专员将最终修改完善的信息填入《各部门招聘需求分析表》。

3. 完善渠道预算

角色名称：招聘专员。

任务描述：

（1）单击【做任务】进入邮箱，查看人力资源经理发来的"关于2017年第三季度招聘渠道预算审核意见"的邮件；

（2）检查自己定的渠道费用是否超预算（10 000元），结合人力资源经理的建议，考虑是否重新选择合适的招聘渠道，并最终与人力资源经理确认；

（3）根据人力资源经理反馈的招聘渠道调整建议，修改完善《各部门招聘需求分析表》，并将最终完善后的《各部门招聘需求分析表》上传至【云盘】→【我的文件】。

5.4.4　在人才网站发布招聘职位JD

该任务的主要目标是通过训练让学生掌握撰写职位JD的要点、审核职位JD的合规性要点（规避歧视问题）。

项目描述：根据招聘工作推进计划，要求你今天务必在人才网站上发布两个"非常紧急"的职位——"Web前端工程师""出纳"的招聘广告。

角色名称：招聘专员。

任务描述：

（1）查看【任务导航】中的内容，学习根据招聘需求撰写职位JD的要点及合规性审查；

Tips：撰写JD的要点及合规性审查

一、JD的合规性审查

由于需要对外发布，因此不能体现任何歧视性的语句也不能有任何错别字。

（1）合法合规性审查：性别属于明确规定禁止歧视范畴，故应该在招聘广告中删除；可在后续的简历筛选、面试中根据业务部门具体需求进行甄选。

第5章　专业技能训练

（2）避免歧视性语言审查：有时部门提供的原始岗位描述中涉及年龄、性别、地域的特殊要求，在现行的法律中，虽对年龄、地域没有明确的法律规定，但要注意避免歧视性语言的表达。

（3）没有语法错误和错别字审查：招聘广告是与候选人接触的第一面，是企业的名片，要注意广告中不要有错别字。本案例中出现错别字"砖业敬业"。

二、JD 的通用格式模板

1. 岗位名称：
2. 工作内容：

（1）（2）（3）（4）

3. 任职要求：

（1）学习背景要求（学历、专业）；

（2）工作背景要求（相关专业几年工作经验）；

（3）知识、技能要求（需要具备哪些知识、技能）；

（4）综合素质要求（如具备良好的学习能力、思维能力、具有良好的责任心、团队合作精神等）；

（5）特殊说明（如优先考虑的条件，以及其他）。

三、岗位 JD 撰写的信息来源

打开《各部门招聘需求分析表》，找到"岗位职责"与"任职要求"项目，这就是岗位 JD 信息的来源。

岗位职责	任职要求
1、负责公司现金、票据及银行存款的保管、出纳和记录； 2、配合各部门办理电汇、信汇等有关手续； 3、协助会计做好各种账务的处理工作； 4、负责掌管小额现金； 5、完成上级交给的其他事务性工作。	1、财务等相关专业统招专科及以上学历，有会计从业资格证书； 2、会计类相关工作经验一年以上，IT、软件、互联网行业背景优先； 3、了解国家财经政策和会计、税务法规，熟悉银行结算业务； 4、善于处理流程性事务、良好的学习能力、独立工作能力和财务分析能力； 5、工作细致，责任感强，良好的沟通能力； 6、本地人优先考虑。

四、发布 JD 的注意事项

（1）尽量选择求职者常见或熟悉的职位名称发布（公司内部的职位名称和市场上求职者常见的职位名称可能存在不一致的情况）；

（2）职位名称要简洁，不宜过长，应体现职位的核心点，以吸引求职者的注意力；

（3）发布职位内容真实有效，符合真实岗位情况，避免夸大造假，以免造成由于造假引起的法律责任。

附件

▲《劳动法》第 12 条规定：劳动者就业，不因民族、种族、性别、宗教信仰不同而受歧视。第 13 条规定：妇女享有与男子平等的就业权利。在录用职工时，除国家规定的不适合妇女的工种或者岗位外，不得以性别为由拒绝录用妇女或者提高对妇女的录用标准。

▲《就业促进法》第 3 条规定：劳动者依法享有平等就业和自主择业的权利。劳动者就

业,不因民族、种族、性别、宗教信仰等不同而受歧视。第 27 条规定:国家保障妇女享有与男子平等的劳动权利。用人单位招用人员,除国家规定的不适合妇女的工种或者岗位外,不得以性别为由拒绝录用妇女或者提高对妇女的录用标准。用人单位录用女职工,不得在劳动合同中规定限制女职工结婚、生育的内容。

▲《妇女权益保障法》第 22 条规定:国家保障妇女享有与男子平等的劳动权利和社会保障权利。

(2)参考【背景资料】中的职位 JD 样例;
(3)单击【做任务】,登录人才网进入职位发布页面;
(4)撰写"Web 前端工程师""出纳"这两个"非常紧急"的职位 JD;
(5)复核待发布职位 JD 的合规性,确认无误后进行发布。

5.4.5 招聘内荐方案设计与推广

该任务的主要目标是通过训练让学生了解内部推荐(简称"内荐")的积极作用,掌握内荐奖励方案的设计要点。

项目描述:根据 CEO 安排的任务要求,设计内荐奖励方案、内荐招聘职位海报,具体流程见图 5-17。

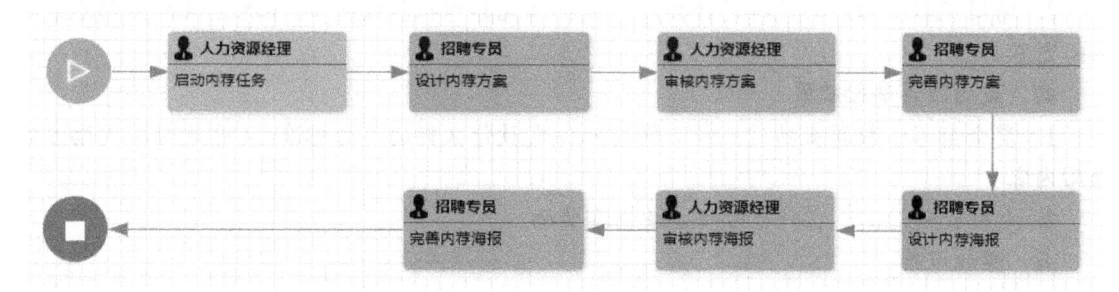

图 5-17 招聘内荐方案设计与推广的工作流程

1. 启动内荐任务

角色名称:人力资源经理。

任务描述:

(1)单击【做任务】进入邮箱,查看 CEO 发来的"关于鼓励使用内部推荐招聘渠道及开展内荐活动事宜"的邮件,并下载附件,同时明确任务要求及可利用的资源(内荐奖励预算、参考制度);

(2)将邮件及附件转发给招聘专员,要求招聘专员为任一职位设计内荐宣传海报,要注意明确具体要求。

2. 设计内荐方案

角色名称:招聘专员。

任务描述:

(1)单击【做任务】,查看人力资源经理发来的邮件,明确设计工作的具体要求,开始内荐奖励方案的设计工作;

(2) 学习邮件附件中的某公司的《内部推荐奖励方案》；

(3) 查看【任务导航】中的内容，学习招聘职位内荐奖励方案设计要点；

Tips：内荐奖励方案设计要点

一、方案设计目的

二、适用范围

1. 推荐岗位的范围：什么样的岗位在推荐范围内。

2. 推荐人范围：什么样的人在推荐范围内。

3. 什么样的人不能享受这样的奖励：

（1）人力资源从业者，因为要确保招聘结果是职责所在；

（2）部门直接或者各级领导，因为要满足部门业务发展与人员到岗是部门经理职责所在；

（3）内部员工亲属，因为要避免员工内部亲属通过内荐机制进入工作，形成拉帮结派的小团队；

（4）退休返聘人员，因为不鼓励内荐返聘人员。

4. 被推荐人员范围：什么样的人可以被推荐。

三、推荐形式及聘用流程

1. 推荐形式：以什么形式进行推荐，电子简历、纸质简历，还是其他什么形式。

2. 聘用流程：推荐的流程是什么，什么标准就算作推荐成功了。（这是内荐奖励方案的核心内容）

四、成功推荐奖励政策

1. 奖金标准：推荐成功后，什么样的职位发放什么样的奖金标准。（这是内荐奖励方案核心内容）

2. 奖金发放时间：在什么时间发放推荐奖励。

五、授权范围

这个方案的起止生效时间。

（4）设计《内部推荐奖励方案》；

（5）将设计好的《内部推荐奖励方案》邮件发送给人力资源经理审核，建议可以面对面与人力资源经理汇报。

3. 审核内荐方案

角色名称：人力资源经理。

任务描述：

（1）查看【任务导航】中的内容，学习招聘职位内荐奖励方案设计要点；

（2）单击【做任务】进入邮箱，查看招聘专员发来的关于"内部推荐奖励方案"的邮件，或者与招聘专员面对面沟通；

（3）反馈邮件，给予审核意见。

4. 完善内荐方案

角色名称：招聘专员。

任务描述：

(1) 单击菜单栏中【快捷入口】，进入邮箱，查收人力资源经理发来的关于"内荐方案审批意见"的邮件，或者与人力资源经理面对面沟通；

(2) 根据反馈意见完善内荐方案，并最终和人力资源经理达成一致；

(3) 将最终完善后的《内部推荐奖励方案》上传至【云盘】→【我的文件】。

5. 设计内荐海报

角色名称：招聘专员。

任务描述：

(1) 查看【任务导航】中的内容，学习内荐海报设计规范及要点；

Tips：内荐海报设计需要包含的必备要素

1. 富有视觉冲击力的美术设计（色彩、图形、线条等）。
2. 吸引人的文案设计，内容包括：
(1) 内荐招聘职位；
(2) 针对此职位的内荐奖励规则概述（如最吸引人的奖金、推荐成功标准、发放时间等）；
(3) 内荐活动有效期或者负责规则解释的部门。

(2) 设计内荐海报（海报的形式包括但不限于：手绘、PPT、电脑制作，或其他形式），可以协调部门内其他同事参与设计；

(3) 将设计好的内荐海报样式邮件发给人力资源经理审核。

6. 审核内荐海报

角色名称：人力资源经理。

任务描述：

查看招聘专员发来的关于"内荐海报设计样式"的邮件，或者与招聘专员面对面沟通，给予审核意见。

7. 完善内荐海报

角色名称：招聘专员。

任务描述：

(1) 查收人力资源经理发来的关于"内荐方案审批意见"的邮件，或者与人力资源经理面对面沟通；

(2) 完成海报设计后，把海报张贴到工位区；

(3) 将最终完善后的"海报设计样式"上传至【云盘】→【我的文件】。

5.4.6 提升校园招聘吸引力

该任务的主要目标是通过训练让学生了解校园招聘（简称"校招"）方案的要素与结构，掌握提升校招全过程的吸引力的设计方法与思路。

项目描述：对校招方案进行优化升级，提升校招全过程对学生的吸引力，具体流程见图 5-18。

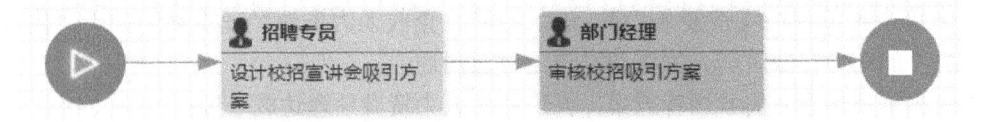

图 5-18 提升校园招聘吸引力的工作流程

1. 设计校招宣讲会吸引方案

角色名称：招聘专员。

任务描述：

（1）学习【任务导航】中的内容，掌握提升校招全过程的吸引力设计方法与思路；

Tips：校招取胜的关键——成功吸引你的客户

一、MOT 是什么

关键时刻（Moment of Truth，MOT）是满意度研究中的一个非常重要的分支，是服务界最具震撼力与影响力的管理概念与行为模式。

20 世纪 80 年代，北欧航空卡尔森总裁提出：平均每位顾客在接受公司服务的过程中，会与五位服务人员接触；平均每次接触的短短 15 秒内，就决定整个公司在乘客心中的印象。故定义：与顾客接触的每个时间点即为关键时刻，它从人员的 A(Appearance)外表、B(Behavior)行为、C(Communication)沟通三方面来着手。这三方面给人的第一印象所占的比例分别为 52%、33%、15%，可见它们是影响顾客忠诚度及满意度的重要因素。

二、MOT 行为模式

1. 探索：识别校招对象的特征，探寻需求（物质与非物质）的方法，如网上大学生行为调研报告研读、院校老师交流、实习生访谈。

2. 提议：围绕物的层面和人的层面两个方面进行校招方案的吸引力设计。

根据"客户"特征，有针对性地设计你的校招服务，如吸睛的宣传，包括海报、口号、现场等；感人的细节，包括伴手礼、便捷的移动端推送、"私人定制"的入职引导等。

3. 行动：执行校招方案，贯彻你的"服务"。

4. 确认：这是你期待的结果吗？我们为你提供了你需要的吗？你对我们的实施过程满意吗？我们还有什么可以做的吗？

三、校招 MOT

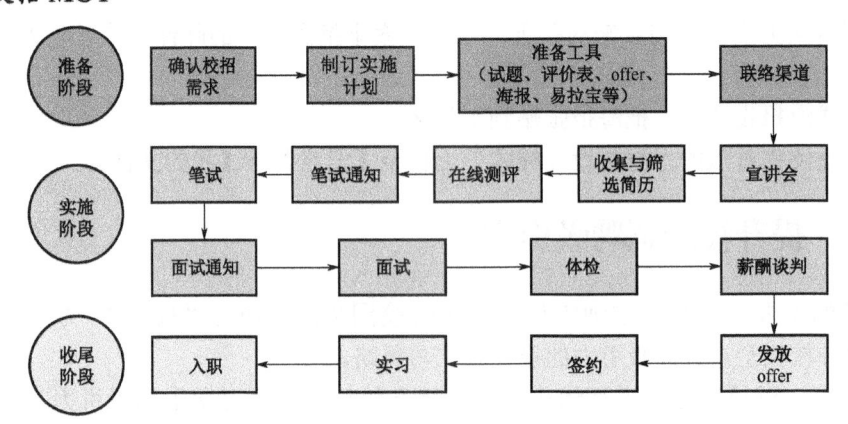

（2）单击【做任务】，进入【工作交接文件】查看《校园招聘方案 1.0》，在此方案基础上，制定补充方案——《××公司宣讲会吸引力设计.ppt》，用于提升校招宣讲会实施中的吸引力；

（3）将《××公司宣讲会吸引力设计.ppt》邮件发送给部门经理审核，并做简要汇报。

2. 审核校招吸引方案

角色名称：部门经理。

任务描述：

（1）学习【任务导航】中的内容，掌握提升校园招聘吸引力的设计方法与思路；

（2）单击【做任务】进入邮箱，查看招聘专员发来的校招吸引力设计方案，并听取其汇报，给予审核意见；

（3）安排招聘专员将最终审定的《××公司宣讲会吸引力设计.ppt》上传至【云盘】→【我的文件】。

5.5 人事专员的主要任务

人事专员一共有 6 个主要实训任务，具体见表 5-4。

表5-4 人事专员的主要任务

任务/活动	具体动作
5.5.1 员工考勤统计★★	1.确认考勤信息；2.考勤情况沟通；3.整理考勤表
5.5.2 入职办理（无离职证明）★★	1.无离职证明处理方案；2.特殊情况处理
5.5.3 不续签劳动合同★★★	1.不续签劳动合同；2.准备书面通知；准备补偿协议书；4.审批经济补偿金
5.5.4 劳动仲裁应诉准备★★★	1.应诉准备；2.证据整理与案情研讨；3.辨别仲裁申请合法性；4.计算未休年假工资；5.确定应诉方案；6.审核应诉方案；7.审核证据有效性
5.5.5 请假审批备案★	1.审核请假材料；2.请假登记备案
5.5.6 公司人才盘点★★★	1.确定盘点指标；2.收集盘点数据；3.计算盘点指标数据；4.形成盘点分析报告；5.提交盘点报告

5.5.1 员工考勤统计

该任务的主要目标是通过训练让学生了解考勤统计中经常遇到的问题，掌握考勤统计管理中的差异问题解决方法，了解考勤表的常见项目，理解公司考勤与休假管理制度。

项目描述：整理 7 月员工考勤数据，并对有疑问的数据与相关部门经理沟通、确认后形成 7 月考勤结果。具体流程见图 5-19。

图 5-19 员工考勤统计（7 月）的工作流程

1. 确认考勤信息

角色名称：人事专员。

任务描述：

（1）学习【任务导航】中的内容，了解月末考勤统计中可能遇到的问题；

Tips：考勤统计中的常见问题

根据公司的考勤管理制度，每家公司有不同的考勤记录管理方式，比如：打卡考勤机、移动打卡 App、部门经理直接报工时表等方式记录日常考勤。同时，负责考勤的同事还会对员工的请假单进行整理记录。在核算工资之前，需要对员工的出勤情况进行统计，为了保证数据的准确性，需要将汇总的考勤统计表与员工的请假记录进行核实，以免发生信息错误的情况。

当考勤统计表中的缺勤时间>请假记录中的缺勤时间时，可能会存在员工漏报出勤或者是员工漏请假的情况；

当考勤统计表中的缺勤时间<请假记录中的缺勤时间时，可能存在考勤汇总错误或者员工请假提前回来上班未销假的情况；

以上两种情况，均需要及时与考勤确认人确认，如员工漏请假，需要及时补请假手续。

（2）下载【工作交接文件】中的《考勤统计表-7月》《员工请假记录》；

（3）对这两张表中的 7 月考勤数据进行核对，将不一致的考勤信息与相关部门经理以邮件形式（单击【做任务】进入邮箱）进行确认，邮件主题为"7月考勤确认"。

2. 考勤情况沟通

角色名称：人事专员。

任务描述：

（1）单击【做任务】进入邮箱，收取并查看业务部门经理回复的邮件；

（2）根据公司《考勤与休假管理制度》（在【教学管理】→【公司信息】中查询）中的规定，回复部门经理邮件。

3. 整理考勤表

角色名称：人事专员。

任务描述：

根据部门经理确认后的员工考勤信息，更新有误的表单，并上传至【我的文件】，为薪酬专员核算 7 月员工工资做数据准备。

5.5.2 入职办理（无离职证明）

该任务的主要目标是通过训练让学生了解入职办理与离职证明的相关法律风险，提升非常规事项的处理技巧。

项目描述：拟明天入职的 Java 开发工程师没有离职证明，按制度规定不能办理入职，但业务部门要求其必须明天到岗，请你在尽量降低劳动风险并满足部门要求的情况下处理此事，具体流程见图 5-20。

图 5-20 入职办理（无离职证明）的工作流程

1. 无离职证明处理方案

角色名称：人事专员。

任务描述：

（1）学习【任务导航】中的内容，了解员工入职时没有离职证明是否能够为其办理入职；

Tips：员工无离职证明是否还能入职

一、为什么入职时要求提供离职证明

《劳动合同法》第 91 条规定：用人单位招用与其他用人单位尚未解除或者终止劳动合同的劳动者，给其他用人单位造成损失的，应当承担连带赔偿责任。

因此，一般公司为了防范各方面的用工风险，都规定办理入职时必须提供上一家单位的离职证明。离职证明是新公司规避招用尚未解除劳动合同的劳动者承担连带责任风险而要求劳动者提供的文件。

如果员工客观上已经与上一家用人单位解除或终止劳动合同，则录用该员工就没有法律风险。

二、如果一定要入职，如何规避风险

建议员工提供以下证明材料：

（1）向原用人单位提出的书面离职申请；

（2）按照原单位要求办理完成的离职手续流程，如离职交接单等；

（3）在社会保险经办机构开具的已经对其社会保险进行减员的证明；

（4）员工签署承诺书，承诺本人与其他单位无任何劳动关系、劳务关系，并保证受聘于本公司不会违反对原单位的任何竞业限制义务，否则，由此带来的后果全部由该员工自行承担。同时，还应对该员工做一份职业背景调查，以避免员工与原单位可能存在劳动纠纷的问题。

三、不按规矩"出牌"的事情

在日常工作中，除了常规事项外，经常会发生一些"例外"的事项，比如：

拟入职的员工学历证书丢了，还能办入职吗？

某骨干员工要求我多开收入证明，可以吗？

员工急着办理离职，可是最后签字的人出差了，我能"网开一面"先把离职证明给了吗？

公司规定某岗位人员的学历必须为统招本科，可候选人只是专科，但能力很强，可以破格录用吗？

四、三步走 Hold 住这些事

第一步：看清自己的"位置"。很显然，这些事情都是不符合公司制度，甚至是法律规

第 5 章 专业技能训练 ▶ 97

定的。首先，你应当明确自己的权限，是否能够擅自做主，特殊处理这些事情，并承担事情的后果。对于职场小白来说，答案往往是否定的。

第二步：汇报。"向上管理"中有一重要法则，那就是"别让老板怀疑你到底有没有用脑"，你是为公司解决问题的，而不是制造问题的，带着方案去汇报，让领导做选择题。面对案例中的问题，你只需要仔细思考这些规定的初衷是什么也许就能找到解决方案了。

第三步：反馈。如有必要，实时反馈，让领导及时获取事情发展的最新信息。

（2）单击【做任务】进入邮箱，查收研发二部姜际经理发送的关于"拟明天入职人员不能提供离职证明的突发问题"的邮件；

（3）撰写邮件给人力资源经理，给出降低劳动风险的解决方案。

2. 特殊情况处理

角色名称：人力资源经理。

任务描述：

单击【做任务】进入邮箱，查收人事专员的邮件，了解事情始末，判断对此不能提供离职证明的员工能否办理入职，并将处理意见反馈给人事专员。

5.5.3 不续签劳动合同

该任务的主要目标是通过训练让学生掌握与续签劳动合同相关的法律规定，掌握不与员工续签劳动合同的规范处理流程及工具（《劳动合同期满不续签通知书》《劳动合同终止不续签协议书》），掌握经济补偿金核算方法，理解人力资源管理各岗位间的协作与分工。

项目描述：服务中心的部门经理反馈，将不再与员工冯迁宇续签劳动合同，请你处理此事，具体流程见图5-21。

图 5-21 不续签劳动合同的工作流程

1. 不续签劳动合同

角色名称：人事专员、薪酬专员、人力资源经理。

任务描述：

（1）学习【任务导航】中的内容，掌握不续签劳动合同相关的法律规定；

Tips：不续签劳动合同的法律问题

《劳动合同法》

第46条 第五项 除用人单位维持或者提高劳动合同约定条件续订劳动合同，劳动者不同意续订的情形外，劳动合同期满造成的劳动合同终止，用人单位应当向劳动者支付经济补偿。

第47条 经济补偿按劳动者在本单位工作的年限，每满一年支付一个月工资的标准向劳动者支付。六个月以上不满一年的，按一年计算；不满六个月的，向劳动者支付半个月工资的经济补偿。

劳动者月工资高于用人单位所在直辖市、设区的市级人民政府公布的本地区上年度职工月平均工资三倍的，向其支付经济补偿的标准按职工月平均工资三倍的数额支付，向其支付经济补偿的年限最高不超过十二年。

注：本条所称月工资是指劳动者在劳动合同解除或者终止前十二个月的平均工资。

另外，关于劳动合同的具体规定每个地区有所不同。

《北京市劳动合同规定》

第 40 条 劳动合同期限届满前，用人单位应当提前 30 日将终止或者续订劳动合同意向以书面形式通知劳动者，经协商办理终止或者续订劳动合同手续。

第 47 条 用人单位违反本规定第 40 条规定，终止劳动合同未提前 30 日通知劳动者的，以劳动者上月日平均工资为标准，每延迟 1 日支付劳动者 1 日工资的赔偿金。

（2）单击【做任务】进入邮箱，查收服务中心部门经理吴易发送的关于不同意与员工冯迁宇续签劳动合同的邮件；

（3）人力资源经理、薪酬专员、人事专员一同沟通，确定如何解决该事件。

2. 准备书面通知

角色名称：人事专员。

任务描述：

（1）单击【做任务】进入【工作交接文件】，查询《人员信息花名册（7.15 更新）》中的员工信息，核实员工冯迁宇的劳动合同签署时间信息；

（2）参考【背景资源】中的《劳动合同期满不续签通知书》模板，填写《劳动合同期满不续签通知书》中除补偿金以外其他关于冯迁宇的信息（通知书的签订时间定为 7 月 19 日），保存并上传至【我的文件】；

（3）参考【背景资源】中的《劳动合同终止不续签协议书》模板，将公司信息、冯迁宇个人相关信息、劳动合同签订日期、到期日期的信息填写到《劳动合同终止不续签协议书》中，保存并上传至【我的文件】；

（4）将冯迁宇的《劳动合同期满不续签通知书》《劳动合同终止不续签协议书》用邮件发给薪酬专员；

（5）给冯迁宇发邮件通知其 7 月 19 日下午三点到人力资源部办理合同不续签相关手续。

3. 准备补偿协议书

角色名称：薪酬专员。

任务描述：

（1）学习【任务导航】中的内容，掌握经济补偿金、赔偿金的核算标准；

Tips：经济补偿金核算标准

一、经济补偿金核算标准

《劳动合同法》第 47 条 经济补偿按劳动者在本单位工作的年限，每满一年支付一个月工资的标准向劳动者支付。六个月以上不满一年的，按一年计算；不满六个月的，向劳动者支付半个月工资的经济补偿。

劳动者月工资高于用人单位所在直辖市、设区的市级人民政府公布的本地区上年度职工月平均工资三倍的，向其支付经济补偿的标准按职工月平均工资三倍的数额支付，向其支付经济补偿的年限最高不超过十二年。

注：本条所称月工资是指劳动者在劳动合同解除或者终止前十二个月的平均工资。

《劳动合同法实施条例》第 27 条和《劳动合同法》第 47 条规定的经济补偿月工资按照劳动者应得工资计算，包括计时工资或者计件工资，以及奖金、津贴和补贴等货币性收入。

因此，计算经济补偿金时，应当以劳动者应发工资为准，也就是说属于工资性质的货币性收入都应计算在内。

二、赔偿金核算标准

《北京市劳动合同规定》

第 40 条 劳动合同期限届满前，用人单位应当提前 30 日将终止或者续订劳动合同意向以书面形式通知劳动者，经协商办理终止或者续订劳动合同手续。

第 47 条 用人单位违反本规定第 40 条规定，终止劳动合同未提前 30 日通知劳动者的，以劳动者上月日平均工资为标准，每延迟 1 日支付劳动者 1 日工资的赔偿金。

第 51 条 日工资=月工资收入÷月计薪天数=月工资收入÷21.75 天。

三、关于税前工资还是税后工资问题

根据财政部、国家税务总局 2001 年颁布的《关于个人与用人单位解除劳动关系取得的一次性补偿收入征免个人所得税问题的通知》第一条规定：

个人因与用人单位解除劳动关系而取得的一次性补偿收入(包括用人单位发放的经济补偿金、生活补助费和其他补助费用)，其收入在当地上年职工平均工资 3 倍数额以内的部分，免征个人所得税；超过的部分按照《国家税务总局关于个人因解除劳动合同取得经济补偿金征收个人所得税问题的通知》(国税发〔1999〕178 号)的有关规定，计算征收个人所得税。

如果在计算经济补偿金时按照税后工资计算，就存在重复征税的问题。由此可知，经济补偿金在一定金额以内的不需纳税，也即用人单位以代扣代缴个人所得税的理由不成立。因此，认为经济补偿金应当以税前工资为标准计算。

（2）单击【做任务】进入邮箱，查收下载助理周妮为你整理的《近 1 年工资表-冯迁宇》，查收下载人事专员发来的冯迁宇的《劳动合同期满不续签通知书》《劳动合同终止不续签协议书》；

（3）根据《劳动合同法》《北京市劳动合同规定》，核算公司应支付给员工冯迁宇的经济补偿金金额、赔偿金金额，填写员工冯迁宇的《劳动合同期满不续签通知书》《劳动合同终止不续签协议书》中经济补偿金金额、赔偿金金额、支付时间（2017 年 8 月 5 日）等信息；

（4）将冯迁宇的《劳动合同期满不续签通知书》《劳动合同终止不续签协议书》以邮件形式提交给人力资源经理进行审批并同时发送给人事专员。

4. 审批经济补偿金

角色名称：人力资源经理。

任务描述：

（1）单击【做任务】进入邮箱，查看并审批薪酬专员提交的《劳动合同期满不续签通知书》《劳动合同终止不续签协议书》，重点审核补偿金金额是否正确，如错误，邮件回复薪酬专员，要求重新核算；

（2）审核《劳动合同期满不续签通知书》《劳动合同终止不续签协议书》无误后，将其邮件发送给人事专员，要求人事专员与冯迁宇签《劳动合同终止不续签协议书》，并保存《劳动合同期满不续签通知书》的回执部分。

5.5.4 劳动仲裁应诉准备

该任务的主要目标是通过训练让学生了解劳动仲裁案件中的立案通知、出庭要求，以及举证要求（特别是举证责任尤其重要），了解相关法律法规中与"企业单方解除劳动合同""企业违法解除劳动合同""职工带薪年休假"相关的条款，了解与"以严重违规为由解除劳动合同"相关的关键证据及程序要件，掌握规避违法解除劳动合同风险的操作规范、职工未休年假工资核算依据及计算方法，掌握公司应诉劳动仲裁案件的思路与方法，了解保证公司人力资源管理制度有效性的方法与流程、人力资源管理工作中的分工与协作。

项目描述：公司接到劳动人事争议仲裁委员会发来的立案通知书，关于员工赵明的劳动仲裁申请，应该如何做好应诉准备呢？具体流程见图5-22。

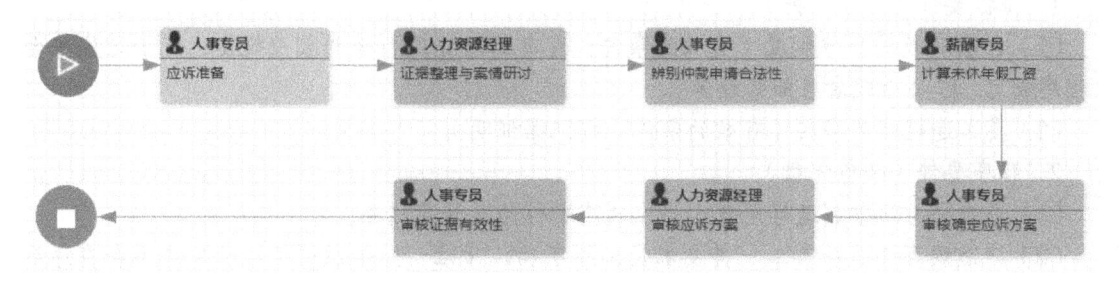

图5-22 劳动仲裁应诉准备的工作流程

1. 应诉准备

角色名称：人事专员。

任务描述：

（1）单击【做任务】进入邮箱，收取企管部张孝（兼职法务）发来的邮件，阅读劳动仲裁"立案材料""案情介绍""相关制度"，并参考法务人员给予的应诉建议；

（2）学习【任务导航】中的内容，研究与员工仲裁申请事项相关的法律法规条款；

（3）撰写邮件并与人力资源经理沟通，向人力资源经理汇报此仲裁事件，并邮件申请查看《员工档案资料（赵明）》的权限。

2. 证据整理与案情研讨

角色名称：人力资源经理。

任务描述：

（1）单击【做任务】进入邮箱，审批人事专员提出的查看《员工档案资料（赵明）》权限申请；

（2）打开【工作交接文件】中的《员工档案资料（赵明）》，将档案资料提供给人事专员（邮件发送）；

（3）打开【工作交接文件】，将其中的《××劳动仲裁案件应诉方案模板》提供给人事专员参考使用（邮件发送）；

（4）根据已有证据材料，参考应诉方案模板，与人事专员共同讨论研究案情，并给予指导意见。

3. 辨别仲裁申请合法性

角色名称：人事专员。

任务描述：

（1）单击【做任务】进入邮箱，下载查阅人力资源经理发来的《员工档案资料（赵明）》中的证据资料，以及《××劳动仲裁案件应诉方案模板》；

（2）查看【任务导航】中的内容，学习以严重违规解除劳动合同的关键证据及程序要件；

Tips：以严重违规解除劳动合同的关键证据及程序要件

一、以"严重违反用人单位的规章制度"解除劳动合同所需要的关键证据及程序要件

1. 证据要件（主要依据）

（1）合法有效的规章制度（有效的条件：A.有针对违规行为的相应规定；B.经过民主合法程序制定；C.公示或者告知劳动者）；

（2）员工违规行为事实（有效的条件：有证据证明）。

2. 程序要件（必备流程）

（1）查看公司规章制度有无规定相应的违规行为及惩罚措施；

（2）将违规事实告知员工，并要求员工签字确认（注：一般情况下，员工都不会在违规事实上签字确认，可以采用邮寄送达或者直接送达，证明违规员工拒签或者签收事实）；

（3）将违规处理决定（解除劳动合同）通知工会，并且征求工会的意见；

（4）向员工送达处理决定（《解除劳动合同通知书》）。

二、如何避免违法解除劳动合同

（以"严重违反用人单位的规章制度"解除劳动合同的风险点）

1. 企业规章制度不完善、不合规，导致违法解除

（1）企业规章制度，需要涵盖针对此类违规行为的具体规定；

（2）企业规章制度，不能超越企业自主经营界限，造成本身不合法；

（3）企业规章制度，对于违规行为的处理，需要具备可操作性；

（4）企业规章制度，需要通过公司的民主程序。

2. 违规解除理由不充分、不恰当，导致违法解除（在《解除劳动关系通知书》中需要明确违规解除的理由）

（1）员工出现违规行为的时候，应选择适合的匹配的违规解除理由；

（2）具体情节可以参考以下五大类违规解除理由：A.违反职业操守的行为；B.违反公司出勤考核制度；C.对抗公司相关指示；D.损害公司及客户利益；E.违反国家相关法律法规。

3. 因违规证据不足，导致违法解除

（1）常见的证据类型包括：A.书证；B.物证；C.视听资料；D.证人证言；E.当事人陈述；F.鉴定结论；G.勘验笔录；

（2）特别注意：A.录音在未侵害他人合法权益的情况下，及时征得他人同意，也是有效的，录音中一定要有对方的称呼；B.电子邮件、QQ 聊天记录，以及微信等电子证据一般情况下需要结合其他证据形成证据链，并且经过公证证明效力，否则不能单独作为证据使用。

4. 因解除程序不当，导致违法解除

解除劳动关系之前，需要事先将解除理由通知工会，并且征求工会的意见。

（3）辨别仲裁申请事项与理由的合法性，参考《××劳动仲裁案件应诉方案模板》，开始撰写《关于赵明劳动仲裁案件应诉方案》；

（4）查看【任务导航】中的内容，学习未休年假工资核算依据及计算方法；

Tips：未休年假工资核算依据及计算方法：

计算依据 （法律法规条款或者公司有证据证明的记录）	计算方法	数额计算
1.《职工带薪年休假条例》第三条 职工累计工作已满1年不满10年的，年休假5天；已满10年不满20年的，年休假10天；已满20年的，年休假15天。国家法定休假日、休息日不计入年休假的假期		
2. 公司掌握的请假记录： 以公司已经存档的员工请假申请记录为准（如无存档记录作为证据，则不能证明员工已休假期）		
3.《企业职工带薪年休假实施办法》第十一条 月工资是指职工在用人单位支付其未休年休假工资报酬前12个月剔除加班工资的月平均工资。职工在休假期间享受与正常工作期间的工资收入。实行计件工资、提成工资或者其他绩效工资制的职工，日工资收入的计发办法按照本条第一款、第款的规定执行	月平均工资=月基本工资+奖金（月平均）+其他补贴（月平均）	
4.《企业职工带薪年休假实施办法》第十一条 计算未休年休假工资报酬的日工资收入按照职工本要的月工资除以月计薪天数（21.75天）进行折算	日工资=月工资÷21.75	
5.《企业职工带薪年休假实施办法》第十二条 用人单位与职工解除或者终止劳动合同时，当年度未安排职工休满应休年休假的，应当按照职工当年已工作时间折算应休未休年休假天数并支付未休年休假工资报酬，但折虎后不足1整天的部分不支付未休年休假工资报酬	（当年度在本单位已过日历天数÷365天×（全年应享受年休假天数-当年度已安排年休假天数）	
6.《企业职工带薪年休假实施办法》第十条 应当在本年度内对职工应休未休年休假天数，按照其日工资收入的200%支付未休年休假工资报酬，其中包含用人单位支付职工正常工作期间的工资收入	未休年假工资为日工资的200%	

（5）查看【工作交接文件】中的《员工请假记录》，确定赵明 2017 年未休年假天数，以及判断仲裁申请赔偿/补偿金额合理性；

（6）撰写邮件，请薪酬专员协助计算赵明 2017 年未休年假工资，并告知薪酬专员赵明 2017 年未休年假天数。

4. 计算未休年假工资

角色名称：薪酬专员。

任务描述：

（1）与人事专员沟通，确定赵明 2017 年未休年假天数；

（2）查看【任务导航】中的内容学习未休年假工资核算依据及计算方法；

（3）根据赵明 2017 年未休年假天数，以及年假计算基数，计算赵明 2017 年未休年假工资；

（4）撰写邮件，将合理的应支付给赵明的 2017 年未休年假工资金额告知人事专员。

5. 审核确定应诉方案

角色名称：人事专员。

任务描述：

（1）单击【做任务】进入邮箱，查看邮箱或与薪酬专员沟通，确定合理的应支付给赵明的 2017 年未休年假工资金额；

（2）参考《××劳动仲裁案件应诉方案模板》，完成《关于赵明劳动仲裁案件应诉方案》；

（3）撰写邮件，将《关于赵明劳动仲裁案件应诉方案》及所有相关"仲裁证据资料"提交人力资源经理审核。

Tips：关于赵明劳动仲裁案件应诉方案

一、劳动仲裁请求事项及理由

1. 请求事项

（1）公司与赵明违法解除劳动合同赔偿金 50 000 元。

（2）2017 年的未休年假工资 5000 元。

2. 请求理由

（1）赵明 6 月 19 日至 22 日 4 天未来公司上班，是由于家里有急事需要解决，而且并未给公司造成任何损失与伤害，是公司小题大做，成心为难员工，可见是公司违法与赵明解除劳动合同。

（2）赵明 2017 年未休过年假，因此要求公司支付未休年假工资。

（3）赵明 2015 年 9 月 14 日进入公司，在公司司龄有 1 年 9 个月，工龄 4.1 年，每月基本工资 10 000 元。

二、仲裁请求事项及理由合法性判断

1. 仲裁请求事项及理由一

（1）合法性结论：☑ 请求依法予以驳回；☐ 请求依法予以支持；☐ 请求依法部分驳回，部分支持。

（2）支持的相应法律条款。

法律法规名称	具体条	具体款
劳动合同法	第三十九条 劳动者有下列情形之一的，用人单位可以解除劳动合同	（二）严重违反用人单位的规章制度的

（3）支持的相应证据及程序要件。
证据要件：

序号	证据名称	证明对象（目的）
1	《考勤与休假管理制度》中"3.8 旷工"的规定	合法有效的规章制度，有针对违规行为的相应规定
2	①征询公司工会关于《考勤与休假管理制度》意见的通知（原件，盖有公章）②TZ 网络科技有限公司工会关于《考勤与休假管理制度》征询意见情况表（原件）	规章制度经过了民主程序
3	TZ 网络科技有限公司新员工入职保证书（原件扫描件）	赵明已经知悉相关规章制度
4	赵明在仲裁请求中已经直接说明"6月19日至22日4天未来公司上班，是由于家里有急事需要解决"	员工已经承认事实（员工违规行为，有证据证明）
5	赵明的劳动合同	员工与公司存在劳动关系

程序要件：

序号	证据名称	证明对象（目的）
1	公司送达《限期返岗通知书》记录（EMS 邮寄、短信截屏、邮件截屏）	将违规事实告知员工，并要求员工签字确认或者证明员工拒签
2	工会反馈的：关于《与平台技术部员工赵明解除劳动合同通知工会函》的复函	将违规处理决定（解除劳动合同）通知工会，并且征求工会的意见
3	赵明签收《解除劳动合同通知书》记录	向员工送达处理决定

2、仲裁请求事项及理由二
（1）合法性结论：☐请求依法予以驳回；☐请求依法予以支持；☑请求依法部分驳回，部分支持（说明哪部分不支持：未休年假工资计算金额不正确）。
（2）支持的相应法律条款。

法律法规名称	具体条	具体款
《职工带薪年休假条例》	第三条 职工累计工作已满1年不满10年的，年休假5天	
	第五条 单位确因工作需要不能安排职工休年休假的，经职工本人同意，可以不安排职工休年休假。对职工应休未休的年休假天数，单位应当按照该职工日工资收入的 300%支付年休假工资报酬	

（3）支持的相应证据以及程序要件。
证据要件：

序号	证据名称	证明对象（目的）
1	《员工入职登记表（赵明）》	证明了员工工龄时间
2	公司无赵明 2017 年任何事假、病假记录	根据举证责任，公司不能证明赵明休了年假
3	赵明的劳动合同	证明赵明基本工资信息（赵明月基本工资税前为 10 000 元）

程序要件：

序号	证据名称	证明对象（目的）

三、仲裁请求金额计算

1. 合法的仲裁请求事项一：

计算依据 （法律法规条款或者公司有证据证明的记录）	具体计算方法与金额	数额计算
1.《职工带薪年休假条例》第三条 职工累计工作已满 1 年不满 10 年的，年休假 5 天；已满 10 年不满 20 年的，年休假 10 天；已满 20 年的，年休假 15 天	赵明共计 4.1 年工龄	5 天
2. 公司掌握的请假记录 以公司已经存档的员工请假申请记录为准（如无存档记录作为证据，则不能证明员工已休假期）	目前已享受年休假 0 天	0 天
3.《企业职工带薪年休假实施办法》第十一条 月工资是指职工在用人单位支付其未休年假工资报酬前 12 个月剔除加班工资后的月平均工资 职工在年休假期间享受与正常工作期间相同的工资收入。实行计件工资、提成工资或者其他绩效工资制的职工，日工资收入的计发办法按照本条第一款、第二款的规定执行	月平均工资=月基本工资+奖金（月平均）+其他补贴（月平均）	10 000+24 000÷12+285=12 285（元）
4.《企业职工带薪年休假实施办法》第十一条 计算未休年休假工资报酬的日工资收入按照职工本人的月工资除以月计薪天数（21.75 天）进行折算	日工资=月工资÷21.75	12 285÷21.75=564.8（元）
5.《企业职工带薪年休假实施办法》第十二条 用人单位与职工解除或者终止劳动合同时，当年度未安排职工休满应休年休假的，应当按照职工当年已工作时间折算应休未休年休假天数并支付未休年休假工资报酬，但折算后不足 1 整天的部分不支付未休年休假工资报酬	（当年度在本单位已过日历天数÷365 天）×（全年应享受年休假天数－当年度已安排年休假天数）	171÷365×(5-0)=2.3（天）≈2（天）

续表

6.《企业职工带薪年休假实施办法》第十条 应当在本年度内对职工应休未休假天数,按照其日工资收入的 200%支付未休年休假工资报酬,其中包含用人单位支付职工正常工作期间的工资收入	未休年休假为日工资的200%	(564.8元×2)×2倍 =2259.2元

四、最终结论(金额)

(1)关于"仲裁请求事项及理由一"提出的解除劳动合同赔偿金,请求依法予以驳回;

(2)关于"仲裁请求事项及理由二"提出的 2017 年的未休年假工资应该为 2259.2 元,而不是5000元。

6. 审核应诉方案

角色名称:人力资源经理。

任务描述:

单击【做任务】进入邮箱,审核人事专员发来的《关于赵明劳动仲裁案件应诉方案》及"仲裁证据资料"的邮件,给予应诉建议。

7. 审核证据有效性

角色名称:人事专员。

任务描述:

单击【做任务】进入邮箱,撰写主题为"请法务帮忙审核赵明仲裁案件证据有效性"的邮件,将通过人力资源经理审核的《关于赵明劳动仲裁案件应诉方案》及所有相关"仲裁证据资料"发给法务部,由法务主管/律师审核证据的有效性。

5.5.5 请假审批备案

该任务的主要目标是通过训练让学生理解员工考勤与休假制度,掌握公司请假审批流程及材料。

项目描述:收到服务中心员工凌彩提交的请假单,请复查备案,具体流程见图 5-23。

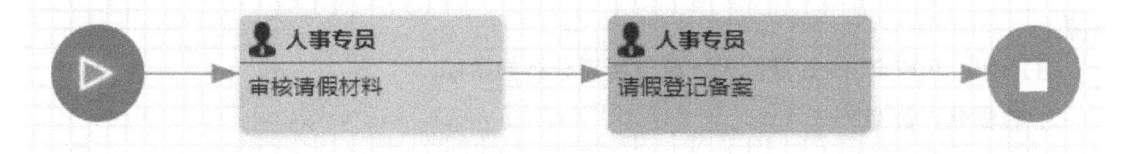

图 5-23 请假审批备案的工作流程

1. 审核请假材料

角色名称:人事专员。

任务描述:

(1)参照《考勤与休假管理制度》(在【教学管理】→【公司信息】中查询),审核员工凌彩提交的请假资料(见电子资源"人事专员教辅资料");

（2）审核无误后签字确认；

（3）将凌彩的请假单、结婚证复印件等请假涉及的材料提交给人力资源经理审批。

2. 请假登记备案

角色名称：人事专员。

任务描述：

单击【做任务】进入【工作交接文件】，下载《员工请假记录表》，将请假信息录入记录表中，保存后上传至【云盘】→【我的文件】。

5.5.6 公司人才盘点

该任务的主要目标是通过训练让学生掌握人才盘点的结构，了解人才盘点各类关键指标类型、分析目的及数据来源，了解常规人才盘点指标统计的计算方法。

项目描述：根据人力资源部定期组织的常规人才盘点工作安排，做公司 2017 年度 1—6 月份人才盘点分析，发现业务现状中出现的人才供给问题，并提出解决方案，具体流程见图 5-24。

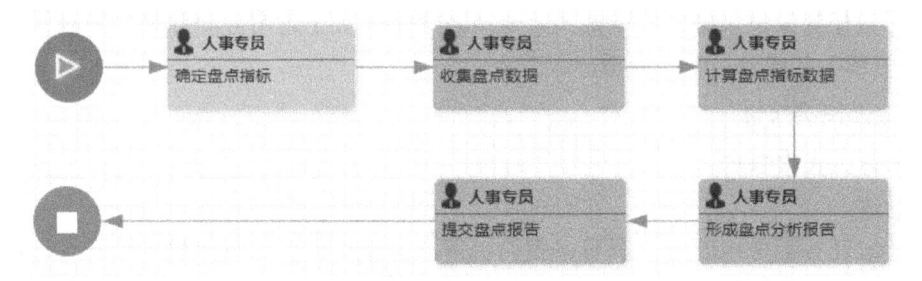

图 5-24 公司人才盘点的工作流程

1. 确定盘点指标

角色名称：人事专员。

任务描述：

（1）单击【做任务】进入【云盘】→【工作交接文件】，阅读《公司 2016 年度 1—6 月份人才盘点报告》，了解人才盘点的基本分析结构；

（2）学习【任务导航】中的内容，掌握人才盘点的各类关键指标类型、分析目的及数据来源；

（3）确定 2017 年 1—6 月份人才盘点所需分析的指标。

2. 收集盘点数据

角色名称：人事专员。

任务描述：

单击【做任务】进入【云盘】→【工作交接文件】，将《人员信息花名册》和《人员异动表》下载到本地，并采集人才盘点所需数据。

3. 计算盘点指标数据

角色名称：人事专员。

任务描述：

(1)查看【任务导航】中的内容,学习几种常规人才盘点指标统计的计算方法;

Tips：几种常规人才盘点指标统计的计算方法

一、年龄结构分析及平均年龄

(1)选择"自有员工（正式+试用）"基础数据,剔除非"自有员工"数据,如"实习生",可以使用Excel中的"筛选"功能,选择所有"实习生"数据,并删除。

(2)使用Excel函数=DATEDIF(A1,TODAY(),"Y"),通过"出生日期"计算出"年龄"（将公式中的"A1"替换为"出生日期"中的数据）,如

T	U
出生日期	年龄
1983-01-06	=DATEDIF(T2,TODAY(),"Y")

(3)使用Excel中的平均值函数,计算自有员工的"平均工龄",如

1983-10-18	33
1993-01-19	24
	=AVERAGE(U2:U150)

(4)划分年龄段,一般根据企业中的岗位及劳动力的特点划分。可以参考使用每5年一段的方式划分,如25岁及以下,25~30岁（包含）,30~35岁（包含）,35~40岁（包含）,……55~60岁（包含）。

(5)使用Excel中的IF函数,计算每位员工所处的年龄段,如

年龄	年龄段
34	30-35岁（包含）
26	25-30岁（包含）

可以参考如下IF函数：=IF(U2<=25,"25岁及以下",IF(U2<=30,"25-30岁（包含）",IF(U2<=35,"30-35岁（包含）",IF(U2<=40,"35-40岁（包含）",IF(U2<=45,"40-45岁（包含）",IF(U2<=50,"45-50岁（包含）",IF(U2<=55,"50-55岁（包含）",IF(U2<=55,"55-60岁（包含）")))))))),并将公式中的"U2"替换为"年龄"中的数据）。

(6)使用Excel中的分类汇总函数,分别统计计算各"年龄段"人数。

参考步骤如下：①"全选"所有基础数据；②先按照"年龄段"进行"排序"；③选择"年龄段"所有数据,单击"分类汇总"功能；④选择"计数"的汇总方式,单击"确认"按钮,如下表所示。

年龄段	
25-30岁（包含）计数	51
25岁及以下 计数	15
30-35岁（包含）计数	49
35-40岁（包含）计数	20
40-45岁（包含）计数	6
45-50岁（包含）计数	1
50-55岁（包含）计数	2
总计数	144

(7)根据各"年龄段"中的"人数",计算百分比,并绘制饼图（可以直观展现结构及分布状况的图形）。

参考步骤如下：①在Excel中建立包含"年龄段"及"人数"的表格；②全选表格；③"插入"饼图；或者①双击《公司2016年度1—6月份人才盘点报告》中的饼图；②打开

第5章 专业技能训练 ▶ 109

"编辑数据"；③在"Microsoft PowerPoint 中的图表"中直接编辑 Excel 表格，如下图所示。

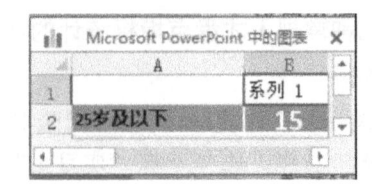

二、工龄结构分析及平均工龄

（1）选择"自有员工（正式+试用）"基础数据。

（2）使用 Excel 函数=DATEDIF(A1,TODAY(),"M")/12，通过"毕业日期"计算出"工龄"（建议修改单元格格式为"数字"，保留 1 位小数。

（3）使用 Excel 中的平均值函数，计算自有员工的"平均工龄"。

（4）划分工龄段，一般根据企业中的岗位及劳动力的特点划分。可以参考使用以下标准，如 1 年及以下，1~3 年（包含），3~5 年（包含），5~10 年（包含），10~20 年（包含），20 年以上。

（5）使用 Excel 中的 IF 函数，计算每位员工所处的工龄段。

可以参考如下 IF 函数：=IF(U2<=1,"1 年及以下",IF(U2<=3,"1~3 年（包含）",IF(U2<=5,"3~5 年（包含）",IF(U2<=10,"5~10 年（包含）",IF(U2<=20,"10~20 年（包含）",IF(U2>20,"20 年以上"))))))。

（6）使用 Excel 中的分类汇总函数，分别统计计算各"工龄段"人数。

（7）根据各"工龄段"中的"人数"，计算百分比，并绘制饼图。

三、司龄结构分析及平均司龄

（1）选择"自有员工（正式+试用）"基础数据。

（2）使用 Excel 函数=DATEDIF(A1,TODAY(),"M")/12，通过"到职日期"计算出"司龄"（建议修改单元格格式为"数字"，保留 1 位小数）。

（3）使用 Excel 中的平均值函数，计算自有员工的"平均司龄"。

（4）划分司龄段，一般根据企业中文化及组织的特点划分。

可以参考使用以下标准，如 1 年及以下，1~2 年（包含），2~3 年（包含），3~5 年（包含），5~10 年（包含），10 年以上。

（5）使用 Excel 中的 IF 函数，计算每位员工所处的司龄段。

可以参考如下 IF 函数：=IF(U2<=1,"1 年及以下",IF(U2<=2,"1~2 年（包含）",IF(U2<=3,"2~3 年（包含）",IF(U2<=5,"3~5 年（包含）",IF(U2<=10,"5~10 年（包含）",IF(U2>10,"10 年以上"))))))。

（6）使用 Excel 中的分类汇总函数，分别统计计算各"司龄段"人数。

（7）根据各"司龄段"中的"人数"，计算百分比，并绘制饼图。

四、各岗位职级结构

（1）选择"自有员工（正式+试用）"基础数据。

（2）使用 Excel 中的分类汇总函数，根据企业中的职级分类（初级、中级、高级、专家），分别统计计算各"职级"人数。

（3）根据各"职级"中的"人数"，计算百分比，并绘制饼图。

五、离职率（主动）

（1）查看《员工花名册》，确定统计截止日期，确定"自有员工（正式+使用）"总人数

（144）。

（2）查看《人员异动表》中的"离职"名单，筛选出"主动离职""自有员工"，在统计期内（参考"最后薪资结算日期"），计算人数（14）。

（3）根据"离职率（主动）=主动离职人数÷（期末人数+主动离职人数）×100%"，将以上数据代入计算公式求得离职率。

（2）使用《人员信息花名册》复制版本，完成 2017 年 1—6 月份人才盘点所需分析指标的统计计算，并生成相应的统计图表，再将统计结果暂时保存在本地。

4. 形成盘点分析报告

角色名称：人事专员。

任务描述：

（1）根据已经计算完成的 2017 年 1—6 月份人才盘点数据，并参考《2016 年度公司 1—6 月份人才盘点报告》（在【工作交接文件】中），分析得出目前人才供给出现的问题；

（2）使用《2016 年度公司 1—6 月份人才盘点报告》，撰写完成《2017 年度公司 1—6 月份人才盘点报告》。

5. 提交盘点报告

角色名称：人事专员。

任务描述：

（1）单击【做任务】进入邮箱，将《2017 年度公司 1—6 月份人才盘点报告》通过邮件提交人力资源经理审核；

（2）将经过人力资源经理审核，并修改完善后的《2017 年度公司 1—6 月份人才盘点报告》上传至【云盘】→【我的文件】。

5.6 薪酬专员的主要任务

薪酬专员一共有 8 个主要实训任务，具体见表 5-5。

表 5-5 薪酬专员的主要任务

任务/活动	具体动作
5.6.1 采集考勤数据★	1.制定准备时间表；2.采集考勤数据；3.提供考勤数据
5.6.2 采集绩效考核结果数据★	1.采集绩效数据；2.提供绩效结果
5.6.3 采集社保、公积金数据★	1.采集社保、公积金数据；2.提供社保数据
5.6.4 整理薪酬数据★★★	1.数据收取；2.变动数据清空；3.完善工资表人员信息；4.整理考勤数据
5.6.5 核算绩效工资★★	1.绩效工资数据准备；2.绩效工资核算；3.数据调整审核
5.6.6 核算销售奖金★★★	1.收集业绩数据；2.发放判断；3.奖金核算；4.奖金提交审核；5.审核奖金
5.6.7 核算工资★★★	1.核算转正工资差；2.导入薪资数据；3.核算工资；4.校验核算结果；5.工资提报审批；6.审批工资表
5.6.8 发放工资★★★	1.制作工资汇总表；2.提交审批；3.审核批准；4.工资发放报盘；5.制作工资条

5.6.1 采集考勤数据

该任务的主要目标是通过训练让学生了解工资核算的基本流程，掌握核算工资所需要收集的相关数据和时间控制点的要求，理解人力资源管理岗位间的分工与协作。

项目描述：采集销售部 7 月份核算工资所需的人员变动情况和考勤情况的数据，具体流程见图 5-25。

图 5-25 采集考勤数据的工作流程

1. 制定准备时间表

角色名称：薪酬专员。

当前日期：2017 年 7 月 20 日。

任务描述：

（1）查看【任务导航】中的内容，了解薪酬核算流程；

Tips：薪酬核算流程

一、工资核算流程

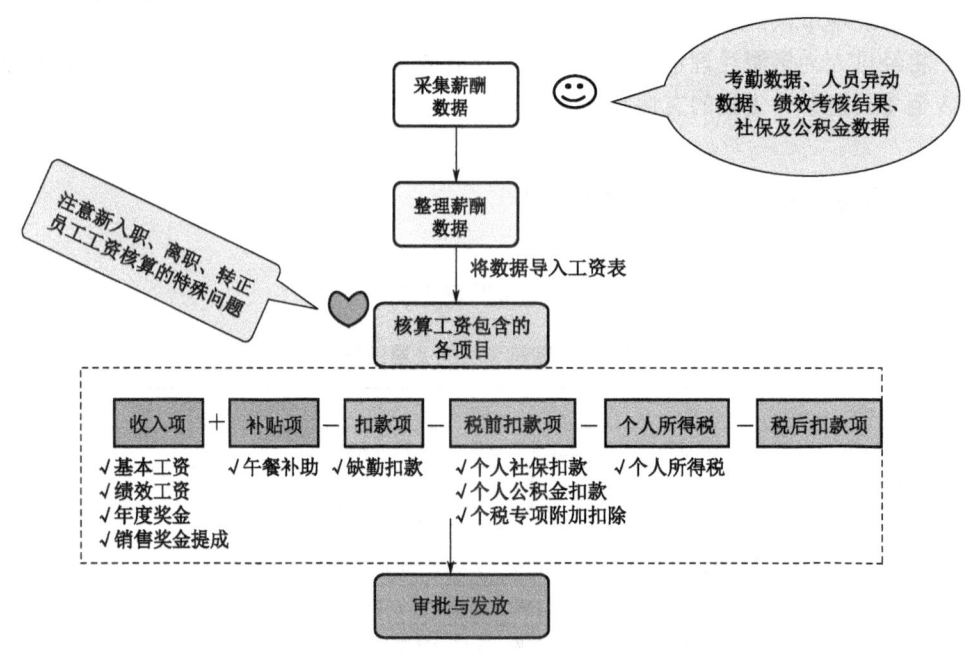

二、绩效工资核算流程

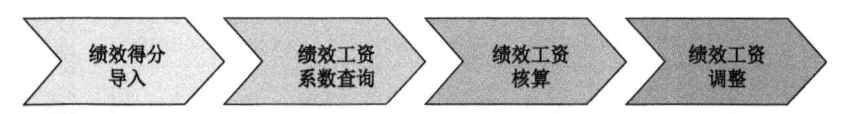

```
绩效得分导入 → 绩效工资系数查询 → 绩效工资核算 → 绩效工资调整
```

- 将绩效考核结果导入《绩效工资核算表》
- 计算月标准绩效工资
- 工具：Excel的VLOOKUP函数

- 通过《绩效得分与绩效工资系数表》查询绩效工资系数

- 绩效工资=月标准绩效工资×绩效工资系数

- 依据：当月的《人员异动表》
- 方法：绩效工资核算的方法

三、奖金提成核算流程

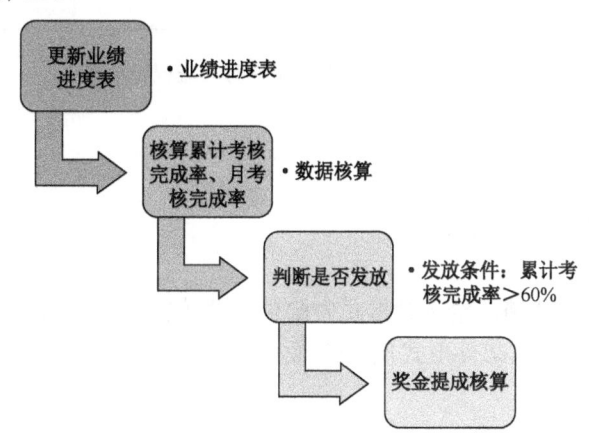

```
更新业绩进度表 → 核算累计考核完成率、月考核完成率 → 判断是否发放 → 奖金提成核算
```

- 业绩进度表
- 数据核算
- 发放条件：累计考核完成率>60%

（2）单击【做任务】进入【工作交接文件】查看《薪酬岗工作关键节点控制表》（见图5-26），确定需要收集的相关数据和时间控制点要求，自行设计《7月工资核算发放工作时间进程表》（可参考【工作交接文件】中的模板，见图5-27），并上传至【我的文件】。

说明：每月的发薪时间为每月5日（遇到5日为节假日时，提前到放假前的最后一个工作日）。

薪酬岗工作关键节点控制表

此表有助于薪酬岗精准把握各项工作的时间进度，保证你每月准时发薪。

公司的发薪日为每月的5日，如遇节假日则提前至放假前的最后一个工作日发放。

序号	工作项目	描述	完成节点	备注
1	采集人员异动数据	在发薪日前5个工作日给人事专员以邮件形式发出采集月度人员异动表（包括人员入职、离职、转正、调动、考勤、以及其他薪酬变动情况）的通知，要求次月首个工作日下班前反馈邮件；	发薪日前5个工作日	1、含实习生 2、次月的首个工作日收回反馈数据 3、考勤周期：按自然月考勤
2	采集绩效考核结果	根据不同的岗位序列周期，在发薪日前5个工作日给绩效专员以邮件形式发出采集考核结果的通知，要求次月首个工作日下班前反馈邮件。	发薪日前5个工作日	销售部每月考核，高管按年度考核，其他部门按季度考核
3	采集社保、公积金数据	在发薪日前5个工作日给福利专员以邮件形式发出采集月度社保、公积金缴费扣款数据的通知，要求次月首个工作日下班前反馈邮件。	发薪日前5个工作日	次月的首个工作日收回反馈数据

图5-26　薪酬岗工作关键节点控制表示例

图 5-27　工资核算发放工作时间进程表示例

2. 采集考勤数据

角色名称：薪酬专员。

当前日期：2017 年 7 月 28 日。

任务描述：

单击【做任务】进入邮箱，给绩效专员发邮件，要求在 8 月 1 日下班前将《销售部人员 7 月份的考核结果明细表》以邮件形式反馈给你。

3. 提供考勤数据

角色名称：人事专员。

当前日期：2017 年 8 月 1 日。

任务描述：

（1）单击【做任务】进入邮箱，查收邮件，了解薪酬专员的需求信息；

（2）按照薪酬专员的要求，将《人员异动表-7 月》（在【工作交接文件】中）发送给薪酬专员；

（3）将《考勤统计表-7 月》（筛选出销售部 7 月的考勤数据）与《员工请假记录》（筛选出销售部员工 7 月请假记录）进行检查核对，确认结果后，将《考勤统计表-7 月》发送给薪酬专员。

5.6.2　采集绩效考核结果数据

该任务的主要目标是通过训练让学生了解工资核算的基本流程，掌握核算工资所需要收集的相关数据和时间控制点的要求，理解人力资源管理岗位间的分工与协作。

项目描述：采集销售部 7 月份核算工资所需的人员变动情况和考勤情况的数据，具体流程见图 5-28。

图 5-28　采集绩效考核结果数据的工作流程

1. 采集绩效数据

角色名称：薪酬专员。

当前日期：2017 年 7 月 28 日。

任务描述：

单击【做任务】进入邮箱，给绩效专员发邮件，要求在 8 月 1 日下班前将《销售部人员 7 月份的考核结果明细表》以邮件形式反馈给你。

2. 提供绩效结果

角色名称：绩效专员。

当前日期：2017 年 8 月 1 日。

任务描述：

（1）单击【做任务】进入邮箱，查看邮件，了解薪酬专员的需求信息；

（2）按照薪酬专员的要求，将《销售部人员 7 月份的考核结果明细表》（在【工作交接文件】中）发送给薪酬专员。

5.6.3 采集社保、公积金数据

该任务的主要目标是通过训练让学生了解工资核算的基本流程，掌握核算工资所需要收集的相关数据和时间控制点的要求，理解人力资源管理岗位间的分工与协作。

项目描述：采集销售部 7 月份核算工资所需的社保、公积金扣款数据，具体流程见图 5-29。

图 5-29 采集社保、公积金数据的工作流程

1. 采集社保、公积金数据

角色名称：薪酬专员。

当前日期：2017 年 7 月 28 日。

任务描述：

单击【做任务】进入邮箱，给福利专员发邮件，要求在 8 月 1 日下班前将《销售部员工 7 月社保明细表》及《销售部员工 7 月公积金明细表》以邮件形式反馈给你。

2. 提供社保数据

角色名称：福利专员。

当前日期：2017 年 8 月 1 日。

任务描述：

（1）单击【做任务】进入邮箱，查看邮件，了解薪酬专员的需求信息；

（2）按照薪酬专员的要求，将《销售部员工 7 月公积金明细表》和《销售部员工 7 月社保明细表》（在【工作交接文件】中）发邮件给薪酬专员。

5.6.4 整理薪酬数据

该任务的主要目标是通过训练让学生理解变动数据对工资核算的影响，掌握各基础数据表中的信息整理的方法，理解工资核算表中的项目。

项目描述：整理销售部员工的月薪酬数据，具体流程见图 5-30。

图 5-30 整理薪酬数据的工作流程

1. 数据收取

角色名称：薪酬专员。

当前日期：2017 年 8 月 1 日。

任务描述：

（1）跟催并收取人事专员回复的结果，即《7 月考勤统计表》《人员异动表-7 月》，注意一定要与人事专员确认《7 月考勤统计表》是否已经核实；

（2）跟催并收取绩效专员回复的结果，即《销售部人员 7 月份的考核结果明细表》；

（3）跟催并收取福利专员回复的结果，即《销售部员工 7 月公积金明细表》《销售部员工 7 月社保明细表》。

2. 变动数据清空

角色名称：薪酬专员。

当前日期：2017 年 8 月 2 日。

任务描述：

（1）学习【任务导航】中的内容，掌握每月核算工资时，工资表中有哪些变动数据需要清空；

（2）单击【做任务】进入【工作交接文件】，将《6 月销售部员工工资表》下载并另存为《7 月销售部员工工资表》；

（3）将 7 月工资表中的变动数据清空（变动数据在【任务导航】中有详细介绍）。

3. 完善工资表人员信息

角色名称：薪酬专员。

当前日期：2017 年 8 月 2 日。

任务描述：

（1）学习【任务导航】中的内容，掌握工资表中人员信息更新的方法及注意事项；

（2）根据人事专员提供的《人员异动表-7 月》，对《7 月销售部员工工资表》的人员信息进行更新：

①在《人员异动表-7 月》的"入职"表中，筛选 7 月销售部新入职员工，在工资表中进行新入职员工的信息补充；

②在《人员异动表-7 月》的"离职"表中，筛选 7 月销售部离职员工，在工资表中进行离职员工的信息标识；

③将 6 月已离职且本月无须发放工资的员工从工资表中删除（如无可跳过此步）；

④在《人员异动表-7 月》的"转正"表中，筛选 7 月销售部转正员工，在工资表中进行转正人员信息更新；

⑤在《人员异动表-7 月》的"调动"表中，筛选 7 月销售部调动员工，在工资表中进行调动人员信息更新（如无可跳过此步）。

4．整理考勤数据

角色名称：薪酬专员。

当前日期：2017 年 8 月 2 日。

任务描述：

（1）学习【任务导航】中的内容，掌握 VLOOKUP 函数的使用方法；

Tips：使用 VLOOKUP 函数查找数据的实例

一、关于 VLOOKUP 函数

VLOOKUP 函数是 Excel 中非常重要的查找引用函数，掌握它可以减少很多手工工作量，且避免数据出错。公式函数如下：VLOOKUP(lookup_value, table_array, col_index_num, range_lookup)。

- lookup_value 表示要查找的对象。
- table_array 表示查找的表格区域。
- col_index_num 表示要查找的数据在 table_array 查找表格区域中处于第几列。
- range_lookup 表示查找类型，其中 1 表示近似匹配，0 表示精确匹配，一般我们用精确匹配的情况较多。

二、操作实例

任务：在《7 月销售部员工工资表》中填写员工 7 月的各项考勤信息。

已知：员工 7 月的各项考勤信息在《7 月考勤统计表》中，且《7 月销售部员工工资表》和《7 月考勤统计表》有相同的"人员编码"信息。

接下来我们就利用 Excel 中的 VLOOKUP 函数填充员工的"应出勤天数"数据。

1. 打开《7 月销售部员工工资表》和《7 月考勤统计表》，保证输入法为英文状态。
2. 在《7 月销售部员工工资表》中"应出勤天数"列 J3 单元格输入函数"=VLOOKUP( )"。
3. 光标在括号（ ）中，然后，选中 A3 单元格，输入英文半角逗号（，）。

因两表都有"人员编码"数据，且人员编码是唯一的、不重复的，所以将"人员编码"作为查找对象，查找"应出勤天数"数据；如果用有可能重复的数据，如"姓名"作为查找对象，可能会出现错误。

4、切换到《7月考勤统计表》中，选中查找区域 A1 到 E151 区域（即"人员编码"到"应出勤天数"的区域）。同时，选中区域拖动过程也可以计算从"人员编码"列到"应出勤天数"列的列数，是第几列（第5列）。

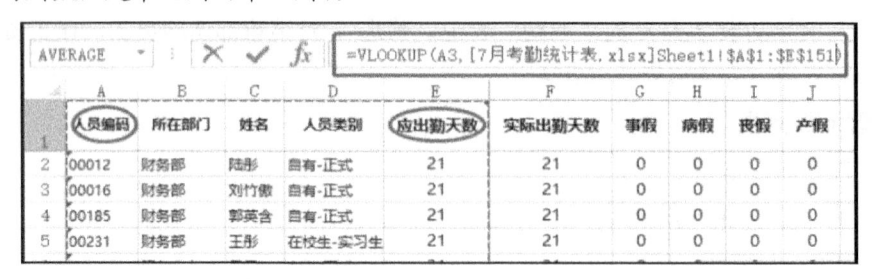

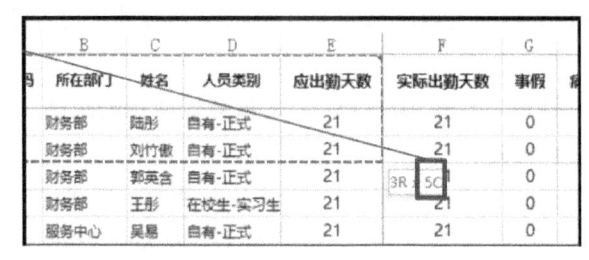

5、返回《7月销售部员工工资表》，在查找范围后输入英文半角逗号（,）输入查找到的列数 5，再输入英文半角逗号（,）；

再继续输入 0 ，代表要求精确匹配；

按下 Enter 键确认后，即得到"应出勤天数"数据。

当工资表中需要填充多名员工考勤数据时，可直接拖曳鼠标下拉填充公式。同样，用此方法可以填充社保、公积金扣款信息、各专项附加扣除信息等。需要特别注意的是：为了保证查找的表格区域依然是完整的，应注意用$符号将区域锁定。

AVERAGE		×	✓	fx	=VLOOKUP(A3,[7月考勤统计表.xlsx]Sheet1!$A$1:$E$151)				
	A	B	C	D	E	F	G	H	I	J
1	人员编码	所在部门	姓名	人员类别	应出勤天数	实际出勤天数	事假	病假	丧假	产假
2	00012	财务部	陆彤	自有-正式	21	21	0	0	0	0
3	00016	财务部	刘竹傲	自有-正式	21	21	0	0	0	0
4	00185	财务部	郭英含	自有-正式	21	21	0	0	0	0
5	00231	财务部	王彤	在校生-实习生	21	21	0	0	0	0

（2）根据人事专员提供的《7月考勤统计表》，在工资表中填写员工本月考勤信息（包括：应出勤天数、事假、病假、丧假、产假、婚假、年假、调休、其他假期、迟到次数、空缺时间）；

（3）完成后保存为《7月销售部员工工资表》。

5.6.5 核算绩效工资

该任务的主要目标是通过训练让学生理解《销售部员工薪酬与奖金考核办法》，了解绩效考核结果与绩效工资的转化原则，理解绩效工资表中的项目，掌握绩效工资的核算方法。

项目描述：核算销售部员工7月绩效工资，具体流程见图5-31。

图 5-31　核算绩效工资的工作流程

1. 绩效工资数据准备

角色名称：薪酬专员。

当前日期：2017年8月2日。

任务描述：

（1）阅读《销售部员工薪酬与奖金考核办法》（在【工作交接文件】中），了解销售人员绩效工资核算与发放原则；

（2）学习【任务导航】中的内容，掌握如何做绩效工资核算的数据准备；

Tips：绩效工资核算的数据准备

完善绩效工资核算表模板中的各项信息。

1. 根据《6月销售部员工工资表》与《人员异动表》核对后的薪酬数据，将销售部"员工编号""员工姓名""基本工资"数据录入绩效工资核算表。

2. 月标准绩效工资是根据基本工资和工资占比计算得出的，根据公司的薪酬制度规定销售部员工的基本工资占比是40%，绩效工资占比是10%，这样就可以很容易地算出销售部每位员工的月标准绩效工资了。

提醒：根据《销售部员工薪酬与奖金考核办法》，在试用期员工无绩效工资。

例如：赵聚帅是公司的正式员工，他的月基本工资是11 050元，那么他的月总现金就是11 050÷40%=27 625元，月标准绩效工资是27 625×10%=2762.5（元）。

3. 使用 VLOOKUP 函数从《2017 年 7 月销售部员工绩效考核结果明细表》中查找销售部每位员工 7 月份的绩效得分，添加到《销售部员工绩效工资核算表》对应的"绩效得分"单元格中。

（3）单击【做任务】进入【工作交接文件】下载《月销售部员工绩效工资核算表模版》；

（4）根据《7 月销售部员工工资表》中的薪酬数据，将《月销售部员工绩效工资核算表》数据更新，并使用 VLOOKUP 函数将销售部员工 7 月份考核结果明细导入（由绩效专员反馈），保存为《7 月销售部员工绩效工资核算表》，并上传至【我的文件】。

2. 绩效工资核算

角色名称：薪酬专员。

任务描述：

（1）学习【任务导航】中的内容，掌握绩效工资系数查找的方法；

Tips：员工绩效工资系数查找的方法

根据《销售部员工薪酬与奖金考核办法》的规定，员工的绩效考核得分与绩效工资的系数见下表。

考核得分	绩效工资系数
95~100分	1.00
85~94分	0.95
75~84分	0.80
65~74分	0.60
64分以下	0.00

绩效工资系数导入的方法分两种。

（1）人工导入。当员工人数较少时，可以采用人工查询的方法将每位员工的绩效工资系数逐一手动输入绩效工资核算表中。

（2）使用 Excel 表中的函数。当人数很多的时候，为了快速准确地导入每位员工的绩效工资系数，需要借助 Excel 表中的 IF 函数将绩效系数导入绩效工资核算表中。IF 函数根据指定的条件来判断其"真"（TRUE）、"假"（FALSE），根据逻辑计算的真假值，从而返回相应的内容。可以使用 IF 函数对数值和公式进行条件检测。

首先，对绩效结果与绩效工资系数参照表进行转化。

假设绩效得分的单元格为"F5"，则 IF 函数的公式为：=IF(F5<=64,0,IF(F5<=74,0.6,IF(F5<=84,0.8,IF(F5<=94,0.95,IF(F5<=100,1)))))，即可得出每位员工的绩效得分对应的绩效工资系数。

（2）对照《销售部员工薪酬与奖金考核办法》（在【工作交接文件】中）里的"绩效得

分与绩效工资系数表",查找匹配确定每个员工的绩效工资系数；

(3) 根据已经设置好的公式自动计算员工当月的绩效工资。

3. 数据调整审核

角色名称：薪酬专员。

任务描述：

(1) 学习【任务导航】中的内容，掌握绩效工资调整的原因和核算方法；

Tips：绩效工资数据调整

一、离职员工离职当月绩效工资的计算

根据《销售部奖金提成和考核办法》，请注意检查当月是否有离职员工；离职员工的绩效工资是根据离职当月实际出勤天数核算计发的。

离职员工当月绩效工资额=员工当月月绩效工资标准×绩效工资系数÷当月实际应出勤天数×实际出勤天数。

二、转正员工转正当月绩效工资的计算

根据《销售部奖金提成和考核办法》，试用期员工无绩效工资，因此员工转正当月的绩效工资按实际转正天数计算核发。

转正员工当月绩效工资额=员工当月月绩效工资标准×绩效工资系数÷当月实际应出勤天数×转正后实际出勤天数。

(2) 对照《销售部员工薪酬与奖金考核办法》（在【工作交接文件】中）关于离职、转正员工的绩效工资计算规则，根据员工出勤天数（人事专员反馈），核算实际应发绩效工资；

(3) 将更新后的《7月销售部员工绩效工资核算表》上传至【我的文件】，并邮件发给部门经理审核。

5.6.6 核算销售奖金

该任务的主要目标是通过训练让学生理解《销售部员工薪酬与奖金考核办法》（根据考核办法，掌握员工发放奖金的规则和条件），理解奖金核算表的项目。

项目描述：核算销售部员工7月的销售奖金，具体流程见图5-32。

图5-32 核算销售奖金的工作流程

1. 收集业绩数据

角色名称：薪酬专员。

任务描述：

(1) 阅读【任务导航】中的内容和《销售部员工薪酬与奖金考核办法》（在【工作交接文件】中），掌握销售部员工发放奖金的规则和条件。

Tips：销售业绩考核的规则及奖金发放的条件

1. 根据《销售部员工薪酬与奖金考核办法》规定，公司每月月末对销售部员工的销售回款情况进行考核并核发奖金。

2. 考核的重要指标：累计考核完成率、月度考核完成率。

累计考核完成率=考核期累计实际回款总额÷截止至考核期累计目标回款总额×100%

月度考核完成率=考核期当月实际回款额÷当月目标回款额×100%

指标解释：

考核期累计实际回款总额：是指从本年度1月至考核期当月，所有月份实际回款的合计金额；

截止至考核期累计目标回款总额：是指从本年度1月至考核期当月，所有月份目标回款的累计金额，即年度回款任务总额×考核期当月的累计目标完成率；

累计目标完成率：参见《销售部员工薪酬与奖金考核办法》中的"表1 各月销售目标进程表"。

3. 考核规则：根据制度中的销售目标进程表，按照累计考核完成率进行考核与奖金计发。

4. 考核依据：财务部门提供的《销售业绩回款明细表》。

5. 奖金发放条件与计算方法。

（1）累计考核完成率超过60%的，按照累计考核完成率对应的月度提成比例（参考《销售部员工薪酬与奖金考核办法》），以考核期当月实际回款额为基数计算奖金；

（2）累计考核完成率未到或等于60%的，奖金暂缓发放，待达到奖金发放条件（超过60%）后计发。如到年底仍未达到奖金计发标准，则奖金不予发放。

月度直销业绩奖金=当月实际回款金额×月度提成比例

月度提成比率对应累计考核完成率，具体如下。

累计考核完成率	月度提成比例
60%（含）以下	0
60%~70%（含）	2%
70%~80%（含）	2.5%
80%~90%（含）	3%
90%以上	3.5%

举例说明：假设销售部员工贾某，年度回款任务是200万元，7月份实际回款30万元，截至7月末，累计完成回款98万元。

附：销售进度表1

	1月	2月	3月	4月	5月	6月	7月	8月	9月	10月	11月	12月
当月目标完成率	5%	3%	8%	8%	10%	12%	6%	8%	10%	12%	9%	9%
累计目标完成率	5%	8%	16%	24%	34%	46%	(52%)	60%	70%	82%	91%	100%

首先，确定贾某是否满足计发7月绩效奖金的条件。

A. 根据《销售部员工薪酬与奖金考核办法》中的销售目标进度表1，截止到7月的累计

目标完成率为 52%;

B. 贾某截止至考核期累计目标回款总额=年度回款任务×截止到 7 月的累计目标完成率=200 万×52% = 104 万元;

C. 截止到 7 月，贾某累计考核完成率=考核期累计实际回款总额/截止至考核期累计目标回款总额×100%=98 万÷104 万×100% = 94.23%;

D. 奖金计发的条件：累计考核完成率超过 60%的，按照累计考核完成率对应的月度提成比例，乘以考核期当月实际回款额来计算奖金。

因此，贾某满足计发 7 月绩效奖金的条件。

接着，我们来计算一下 7 月份贾某可以拿到多少奖金。

A. 贾某 7 月的累计考核完成率为 94.23%;

B. 参考《销售部员工薪酬与奖金考核办法》中的月度累计考核完成率提成比例，累计考核完成率为 94.23%，对应的月度提成比例为 3.5%;

C. 已知 7 月份贾某的实际回款金额为 30 万元;

D. 月度直销业绩奖金=当月实际回款金额×月度提成比例=30 万×3.5%=10 500 元。

（2）单击【做任务】，进入邮箱，收取财务经理发来的邮件，下载附件《销售部员工 7 月业绩回款明细表》。

2. 发放判断

角色名称：薪酬专员。

当前日期：2017 年 8 月 2 日。

任务描述：

（1）单击【做任务】进入【工作交接文件】，下载《6 月业绩进度表》，并更新为《7 月业绩进度表》，将"7 月实际回款金额"（在《销售部员工 7 月业绩回款明细表》中）导入《7 月业绩进度表》;

（2）根据新加入的数据（"7 月实际回款金额"与"截止到 7 月累计目标回款总额"），核算每个员工的"累计考核完成率"， 判断是否符合奖金发放条件。

3. 奖金核算

角色名称：薪酬专员。

当前日期：2017 年 8 月 2 日。

任务描述：

（1）学习【任务导航】中的内容，掌握销售奖金计算原理及公式;

Tips: 销售业绩奖金计算原理及公式

一、相关规定

根据《销售员工薪酬和奖金考核办法》的规定：

（1）月度直销业绩奖金=月度直销回款金额×月度提成比例;

（2）月度提成比例由累计考核完成率决定（详见下表）。

第 5 章 专业技能训练 123

累计考核完成率	月度提成比例
60%（含）以下	0
60%~70%（含）	2%
70%~80%（含）	2.5%
80%~90%（含）	3%
90%~100%（含）	3.5%

二、月度提成比例的查找方法

利用 IF 函数功能，写出条件判断的公式。

例如：假设累计考核完成率的单元格为 G3，则月度提成比例：=IF(G3<=60%,0, IF(G3<=70%,2%,IF(G3<=80%,2.5%,IF(G3<=90%,3%,3.5%))))。

三、检查是否满足发放条件

月度实际回款额最高，且考核完成率达到或超过 100%，可获得一次性奖金 500 元。

四、举例说明销售奖金的核算步骤和方法

销售部员工甲，他的年度任务是 200 万元，7 月的回款额为 30 万元，截止到 7 月末，甲累计实际回款额为 98 万元。

步骤一：判断是否满足奖金计发条件。

A. 根据《销售部员工薪酬与奖金考核办法》中的销售目标进度表，截止到 7 月累计目标完成率为 52%；

B. 截止到 7 月，甲的累计目标回款额=200 万×52%=104 万元，因此，累计考核完成率=98 万/104 万×100% = 94.23%；

C. 累计考核完成率大于 60%，因此满足奖金计发的条件。

步骤二：参照《销售部员工薪酬与奖金考核办法》，查看累计考核完成率对应的月度提成比例，详见下表。

累计考核完成率	月度提成比例
60%（含）以下	0
60%~70%（含）	2%
70%~80%（含）	2.5%
80%~90%（含）	3%
90%~100%（含）	3.5%

甲 7 月的累计考核完成率为 94.23%，对应的月度提成比例为 3.5%。

步骤三：确定奖金基数，计算奖金。

甲 7 月的实际回款金额为 30 万元，7 月实际回款金额就是奖金核算的基数，因此，奖金= 30 万×3.5% = 10 500 元。

步骤四：判断是否符合发放专项奖金的条件。

根据销售人员的月考核完成率是否达到或超过 100%，并且是否是当月销售部回款数额最多的，判断是否发放专项奖金。

（3）单击【做任务】进入【工作交接文件】，下载《6月奖金核算表》，并另存为《7月奖金核算表》，在表中更新7月份的数据（把《7月业绩进度表》数据导入，并依据《销售部员工薪酬与奖金考核办法》，确定相应的月度奖金提成比例）；

（4）检查奖金计算结果，将确认的《7月奖金核算表》上传至【我的文件】。

4. 奖金提交审核

角色名称：人力资源经理。

当前日期：2017年8月2日。

任务描述：

单击【做任务】进入邮箱，将《7月奖金核算表》用邮件发送给部门经理审核。

5. 审核奖金

角色名称：薪酬专员。

当前日期：2017年8月2日。

任务描述：

（1）单击【做任务】进入邮箱，收取薪酬专员发来的邮件，下载《7月奖金核算表》并根据《销售部员工薪酬与奖金考核办法》核算数据的正确性；

（2）与薪酬专员沟通，回复邮件反馈审核意见。

5.6.7 核算工资

该任务的主要目标是通过训练让学生理解转正工资核算的要求、工资核算的项目、公式，掌握工资核算结果校验的注意事项、个税计算方法、工资核算表中的公式函数的使用方法。

项目描述：核算7月销售部员工的工资，具体流程见图5-33。

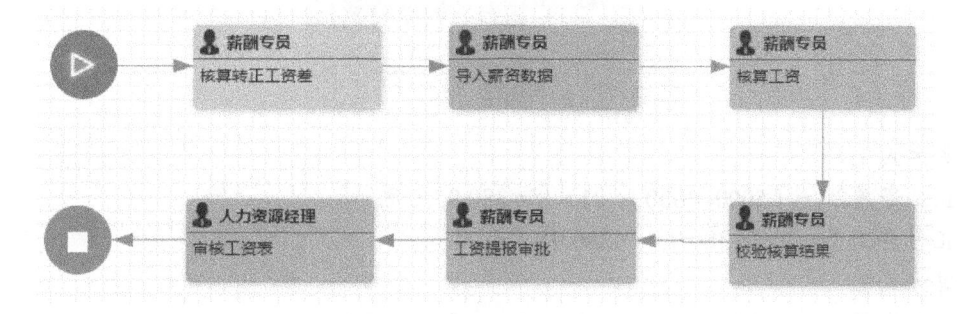

图5-33 核算工资的工作流程

1. 核算转正工资差

角色名称：薪酬专员。

当前日期：2017年8月2日。

任务描述：

（1）学习【任务导航】中的内容，掌握转正工资的核算方法；

Tips：转正工资的核算方法

转正工资差额是指非全月转正的员工，在转正当月，因试用期和转正后基本工资标准不同，而出现的工资差额。非全月转正的员工是指除了转正时间为自然月第一天的员工外，都叫作非全月转正员工。

转正当月的工资由两部分构成：试用期工资+转正当月工资

计算公式1：转正当月工资=试用期基本工资+转正工资差额$_1$

计算公式2：转正当月工资=转正后的基本工资−转正工资差额$_2$（转正员工工资核算工资表中"转正工资差额（扣转正级差）"为"正数"）。

计算公式1中的：

$$转正工资差额_1 = \frac{（转正基本工资 - 试用期基本工资）}{转正当月实际应出勤天数} \times 转正当月含的正式期的出勤天数$$

计算公式2中的：

$$转正工资差额_2 = \frac{（转正基本工资 - 试用期基本工资）}{转正当月实际应出勤天数} \times 转正当月含的试用期的出勤天数$$

举例：某员工7月20日转正，试用期工资4000元，转正工资5000元。7月共有21个工作日，其中试用期工作日13天，转正工作日8天，具体见下图。

计算方式1：

转正工资差额$_1$ =（5000−4000）÷21×8 = 380.95（元）

转正当月工资 = 4000+380.95 = 4380.95（元）

计算方式2：

转正工资差额$_2$ =（5000−4000）÷21×13 = 619.05（元）

转正当月工资 = 5000−619.05 = 4380.95（元）

TZ公司在核算员工转正当月工资时采用的是计算方式2。

（2）打开刚刚处理的《7月销售部员工工资表》；

（3）计算本月转正员工的转正工资差额，将转正员工需要扣减的工资差额填到《7月销售部员工工资表》中的"扣转正级差"对应列的单元格中。

2. 导入薪资数据

角色名称：薪酬专员。

当前日期：2017 年 8 月 2 日。

任务描述：

（1）将核算完毕的 7 月销售部员工的绩效工资、奖金的金额导入工资表对应的单元格中，通过公式将自动计算出"本月应发工资合计"；

（2）根据福利专员提供的《销售部员工 7 月公积金明细表》《销售部员工 7 月社保明细表》，在工资表中填写员工养老保险月扣款、医疗保险月扣款、失业保险月扣款、住房公积金月扣款数据，通过公式将自动计算出"本月社保公积金合计"。（建议使用 VLOOKUP 函数功能导入数据。）

3. 核算工资

角色名称：薪酬专员。

当前日期：2017 年 8 月 2 日。

任务描述：

（1）根据【工作交接文件】中《专项附加扣除基础表(7 月 31 日更新)》，在工资表中填写员工本月专项附加扣除数据；

（2）填充用于计算个税的各项累计数：

①"上月累计应税所得额"为 6 月工资表的"本月累计应税所得额"列的数据；

②"上月累计已缴个税"为 6 月工资表的"本月累计应缴个税"列的数据（建议使用 VLOOKUP 函数功能导入数据），通过已有公式将自动计算出"本月实缴个税""实发合计"；

③填写"税后扣款"信息，此处均为"0"，通过已有公式将自动计算出"实发金额"；

④填写"工资所属期间"信息，记为"2017.07"。

4. 校验核算结果

角色名称：薪酬专员。

当前日期：2017 年 8 月 2 日。

任务描述：

（1）学习【任务导航】中的内容，掌握工资核算结果校验的注意事项；

（2）对《7 月销售部员工工资表》中的数据进行核查。

5. 工资提报审批

角色名称：薪酬专员。

当前日期：2017 年 8 月 2 日。

任务描述：

单击【做任务】进入邮箱，将薪酬基础数据表单（包含《人员异动表-7 月》《考勤统计表-7 月》《销售部人员 7 月份的考核结果明细表》等），以及《7 月销售部员工工资表》邮件提交给部门经理审批。

6. 审批工资表

角色名称：人力资源经理。

当前日期：2017 年 8 月 2 日。

任务描述：

（1）单击【做任务】进入邮箱，接收薪酬专员发来的邮件，下载《7 月销售部员工工资表》；

（2）检查工资表中核算的数据是否有问题；

（3）回复审批意见。

5.6.8 发放工资

该任务的主要目标是通过训练让学生了解工资发放的基本流程，掌握运用 Excel 的数据透视表功能实现工资汇总表制作的方法、工资条中的项目设置，学会利用 Word 中的邮件合并功能制作工资条，理解工资报盘的含义。

项目描述：发放 7 月份销售部员工的工资，具体流程见图 5-34。

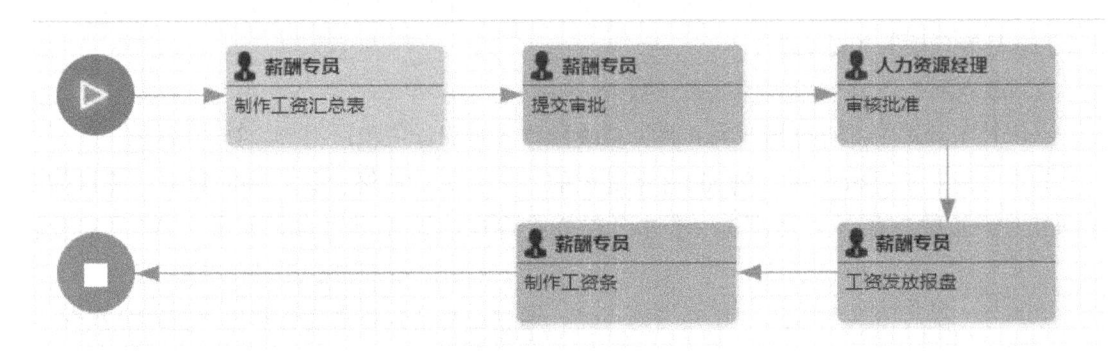

图 5-34 发放工资的工作流程

1. 制作工资汇总表

角色名称：薪酬专员。

当前日期：2017 年 8 月 3 日。

任务描述：

（1）单击【做任务】进入邮箱，查看部门经理对工资审核的反馈邮件，如未通过，与经理讨论修正；如经理审核通过，则学习【任务导航】中的内容，掌握工资汇总表的制作方法；

Tips：工资汇总表的制作方法

步骤一：选中数据。

步骤二：创建数据透视表。

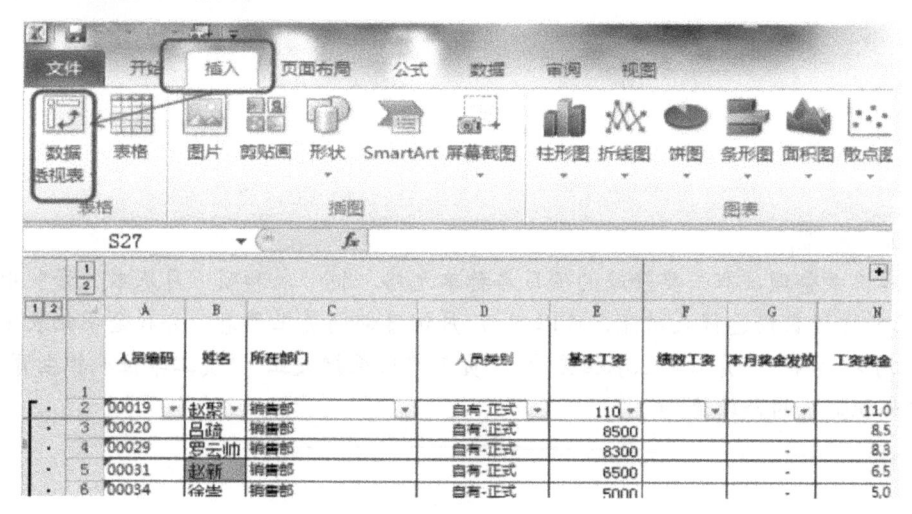

步骤三：创建成功。

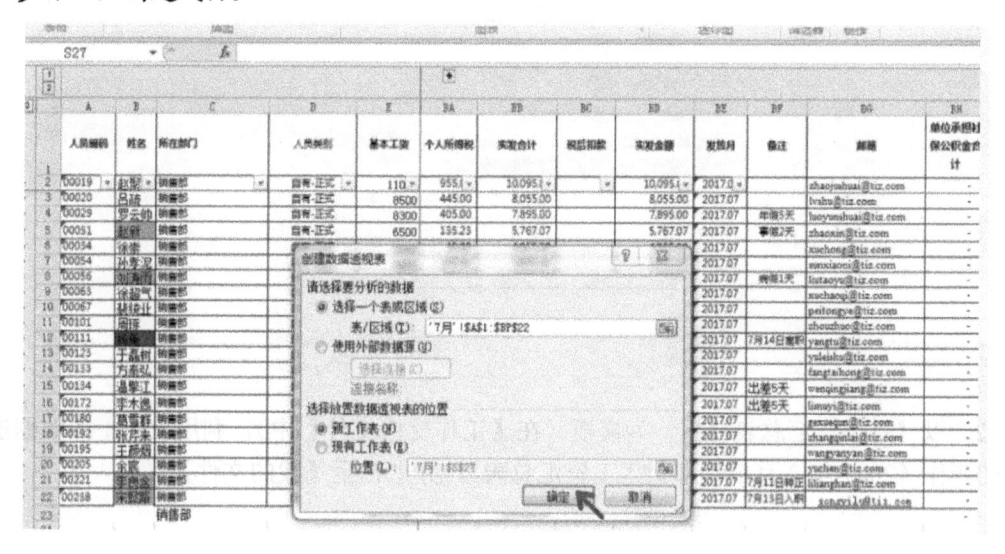

第5章 专业技能训练 ▶ 129

步骤四：添加报表字段到列表框。

在【数据透视表字段】对话框中选择要添加到报表的字段如"员工基本工资""员工本月奖金发放""员工缺勤扣款合计""员工补扣\补发合计""员工养老月扣款""员工失业月扣款""员工公积金月扣款""员工医疗月扣款""员工应税工资""员工个人所得税""员工实发工资"等字段，拖动字段到【Σ值】区域，将"所在部门"拖动到【行】区域，Excel 将自动对数据源的各销售人员工资进行汇总。具体参见下图。

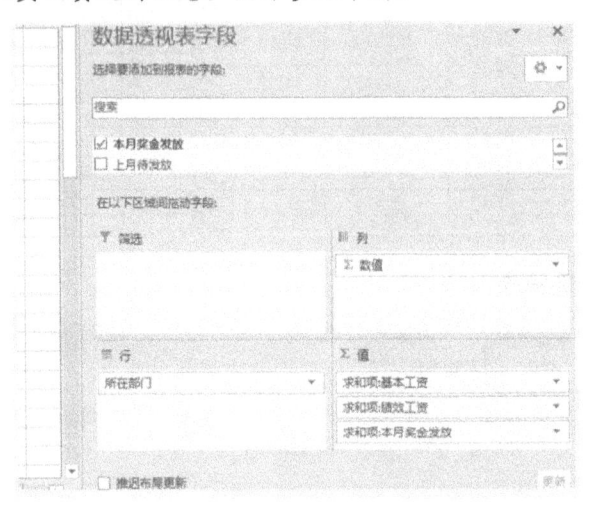

步骤五：整理。

数据和格式整理，双击要修改的项目名称单元格，把"求和项：月基本工资"用空格替换掉。（同样通过数据透视表功能，可以在 7 月销售部门员工养老、公积金明细表中，得到"员工单位承担养老""员工单位承担医疗""员工单位承担失业""员工单位承担生育""员工单位承担公积金"的合计值。）

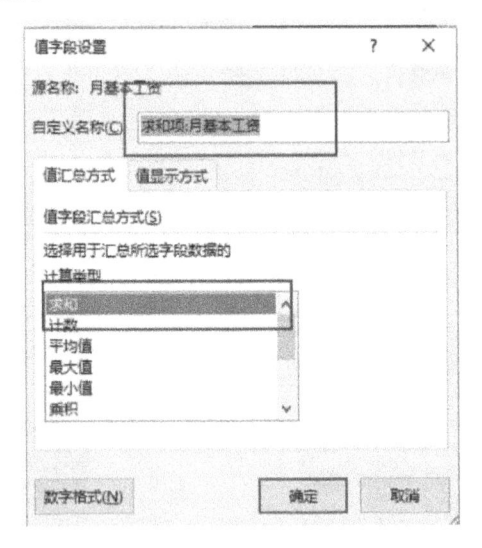

（2）以《月工资汇总表模板》为模板（在【工作交接文件】中），利用 Excel 的数据透视表功能制作《2017 年 7 月销售部员工工资汇总表》，并上传至【我的文件】。

130 ◀ 企业人力资源管理综合实训教程

2. 提交审批

角色名称：薪酬专员。

当前日期：2017 年 8 月 3 日。

任务描述：

（1）参照《工资支出单样表》（在【工作交接文件】中），填写《2017 年 7 月销售部员工工资支出单》（在教辅手册中）；

（2）打印《2017 年 7 月销售部员工工资汇总表》；

（3）将《2017 年 7 月销售部员工工资支出单》（后附《2017 年 7 月销售部员工工资汇总表》）送交部门经理审批签字。

3. 审核批准

角色名称：人力资源经理。

当前日期：2017 年 8 月 3 日。

任务描述：

（1）核对《2017 年 7 月销售部员工工资汇总表》与《2017 年 7 月销售部员工工资支出单》的金额数据，手工签批薪酬专员提报的《工资支出单》；

（2）报送公司 CEO 签字审批；

（3）将签批后的《2017 年 7 月销售部员工工资支出单》交给薪酬专员。

4. 工资发放报盘

角色名称：薪酬专员。

当前日期：2017 年 8 月 3 日。

任务描述：

（1）单击【做任务】进入【工作交接文件】，依照《报盘文件模板》和《员工银行卡明细表》制作《7月份销售部员工工资报盘文件》，并上传至【我的文件】；

（2）将《2017 年 7 月销售部员工工资支出单》和报盘文件（电子版）一同交给财务部经理，并督促发放。（本处仅需知晓此流程，不做实操训练。）

5. 制作工资条

角色名称：薪酬专员。

当前日期：2017 年 8 月 4 日。

任务描述：

（1）单击【做任务】进入【工作交接文件】，下载《工资条模板》；

（2）学习【任务导航】中的内容，学会利用 Word 中的邮件合并功能制作工资条；

Tips：使用 Word 制作并发送工资条

需要的工具有：Excel、Word、Outlook（确保处于正常使用状态）。

1. 打开《工资条模板》Word 文件。

2. 选择【邮件】→【选择收件人】→【使用现有列表】，选择《销售部员工 7 月工资明细表》（对工资表进行简单处理，使第一行为工资条要引用的项目）。

3. 将光标置于第一个表格内，单击【插入合并域】→【插入】。

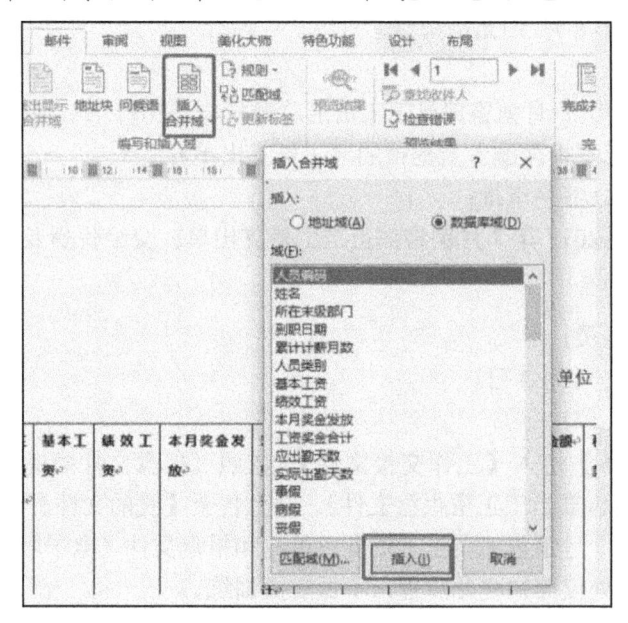

将对应的内容逐一填到工资条的表中。

4. 单击预览结果的按钮，就可以预览工资表中第一位员工的工资条。

销售部员工7月工资条

单位 元

人员编码	姓名	所在末级部门	基本工资	绩效工资	本月奖金发放	缺勤扣款合计	补扣/补发合计	应发工资合计	扣保险与公积金合计	本月实缴个税	实发合计	税后扣款	实发金额	备注	累计应税所得额	累计应缴个税	邮箱
00019	赵翠帅	销售部	11050	221 0	0	0	3157 5	13575	5088.80000000000002	183.229999999999	8302.96999999999	0	8302.96999999993		29337.75	880.13	zhaojushuai@tiz.com

单击右侧的按钮可以逐个预览检查。

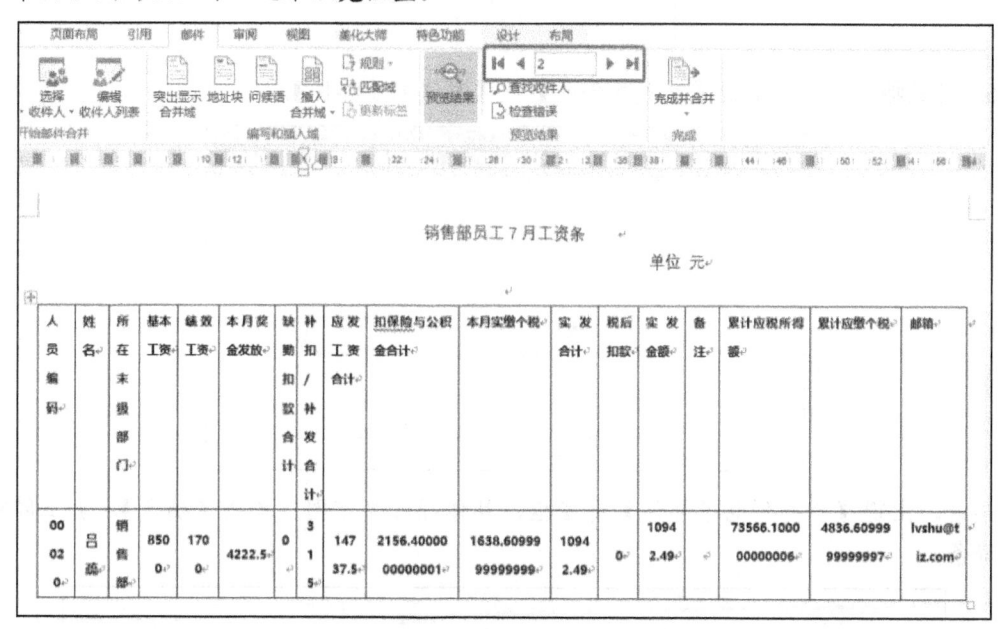

销售部员工7月工资条

单位 元

人员编码	姓名	所在末级部门	基本工资	绩效工资	本月奖金发放	缺勤扣款合计	补扣/补发合计	应发工资合计	扣保险与公积金合计	本月实缴个税	实发合计	税后扣款	实发金额	备注	累计应税所得额	累计应缴个税	邮箱
00020	吕燕	销售部	850	170	4222.5	0	3157 5	1475 37.5	2156.40000000000001	1638.60999999999	1094 2.49	0	1094 2.49		73566.10000000006	4836.60999999999997	lvshu@tiz.com

5. 工资条中出现数字后边有0的情况，单击右键，选择切换域代码。

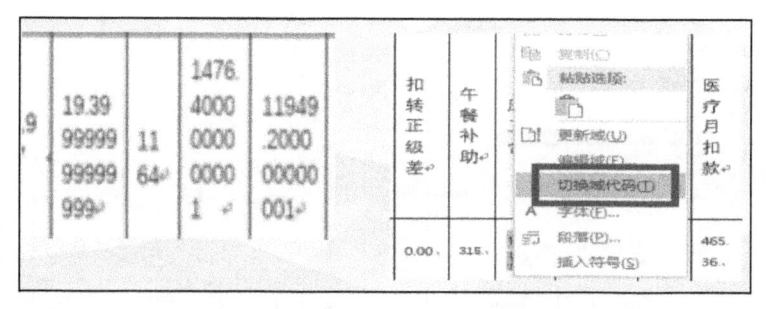

将域代码被修改为：{ MERGEFIELD "累计应税所得额" \#0.00 }再次单击预览结果即可显示数值。

注意：在没有单击【邮件合并】工具栏中的【上一记录】或【下一记录】按钮前，所显示的小数仍然是12位的，单击【上一记录】或【下一记录】按钮，数值就会显示为两位小数。

6. 发送邮件：首先单击【完成并合并】→【发送电子邮件】。

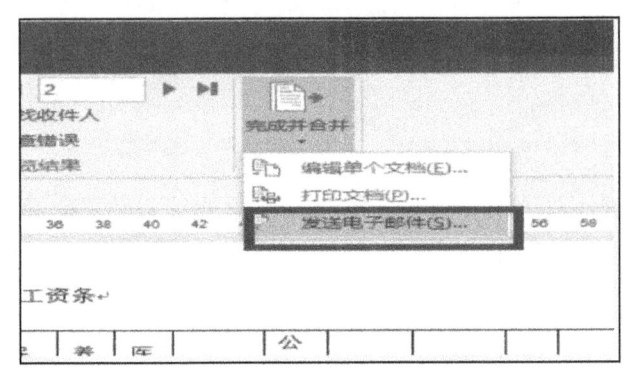

接着，出现【合并到电子邮件】对话框，具体操作见下图。单击【确定】，员工即可收到工资条。

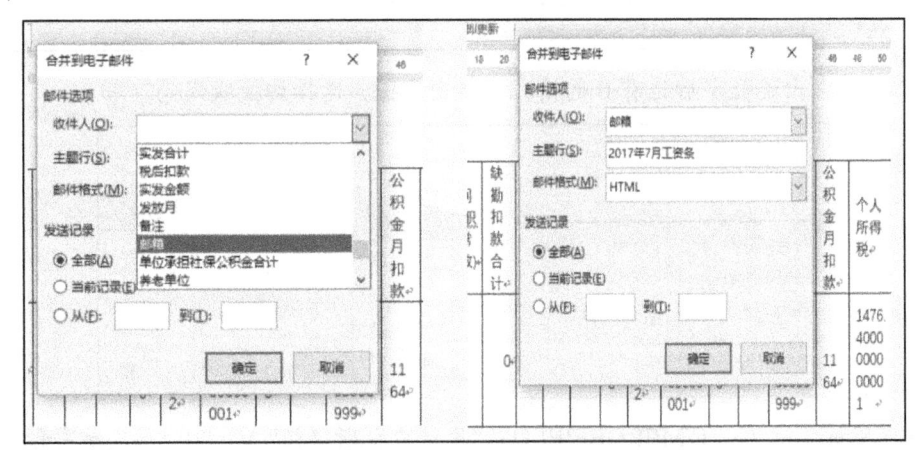

（3）制作销售部员工7月的工资条；
（4）将7月的工资条发给员工。（本处仅需知晓此流程，不做实操训练。）

5.7 福利专员的主要任务

福利专员一共有 7 个主要实训任务，具体见表 5-6。

表 5-6 福利专员的主要任务

任务/活动	具体动作
5.7.1 社保、公积金基数核定★★	1.采集工资数据；2.提供工资数据；3.提供员工信息；4.社保基数核定；5.公积金基数核定
5.7.2 公积金增员及补缴★★	1.确定增补信息；2.公积金网上操作；3.更新台账
5.7.3 公积金提取★★	1.审核原始资料；2.核查表单；3.办理准备；4.申请用章；5.审批用章
5.7.4 社保增员（新参保）★★★	1.审核原始资料；2.核查登记表；3.社保网上操作；4.窗口材料准备
5.7.5 办理员工退休★★	1.答复员工退休咨询；2.办理员工退休预审
5.7.6 申领生育津贴★★	1.审核原始材料；2.核算表单内容；3.现场办理准备；4.审批盖章
5.7.7 办理工伤业务★★	1.核实受伤情况；2.确认是否按工伤处理；3.答复工伤申请材料；4.办理工伤认定申请

5.7.1 社保、公积金基数核定

该任务的主要目标是通过训练让学生理解社保、公积金基数调整通知的要求，掌握社保、公积金缴存基数核定的数据来源，掌握社保、公积金缴存基数核定的操作步骤，理解人力资源管理岗位间的分工与协作。

项目描述：核定 2017 年销售部员工社保、公积金缴费基数，具体流程见图 5-35。

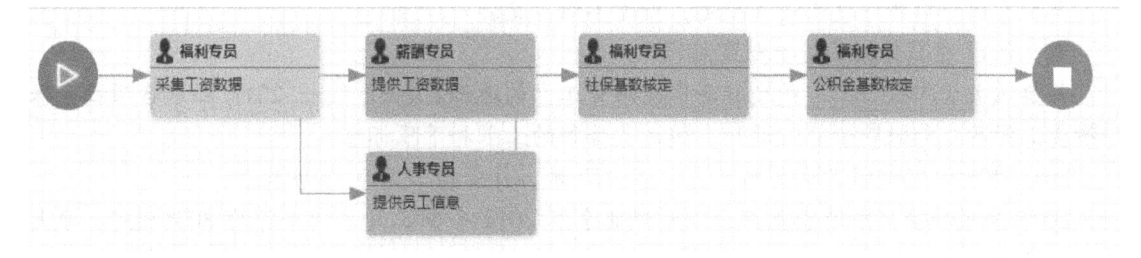

图 5-35 社保、公积金基数核定的工作流程

1. 采集工资数据

角色名称：福利专员。

任务描述：

（1）单击【做任务】进入邮箱，查收部门助理周妮发出的主题为"2017 年度社会保险缴费工资和公积金缴存基数调整的通知"的邮件，并且下载附件；

（2）学习【任务导航】中的内容，掌握 2017 年社保、公积金缴费基数核定标准；

Tips：2017 年社会保险、公积金缴费基数核定标准

一、社会保险缴费基数

社会保险缴费基数简称社保缴费基数，是指社会保险参保人一个年度内缴纳各险种计算

的基数。社保缴费基数由用人单位申报,是参保人员享受社会保险待遇的重要计算依据。

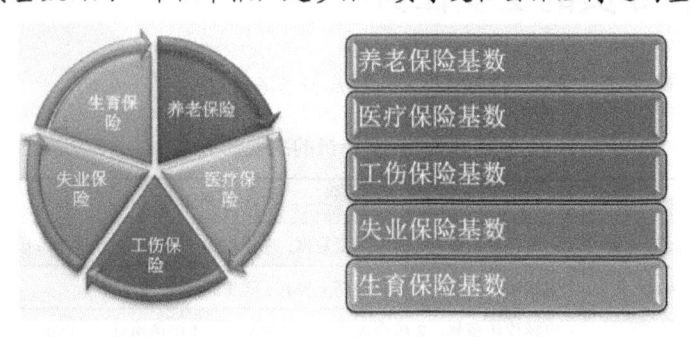

北京地区的社保缴费基数核定的时间为每年的 6~7 月份（其他地区需根据当地社保管理部门通知要求进行基数核定）。

二、住房公积金缴存基数

住房公积金缴存基数是指在一年内公司和个人每月缴存公积金金额的计算基数。

北京地区的住房公积金缴存基数核定时间为每年的 6~7 月（其他地区需根据当地公积金管理部门通知要求进行基数核定）。

三、基数核定原则

社保和公积金的缴费基数,按员工上年 1~12 月申报个人所得税的工资、薪金税项的月平均额进行确定（职工的上年度工资收入总额是指,职工在上一年的 1 月 1 日至 12 月 31 日整个日历年度内所取得的全部货币收入,包括计时工资、计件工资、奖金、津贴和补贴、加班加点工资、特殊情况下支付的工资。）

新进单位的人员以职工本人起薪当月的足月工资收入作为缴费基数。

基数在同一缴费年度内一旦确定,中途不做变更。

四、2017 年社保缴费基数核定标准

根据《关于申报 2017 年度社会保险缴费工资的通知》《关于统一 2017 年度各项社会保险缴费工资基数和缴费金额的通知》确定各险种的上限和下限标准。

2016 年度北京市职工年平均工资为 92 477 元,月平均工资为 7706 元。

2017 年度社会保险缴费基数上限按照北京市 2016 年职工月平均工资的 300%确定,最高不超过 23 118 元。

参加养老和失业保险的职工缴费基数下限按照北京市 2016 年职工月平均工资的 40%确定,最低不低于 3082 元。

参加医疗、工伤和生育保险的职工,缴费基数下限按照北京市 2016 年职工月平均工资的 60%确定,最低不低于 4624 元。

险种类别	缴费基数上限	缴费基数下限
养老保险	23 118	3082
医疗保险	23 118	3082
工伤保险	23 118	3082
失业保险	23 118	4624
生育保险	23 118	4624

根据《关于调整 2017 年度住房公积金年度缴存基数及月缴费额上限的通知》确定缴费上限。

住房公积金的缴存基数上限按照北京市 2016 年职工月平均工资的 300%确定，最高不超过 23 118 元。

2017 年公积金缴存基数执行的时间是 2017 年的 7 月 1 日至 2018 年的 6 月 30 日。

（3）阅读《关于申报 2017 年度社会保险缴费工资的通知》《关于统一 2017 年度各项社会保险缴费工资基数和缴费金额的通知》《关于调整 2017 年度住房公积金年度缴存基数及月缴费额上限的通知》，确定 2017 年社保、公积金缴费基数上下限的标准；

（4）给薪酬专员发邮件要求提供《2016 年销售部员工的月平均工资》；

（5）给人事专员发邮件要求提供《人员信息花名册》《人员异动表-7 月》。

2. 提供工资数据

角色名称：薪酬专员。

任务描述：

（1）单击【做任务】进入【工作交接文件】找到《2016 年销售部员工月平均工资明细表》并下载；

（2）将《2016 年销售部员工月平均工资明细表》以邮件形式发给福利专员。

3. 提供员工信息

角色名称：人事专员。

任务描述：

（1）单击【做任务】进入【工作交接文件】找到《人员信息花名册》《人员异动表-7月》，并下载；

（2）将《人员信息花名册》《人员异动表-7 月》以邮件形式发给福利专员。

4. 社保基数核定

角色名称：福利专员。

任务描述：

（1）单击【做任务】进入邮箱，收取薪酬专员和人事专员的邮件，下载《2016 年销售部员工月平均工资明细表》《人员信息花名册》《人员异动表-7 月》；下载【工作交接文件】中的《2017 年销售部员工社保缴费基数核定明细表（模板）》；

（2）阅读【任务导航】中的内容，掌握社保基数核定表的制作步骤，根据社保中心发布的 2017 年缴费基数上下限标准及销售部员工 2016 年度员工月平均工资，填制《2017 年销售部员工社保缴费基数核定明细表》，上传至【我的文件】。

Tips：社保缴费基数核定表的制作步骤

1. 打开《人员信息花名册》筛选出销售部员工，将这些员工的"员工编号""部门""姓名"及"身份证号码"分别复制、粘贴到《2017 年销售部员工社保缴费基数核定明细表》中；

2. 打开《2016 年销售部员工月平均工资表》，使用 VLOOKUP 函数将销售部员工的"月平均工资"填入《2017 年销售部员工社保缴费基数核定明细表》中"2016 年月平均工资"列；

3. 没有匹配到工资数据的员工，到《2017 年人员异动表》中查询薪酬数据，将"试用期工资"作为缴费基数；

4. 将员工 2016 年的月平均工资作为社保缴费基数填入对应的险种"基数"列，核对"户口性质"（户口性质可在《社保、公积金台账》中查询），调整户口性质为"农户"的员工的个人失业保险项为"0"；

5. 查看是否存在"2016 年月平均工资"超出北京市社保局规定的上限（23 118 元）或者达不到下限（养老、失业保险下限为 3082 元；医疗、工伤、生育保险下限为 4624 元）的情况，如果有，要按照上限和下限的标准输入社保对应险种的"缴费基数"列；

6. 保存《2017 年销售部员工社保缴费基数核定明细表》。

5. 公积金基数核定

角色名称：福利专员。

任务描述：

（1）单击【做任务】进入【工作交接文件】，下载《2017 年销售部员工公积金缴存基数核定明细表（模板）》；

（2）阅读【任务导航】中的内容，掌握公积金缴存基数核定表的制作步骤，根据公积金中心发布的 2017 年公积金缴存基数上下限标准及销售部 2016 年度员工的月平均工资，填制《2017 年销售部员工公积金缴存基数核定明细表》，上传到【我的文件】。

Tips：住房公积金缴存基数核定表的制作步骤

1. 打开《人员信息花名册》筛选出销售部员工，将这些员工的"员工编号""部门""姓名"及"身份证号码"分别复制粘贴到《2017 年销售部员工公积金缴存基数核定明细表》中；

2. 打开《社保、公积金台账-2017 年 6 月》，使用 VLOOKUP 函数将销售部员工的"公积金个人编码"匹配到《2017 年销售部员工公积金缴存基数核定明细表》的"公积金个人编码"中；

3. 打开《2016 年销售部员工月平均工资表》，使用 VLOOKUP 函数将销售部员工的"上年度月平均工资"匹配到《2017 年销售部员工公积金缴存基数核定明细表》的"2016 年月平均工资"列；

4. 将员工 2016 年的月平均工资作为公积金缴存基数输入《2017 年销售部员工社保缴费基数核定明细表》对应的"基数"列。

5. 查看是否存在"2016 年月平均工资"超出北京市住房公积金管理中心规定的上限（23 118 元）的情况，如果有，要按照上限标准输入公积金缴存基数；

6. 保存《2017 年销售部员工公积金缴存基数核定明细表》。

5.7.2 公积金增员及补缴

该任务的主要目标是通过训练让学生理解社保、公积金台账的常规项目及含义，掌握公积金补缴的系统操作及流程。

项目描述：办理 7 月住房公积金增员及补缴业务，具体流程见图 5-36。

图 5-36 公积金增员及补缴的工作流程

1. 确定增补信息

角色名称：福利专员。

任务描述：

（1）阅读【任务导航】中的内容，学习如何确认公积金增、补员信息；

（2）根据《社保、公积金台账-2017 年 6 月》（在【工作交接文件】中）《人员异动表-7月》整理 7 月补缴员工名单、补缴月数，以及 7 月公积金新增员工名单、缴存基数、身份证号码等信息；

（3）参照《公积金增补缴信息清单模板》（在【工作交接文件】中）制作《2017 年 7 月公积金增员和补缴信息清单》。

2. 公积金网上操作

角色名称：福利专员。

任务描述：

（1）查看【任务导航】中的内容，学习公积金网上增员、补缴的操作流程及注意事项；

（2）单击【做任务】进入住房公积金中心网上系统，完成 7 月增员和补缴的操作。

3. 更新台账

角色名称：福利专员。

任务描述：

（1）将《社保、公积金台账-2017 年 6 月》另存为《社保、公积金台账-2017 年 7 月》；

（2）将 7 月新增员工的"公积金个人编码""员工编码""部门""姓名""身份证号码""到职日期""公积金基数""公积金增员操作月""公积金增员月""公积金备注""缴纳总额"分别添加到表中，保存上传至【云盘】→【我的文件】。

5.7.3 公积金提取

该任务的主要目标是通过训练让学生理解贷款购房提取公积金在不同情况下所需材料的要求，了解公积金提取需要掌握的员工、企业信息，理解人力资源管理岗位间的协作与分工。

项目描述：服务部员工李敬贷款买了房子，现在申请提取公积金，请你帮他办理公积金提取手续，具体流程见图 5-37。

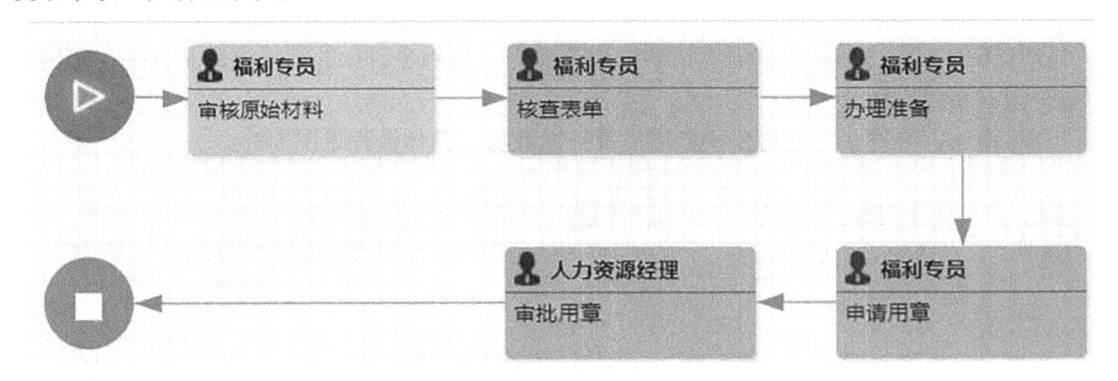

图 5-37 公积金提取的工作流程

1. 审核原始材料

角色名称：福利专员。

任务描述：

（1）单击【做任务】进入邮箱，收取员工李敬发来的申请提取公积金的邮件，检查其交来的用于提取公积金的材料（见电子资源中的"福利专员教辅资料"）；

（2）学习【任务导航】中的内容，掌握贷款购房提取公积金的不同情况下所需材料的要求；

（3）审核员工递交的材料是否完整、合规，如不符合要求，请回复邮件给员工并指导其更正，如符合要求，请进入下一步。

2. 核查表单

角色名称：福利专员。

任务描述：

（1）学习【任务导航】中的内容，掌握公积金提取所需的表单及填写要求；

Tips：公积金提取业务（贷款外地购房）所需表单及填写要求

自 2017 年 3 月 31 日起，北京市住房公积金管理中心海淀、丰台、西城管理部试点执行新的公积金提取规定。

申请人贷款在北京市行政区域以外的省市购买住房的，在首次提取公积金时，需要填写以下表单。

（1）《使用商业银行贷款及使用异地公积金贷款购买北京市行政区域外住房提取住房公积金申请表》（1 份）。

（2）《住房公积金约定提取申请书》（一式两联，1 份）。

填表要求：

① 以上表单均用签字笔或者黑色钢笔填写，不得涂改；

② 签字处均需手工签字；

③ 在标注盖章的位置加盖公积金预留印章。

（2）单击【做任务】进入邮箱，查收员工发来的补充说明个人情况的邮件；

（3）从电子资源中的"福利专员教辅资料"中找到《使用商业银行贷款及使用异地公积金贷款购买北京市行政区域外住房提取住房公积金申请表》《住房公积金约定提取申请书》，参照【背景资源】中的样表填写李敬的住房公积金提取信息（员工信息可在【工作交接文件】的《社保、公积金台账 7 月》中查询，企业信息可在【工作交接文件】的《福利岗工作交接清单》中查询）。

3．办理准备

角色名称：福利专员。

任务描述：

（1）学习【任务导航】中的内容，掌握如何准备到公积金中心现场办理公积金提取业务的材料，整理提取公积金的表单及材料，确认每种材料、表单所需份数，将需要盖章的材料、表单单独整理出来；

（2）查看电子资源中的"福利专员教辅资料"中的公积金预留印鉴卡，确认材料加盖的公章类别。

4．申请用章

角色名称：福利专员。

任务描述：

打印并填写《印章使用申请表》《公章、印鉴、资质证照使用申请表》（在【工作交接文件】中），递交人力资源经理审批。

5．审批用章

角色名称：人力资源经理。

任务描述：

（1）审批用章申请表；

（2）让福利专员在《公章、印鉴使用登记表》上登记用章信息（《公章、印鉴使用登记表》在电子资源的"HR 经理教辅资料"中）；

（3）给公积金提取所需材料加盖印章。

5.7.4 社保增员（新参保）

该任务的主要目标是通过训练让学生理解办理新参保所需材料、相关表格的填写要求和注意事项，掌握新参保人员社保增员的系统操作和办理流程。

项目描述：办理本月新参保员工的社保增员手续，具体流程见图 5-38。

图 5-38 社保增员（新参保）的工作流程

1. 审核原始材料

角色名称：福利专员。

任务描述：

（1）学习【任务导航】中的内容，掌握办理新参保所需材料、相关表格的填写要求和注意事项；

（2）单击【做任务】进入邮箱，收取员工交来的新参保材料，到邮件中查收、下载员工提交的电子照片；

（3）审核员工递交的材料是否齐全、合规，如不满足要求，邮件通知员工更正，如满足要求，请进入下一步。

2. 核查登记表

角色名称：福利专员。

任务描述：

（1）阅读【任务导航】中的内容，掌握《北京市社会保险个人信息登记表》填写要点；

（2）收到员工填写并签字的《北京市社会保险个人信息登记表》（在电子资源的"福利专员教辅资料"）；

（3）审核新参保员工填写的《北京市社会保险个人信息登记表》中的内容是否正确。

3. 社保网上操作

角色名称：福利专员。

任务描述：

（1）查看【任务导航】中的内容，学习社保新参保网上业务操作手册，掌握操作步骤；

（2）单击【做任务】进入北京市社会保险网上申报查询系统，进行新参保人员申报，按照员工填写的信息进行系统录入；

（3）复查填报信息无误后提交。

4. 窗口材料准备

角色名称：福利专员。

任务描述：

（1）部门助理周妮已经帮你从社保平台上打印好员工郝宸建的《北京市社会保险个人信息登记表》和《北京市社会保险参保人员增加表》（在电子资源的"福利专员教辅资料"中）；

（2）打印并填写《公章、印鉴、资质证照使用申请表》（在【工作交接文件】中），递交部门经理审批；

（3）在《北京市社会保险个人信息登记表》和《北京市社会保险参保人员增加表》上盖公司公章；

（4）前往社保中心业务窗口办理新参保业务（此步骤略）。

5.7.5 办理员工退休

该任务的主要目标是通过训练让学生理解员工退休的相关政策规定及退休预审的相关材料。

项目描述：服务中心员工刘娇玲（人员编码 00110）发邮件咨询退休的事情，请答复处理，具体流程见图 5-39。

图 5-39 办理员工退休的工作流程

1. 答复员工退休咨询

角色名称：福利专员。

任务描述：

（1）学习【任务导航】中的内容，了解北京市海淀区退休政策及办理流程；

（2）单击【做任务】查收员工刘娇玲的邮件，在《人员信息花名册》中查看员工信息，看是否符合退休政策规定；

（3）回复刘娇玲邮件，告知其本人需要提供的材料，并要求其将材料提供给助理周妮。

2. 办理员工退休预审

角色名称：福利专员。

任务描述：

（1）学习【任务导航】中的内容，了解北京市海淀区退休预审的材料提交要求；

（2）助理周妮已经将员工准备好的退休材料转交给你（在电子资源的"福利专员教辅资料"中），请按照北京市海淀区的政策规定，准备员工退休预审的相关材料，为员工刘娇玲办理退休申请。（此处任务要求：审核员工填写信息是否有问题，按照要求整理材料完毕即可，其他工作不做训练。）

5.7.6 申领生育津贴

该任务的主要目标是通过训练让学生理解生育津贴申领所需材料要求与流程，了解《北京市申领生育津贴人员信息登记表》的填写项目。

项目描述：研发部女员工刘欢自产假结束回公司上班，相关的材料已经放在你的办公桌上了，请为其办理生育津贴申请的手续，具体流程见图 5-40。

图 5-40 申领生育津贴的工作流程

1. 审核原始材料

角色名称：福利专员。

任务描述：

（1）查看【任务导航】中的内容，掌握申领生育津贴所需材料和流程；

(2) 查收员工交来的生育材料（在电子资源的"福利专员教辅资料"中）；

(3) 审核员工递交的材料是否齐全、合规，如不满足要求，邮件通知员工更正，如满足要求，请进入下一步。

2. 核查表单内容

角色名称：福利专员。

任务描述：

(1) 查看【任务导航】中的内容，掌握《北京市申领生育津贴人员信息登记表》的核查要点有哪些；

(2) 检查员工填写的《北京市申领生育津贴人员信息登记表》（在电子资源的"福利专员教辅资料"中）是否正确、完整，如填写有问题，则邮件通知员工更正，如正确，请进入下一步。

3. 现场办理准备

角色名称：福利专员。

任务描述：

(1) 查看【任务导航】中的内容，学习如何检查准备现场办理申领生育津贴材料，整理准备向社保中心窗口提交的纸质表单；

(2) 打印并填写《公章、印鉴、资质证照使用申请表》（在【工作交接文件】中），递交人力资源经理审批。

4. 审批盖章

角色名称：人力资源经理。

任务描述：

(1) 审批用章申请表；

(2) 让福利专员在《公章、印鉴使用登记表》上登记（用章时均需记录，以备后续核查）；

(3) 给申领生育津贴所需材料加盖印章。

5.7.7 办理工伤业务

该任务的主要目标是通过训练让学生掌握法律规定中的工伤范围，了解工伤认定、工伤医药费报销的申请流程与提交材料要求。

项目描述：渠道部员工杨方在去参加会议的途中，从楼梯上摔伤，现申请公司为其办理工伤认定，具体流程见图5-41。

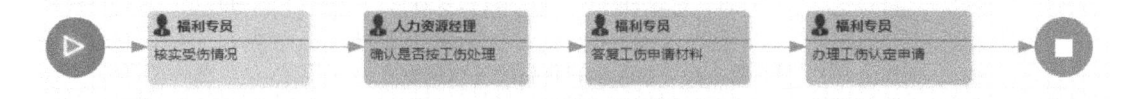

图5-41 办理工伤业务的工作流程

1. 核实受伤情况

角色名称：福利专员。

任务描述：

（1）学习【任务导航】中的内容，掌握哪些情况属于工伤范围；

Tips：工伤认定范围

《工伤保险条例》对于工伤认定有以下规定。

第十四条　职工有下列情形之一的，应当认定为工伤：

（一）在工作时间和工作场所内，因工作原因受到事故伤害的；

（二）工作时间前后在工作场所内，从事与工作有关的预备性或者收尾性工作受到事故伤害的；

（三）在工作时间和工作场所内，因履行工作职责受到暴力等意外伤害的；

（四）患职业病的；

（五）因工外出期间，由于工作原因受到伤害或者发生事故下落不明的；

（六）在上下班途中，受到非本人主要责任的交通事故或者城市轨道交通、客运轮渡、火车事故伤害的；

（七）法律、行政法规规定应当认定为工伤的其他情形。

第十五条　职工有下列情形之一的，视同工伤：

（一）在工作时间和工作岗位，突发疾病死亡或者在48小时之内经抢救无效死亡的；

（二）在抢险救灾等维护国家利益、公共利益活动中受到伤害的；

（三）职工原在军队服役，因战、因公负伤致残，已取得革命伤残军人证，到用人单位后旧伤复发的。

职工有第十四条、第十五条第（一）项、第（二）项情形的，按照本条例的有关规定享受工伤保险待遇；职工有第十四条、第十五条第（三）项情形的，按照本条例的有关规定享受除一次性伤残补助金以外的工伤保险待遇。

第十六条　职工符合本条例第十四条、第十五条的规定，但是有下列情形之一的，不得认定为工伤或者视同工伤：

（一）故意犯罪的；

（二）醉酒或者吸毒的；

（三）自残或者自杀的。

（2）单击【做任务】进入邮箱，查收杨方发送的工伤申请邮件，判断其所遇到的情况是否属于工伤；

（3）整理政策和员工实际情况，提出问题解决的初步意见，提请人力资源经理审核（邮件申请，当面交流）。

2. 确认是否按工伤处理

角色名称：人力资源经理。

任务描述：

（1）学习【任务导航】中的内容，掌握哪些情况属于工伤范围；

（2）了解员工杨方的情况，邮件或当面回复处理意见。

3. 答复工伤申请材料

角色名称：福利专员。

任务描述：

（1）学习【任务导航】中的内容，了解北京市海淀区工伤认定、工伤医药费报销申请的流程与提交材料要求；

（2）单击【做任务】进入邮箱，给员工回复邮件，告知工伤认定申请办理需要员工本人提供哪些材料。

4. 办理工伤认定申请

角色名称：福利专员。

任务描述：

（1）学习【任务导航】中的内容，了解北京市海淀区进行工伤认定申请的流程与提交材料要求；

（2）员工已经按要求提供了材料，请准备工伤认定申请办理材料、填写申请表（在电子资源的"福利专员教辅资料"中），为员工杨方办理工伤认定申请。

5.8 培训专员的主要任务

培训专员一共有 5 个主要实训任务，具体见表 5-7。

表 5-7 培训专员的主要任务

任务/活动	具体动作
5.8.1 制订培训工作计划★	1.制订工作计划；2.审阅工作计划；3.确定工作计划
5.8.2 调研培训需求★★	1.确定培训需求调查方案；2.实施调查
5.8.3 分析培训需求★★	1.整理培训需求；2.撰写需求分析报告
5.8.4 制订培训实施方案★★★	1.制订实施方案；2.提交审阅；3.审阅实施方案；4.修订实施方案
5.8.5 推广培训课程★★	1.设计课程推广方案；2.审阅推广方案；3.推广培训课程；4.发送培训通知

5.8.1 制订培训工作计划

该任务的主要目标是通过训练让学生理解培训工作计划的制订方法。

项目描述：集团人力资源总部准备开展一次关于人力资源专业能力方面的培训，请制订培训工作计划，具体流程见图 5-42。

图 5-42 制订培训工作计划的工作流程

1. 制订工作计划

角色名称：培训专员。

任务描述：

（1）学习【任务导航】中的内容，掌握培训工作计划的制订方法；

（2）单击【做任务】进入邮箱，查收并阅读集团人力资源部发来的"关于制订人力资源专项培训方案的通知"的邮件，了解集团人力资源部下达的工作任务及要求，并将此邮件转发给部门经理知晓；

（3）参考【任务导航】中的《××项目进度计划表》，编制此次培训项目的工作计划，将《培训项目进度计划表》以邮件形式发送给部门经理，并口头提醒其审阅。

2. 审阅工作计划

角色名称：人力资源经理。

任务描述：

（1）学习【任务导航】中的内容，掌握培训工作计划的制订方法；

（2）单击【做任务】进入邮箱，查收培训专员转发的集团人力资源部"关于制订人力资源专项培训方案的通知"的邮件，明确集团人力资源部的工作任务及要求；查阅培训专员发送来的《培训项目进度计划表》，检查该计划表是否合理；

（3）与培训专员当面沟通工作计划，并提出意见或建议。

3. 确定工作计划

角色名称：培训专员。

任务描述：

根据部门经理对《培训项目进度计划表》的建议进行修改，保存后上传至【云盘】→【我的文件】。

5.8.2 调研培训需求

该任务的主要目标是通过训练让学生掌握培训需求调查方案及问卷的撰写方法。

项目描述：请结合集团人力资源部相关要求，面向集团内所有人力资源从业者开展培训需求调研，具体流程见图5-43。

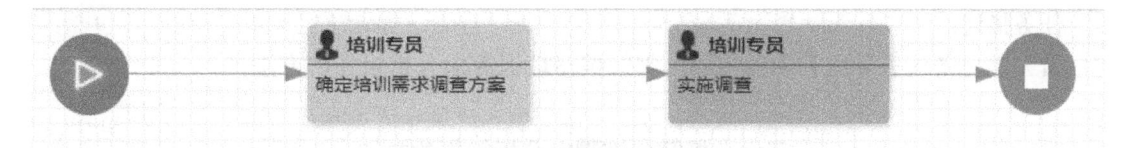

图5-43 调研培训需求的工作流程

1. 确定培训需求调查方案

角色名称：培训专员。

任务描述：

（1）学习【任务导航】中的内容，掌握制定培训需求调查方案的思路；

（2）编写《培训需求调查方案》（《培训需求调查方案》中要包含《培训需求调查问

卷》的设计，可以参考【背景资源】中的《培训需求调查方案（样例）》；

（3）将《培训需求调查方案》上传至【云盘】→【我的文件】。

2. 实施调查

角色名称：培训专员。

任务描述：

按照《培训需求调查方案》，开展具体的需求调查行动，动员更多人力资源从业者参与调研（须面向全集团人力资源从业者调研，调研参与者越多，结果越准确）。

5.8.3 分析培训需求

该任务的主要目标是通过训练让学生掌握培训需求报告的结构、撰写培训需求分析报告的方法。

项目描述：根据培训需求调查结果统计表中的信息，进行培训需求分析，形成分析报告和课程方向建议，具体流程见图5-44。

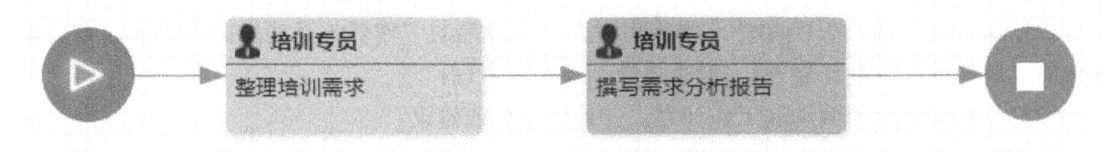

图 5-44 分析培训需求的工作流程

1. 整理培训需求

角色名称：培训专员。

任务描述：

（1）回收培训需求调查结果；

（2）对培训需求调查的结果进行汇总、整理，制作《培训需求调查汇总表》（参考【工作交接文件】中的《培训需求调查汇总表（样例）》），并上传至【云盘】→【我的文件】。

2. 撰写需求分析报告

角色名称：培训专员。

任务描述：

（1）学习【任务导航】中的内容，掌握撰写培训需求分析报告的方法；

Tips：撰写培训需求分析报告的方法

培训需求分析报告的基本结构与内容。

（1）标题。

（2）调查工作概述：调查目的、调查范围、调查对象、调查方法、调查的组织实施等。

（3）统计结果及分析：①分析调查对象的基本情况；②存在的问题；③培训的意愿与期望；④其他内容。

（4）调查结论与建议，如培训课程主题、培训形式、培训讲师、培训时间、培训时长等课程建议。

（2）单击【做任务】进入邮箱，查看并下载助理周妮发来的《培训需求调查结果统计表》终版；

（3）参照【背景资源】中的《培训需求分析报告（样例）》，对统计表中的数据开展分析，撰写《人力资源专项（招聘）培训需求分析报告》，并上传至【云盘】→【我的文件】。

5.8.4 制订培训实施方案

该任务的主要目标是通过训练让学生掌握培训实施方案的撰写方法、培训费用预算的编制方法。

项目描述：根据需求分析结果和确定的课程方向，制订培训实施方案，具体流程见图 5-45。

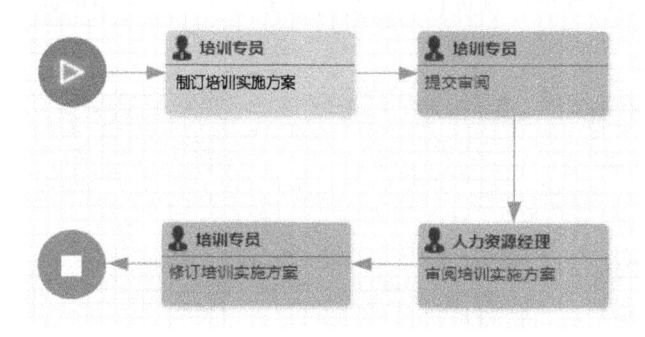

图 5-45 制订培训实施方案的工作流程

1. 制订实施方案

角色名称：培训专员。

任务描述：

（1）学习【任务导航】中的内容，掌握培训实施方案的撰写方法；

（2）参照【背景资源】中的《培训实施方案（模板）》撰写本次专项培训的实施方案，包括模板中三个附件的撰写，其中，《附件 2 培训费用预算表》需根据【工作交接文件】中的《培训服务收费标准一览表》《培训费用预算表（模板）》编写。

2. 提交审阅

角色名称：培训专员。

任务描述：

单击【做任务】进入邮箱，将《培训实施方案》以邮件形式提交给部门经理审阅，如果想加快进程，可直接找部门经理，当面进行汇报。

3. 审阅实施方案

角色名称：人力资源经理。

任务描述：

（1）单击【做任务】进入邮箱，查看《培训实施方案》（如果想了解培训专员设计的具体思路，可要求其当面汇报）；

（2）对培训项目实施申请表的内容进行审阅，给予修改建议或意见。

4. 修订实施方案

角色名称：培训专员。

任务描述：

根据部门经理的建议进一步修改《培训实施方案》，将最终确定的《培训实施方案》上传至【云盘】→【我的文件】。

5.8.5 推广培训课程

该任务的主要目标是通过训练让学生掌握培训课程的必要内容，了解课程宣传推广途径及数字化工具。

项目描述：对培训课程进行宣传推广，吸引更多的人报名参加培训，并发送培训通知，具体流程见图5-46。

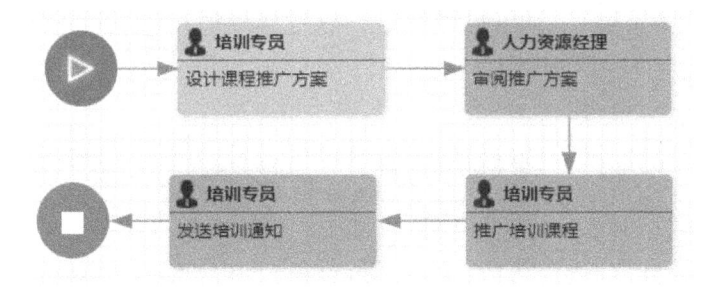

图 5-46 推广培训课程的工作流程

1. 设计课程推广方案

角色名称：培训专员。

任务描述：

（1）学习【任务导航】中的内容，了解课程宣传推广的方法；

（2）依照确定的培训实施方案，设计一个具有吸引力的《培训课程推广方案》或一个充满创意的《培训课程推广活动方案》；

（3）单击【做任务】进入邮箱，将《培训课程推广方案》或《培训课程推广活动方案》提交给人力资源经理审阅。

2. 审阅推广方案

角色名称：人力资源经理。

任务描述：

（1）学习【任务导航】中的内容，了解课程宣传推广的方法；

（2）单击【做任务】进入邮箱，审阅培训专员提交的《培训课程推广方案》或《培训课程推广活动方案》，并给出建议或意见。

3. 推广培训课程

角色名称：培训专员。

任务描述：
（1）根据人力资源经理反馈的审阅意见，对方案进行修改完善；
（2）将《培训课程推广方案》或《培训课程推广活动方案》上传至【云盘】→【我的文件】；
（3）根据 CEO 要求的方式进行课程宣传推广，接收报名信息。

4. 发送培训通知

角色名称：培训专员。

任务描述：

单击【做任务】进入邮箱，参考【工作交接文件】中的《培训通知模板》，撰写培训通知以邮件形式发送给报名参训的人员，根据收到的"培训通知回执"进行最终的参训学员统计。

本章小结

本章主要结合人力资源管理部门的具体工作，要求学生以各岗位的工作角色分别完成由易到难的相应实训任务，帮助学生掌握人力资源管理各模块的重点业务流程，理解和强化人力资源管理的专业技能，其中有些属于多岗位协作任务，需要人力资源经理协调各岗位共同完成，最终需要提交的成果见表 5-8。

表 5-8 专业技能训练阶段提交成果

人力资源经理	绩效专员	招聘专员	人事专员	薪酬专员	福利专员	培训专员
计划、审核、监控	《员工试用期绩效计划》（所有员工，包括员工绩效自评，与部门评估两部分）	《各部门招聘需求分析表》（包括招聘需求编制数量与薪酬合理性建议）	《考勤统计表-7月》与《员工请假记录》（更新后的）	《7月销售部员工工资表》（收集人事、绩效、福利各类数据，并根据员工异动与考勤情况更新后的）	《2017 年销售部员工社保缴费基数核定明细表》与《2017 年销售部员工公积金缴存基数核定明细表》（最终版）	《培训需求调查方案》（完善调查方法、工具、推进计划的最终版）
计划、审核、监控	《绩效面谈反馈记录表》（3 个员工的）	《各部门招聘需求分析表》（包括招聘岗位重要性与紧急程度辨别建议）	无离职证明的入职解决方案审核邮件	《7月销售部员工绩效工资核算表》（根据员工异动与考勤情况更新后的）	《2017 年 7 月公积金增员和补缴信息清单》与《社保、公积金台账-2017 年 7 月》（最终版的）	《培训需求分析报告》
计划、审核、监控	绩效申诉处理结果邮件（绩效申诉调查结果与复审处理意见）	《各部门招聘需求分析表》（包括招聘渠道选择与招聘预算合理性建议）	不续签劳动合同的经济补偿金与赔偿金金额的方案	《7 月奖金核算表》（最终版的）	在社会保险网上申报查询系统上进行人员申报与系统录入	《培训实施方案（最终版）》

第 5 章 专业技能训练 ▶ 151

续表

人力资源经理	绩效专员	招聘专员	人事专员	薪酬专员	福利专员	培训专员
计划、审核、监控	《个人季度绩效计划表》（除人力资源经理的所有人）	《内部推荐奖励方案》	《劳动仲裁应诉方案》（最终版的）	《7月销售部员工工资表》（完善关于转正员工工资差额、绩效工资、奖金、餐补、社保、公积金个人与单位金额后的版本）	告知员工工伤认定申请需要材料的邮件	《培训课程推广方案》和《培训通知》（最终版）

第 6 章　业务问题解决训练

📁 **学习目标**

（1）掌握解决业务问题的思路与方法；
（2）能够根据业务部门提出的问题，进行深入分析，确定关键与核心问题；
（3）能够根据业务部门反映的人力资源问题提出有针对性的解决对策，做懂业务的人力资源经理。

本章一共有 3 大实训任务，具体见表 6-1。

表 6-1　业务问题解决实训任务

操作角色	任务/活动	具体动作
人力资源经理	6.1 学习解决业务问题的思路与方法	学习解决业务问题的思路与方法★★
	6.2 拨开迷雾：解决业务部门紧急招聘问题	6.2.1 明确问题：明确研发部门业务问题★★★
		6.2.2 分析现状：分析人力资源现状★★★
		6.2.3 找出原因：分析研发人员紧缺的原因★★★
		6.2.4 进行验证★★
		6.2.5 制订方案★★
		6.2.6 方案汇报★★
	6.3 做懂业务的人力资源经理：推广销售新产品	6.3.1 分析销售人员业绩情况★★★
		6.3.2 分析业绩不佳的原因★★★
		6.3.3 制订解决方案★★★

6.1　学习解决业务问题的思路与方法

项目描述：学习解决业务问题的一般思路与方法。

任务描述：

学习【任务导航】中的内容，掌握解决问题的一般思路与方法，为后面团队解决复杂业务问题做知识储备。

Tips：解决问题的一般思路与方法

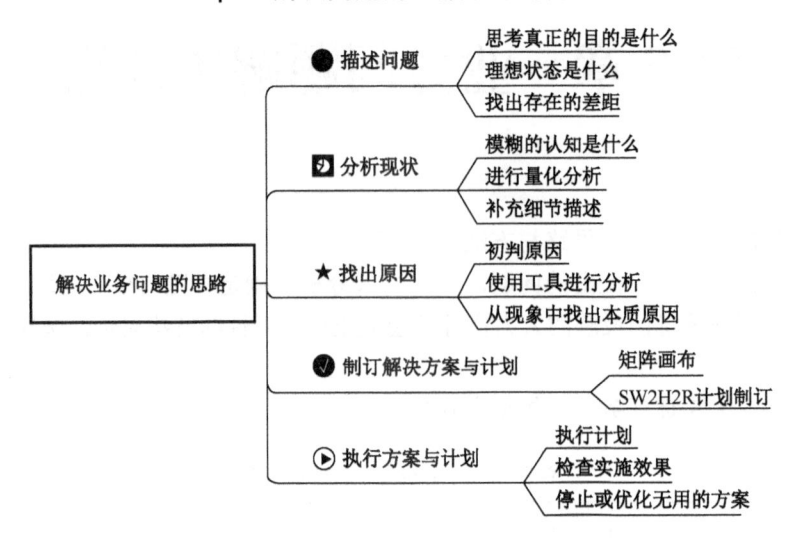

```
解决业务问题的思路
├─ ● 描述问题
│    ├─ 思考真正的目的是什么
│    ├─ 理想状态是什么
│    └─ 找出存在的差距
├─ ⇩ 分析现状
│    ├─ 模糊的认知是什么
│    ├─ 进行量化分析
│    └─ 补充细节描述
├─ ★ 找出原因
│    ├─ 初判原因
│    ├─ 使用工具进行分析
│    └─ 从现象中找出本质原因
├─ ✓ 制订解决方案与计划
│    ├─ 矩阵画布
│    └─ SW2H2R计划制订
└─ ▶ 执行方案与计划
     ├─ 执行计划
     ├─ 检查实施效果
     └─ 停止或优化无用的方案
```

6.2 拨开迷雾：解决业务部门紧急招聘问题

6.2.1 明确问题：明确研发部门业务问题

项目描述：研发二部近期很多人离职，研发中心总经理请求人力资源部抓紧人员招聘，以弥补人员空缺。运用解决业务问题的思路与方法，明确业务部门面临的真实问题。

任务描述：

（1）单击【做任务】进入邮箱，查看研发中心总经理傅鉴发来的邮件，了解其需求，见图 6-1；

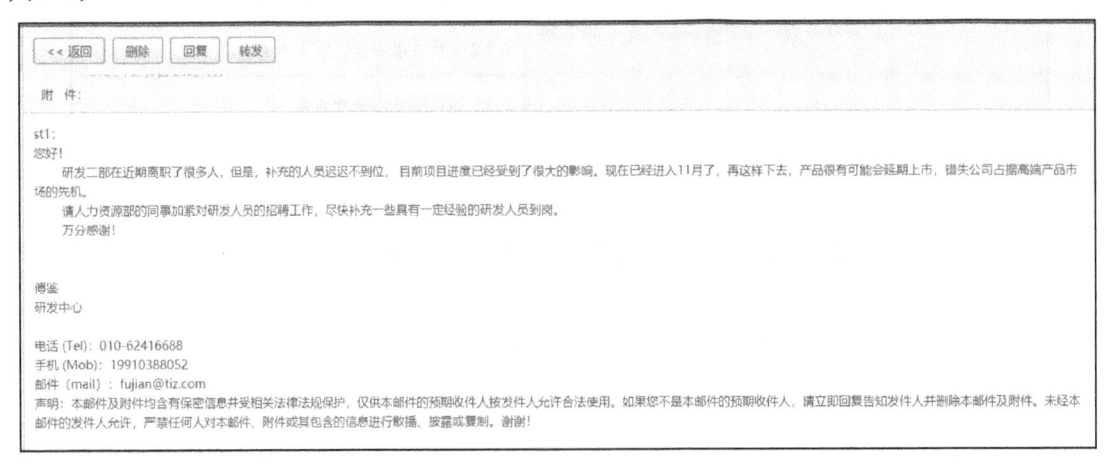

```
<< 返回   删除   回复   转发
附  件：

st1:
您好!
    研发二部在近期离职了很多人，但是，补充的人员迟迟不到位，目前项目进度已经受到了很大的影响。现在已经进入11月了，再这样下去，产品很有可能会延期上市，错失公司占据高端产品市场的先机。
    请人力资源部的同事加紧对研发人员的招聘工作，尽快补充一些具有一定经验的研发人员到岗。
    万分感谢!

傅鉴
研发中心

电话 (Tel)：010-62416688
手机 (Mob)：19910388052
邮件 (mail)：fujian@tiz.com
声明：本邮件及附件均含有保密信息并受相关法律法规保护，仅供本邮件的预期收件人按发件人允许合法使用。如果您不是本邮件的预期收件人，请立即回复告知发件人并删除本邮件及附件。未经本邮件的发件人允许，严禁任何人对本邮件、附件或包含的信息进行散播、披露或复制。谢谢!
```

图 6-1　研发中心总经理需求邮件

（2）由人力资源经理召开部门会议，所有人一同讨论、确定研发二部面临的真实问题到底是什么。

6.2.2 分析现状：分析人力资源现状

项目描述：分析研发二部人力资源现状。

任务描述：

（1）学习【任务导航】中的内容，掌握与人员紧缺问题相关的人力资源现状分析维度与方法；

（2）单击【做任务】进入邮箱，查看助理周妮发的邮件，并下载附件《研发二部人力资源数据资料》；

（3）根据助理周妮提供的数据资料，明确人力资源现状分析的内容及人员分工，开始分析工作；

（4）由招聘专员将大家的分析成果汇总形成《研发二部人员现状分析报告》，上传至【云盘】→【我的文件】。

具体操作步骤如下。

1. 人员编制状态分析

（1）根据邮件中给定的数据利用 Excel 制作人员编制状态分析表，见图 6-2。

人员编制状态分析表

部门		正式员工				实习生			
一级部门	二级部门	编制数量	月末人数	缺编人数	缺编率	编制数量	月末人数	缺编人数	缺编率
研发中心	研发二部								

图 6-2 人员编制状态分析表

（注：为满足教学需要，本章大多数表格中的数据需由学生计算后填入，表格中数据不再显示。）

（2）根据公式完成人员编制状态分析表。

缺编率=缺编人数÷编制数量×100%

（3）分析结论（小组讨论）。

注意：在保持部门编制人数不变的情况下，若流动率为正，则缺编率降低。

2. 人员异动情况分析

（1）根据邮件中给定数据利用 Excel 制作人员异动情况分析表，见图 6-3。

人员异动情况分析										
月份	1月	2月	3月	4月	5月	6月	7月	8月	9月	10月
离职										
入职										
月末人数										
离职率										
入职率										
流动率										

图 6-3 人员异动情况分析表

（2）根据公式完成人员异动情况分析表。

月度人员离职率=月度离职人数÷（月末在职人数+月度离职人数）×100%

月度人员入职率=月度入职人数÷（月末在职人数+月度离职人数）×100%

月度人员流动率=入职率−离职率

（3）生成折线分析图。用鼠标选中人员异动表区域，单击【插入】→【折线图】，见图6-4。

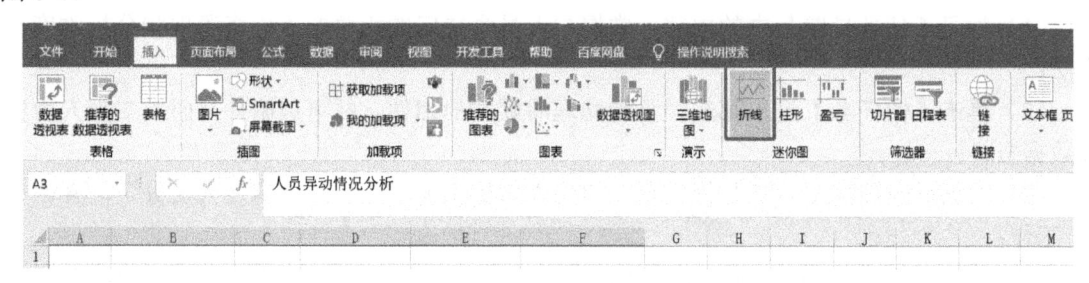

图6-4 生成折线分析图

（4）生成结果见图6-5。

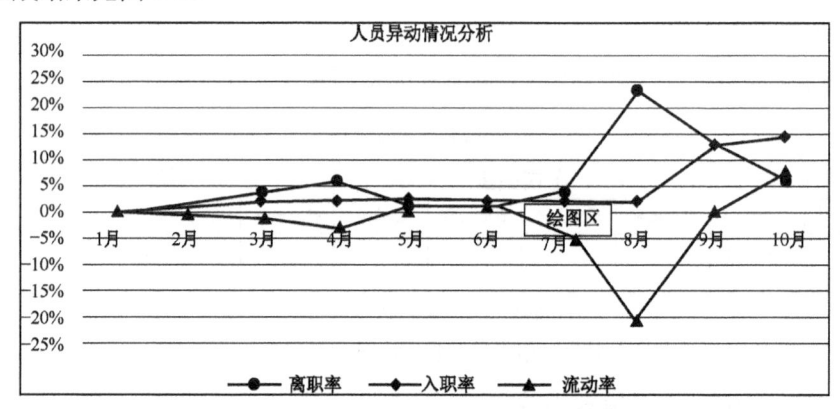

图6-5 人员异动情况分析折线图

（5）分析结论（小组讨论）。

3. 招聘推进情况分析

（1）根据邮件中给定的数据利用Excel制作招聘推进情况分析表，见图6-6。

招聘推进情况分析			
月份	计划招聘人数	入职人数	月度招聘完成率
1月			
2月			
3月			
4月			
5月			
6月			
7月			
8月			
9月			
10月			

图6-6 招聘推进情况分析表

（2）根据公式完成招聘推进情况分析表。

月度招聘完成率=月度入职人数÷月度计划招聘人数×100%

平均录用时间=每个岗位从招聘需求发布至最终录用的时间汇总÷已招聘录用的人数

注意：本案例中，没有录用时间相关的数据，可暂不做分析，但应注意在未来的工作中需关注此类信息的记录。

（3）生成折线分析图。用鼠标选中招聘推进情况分析表区域，单击【插入】→【折线图】。

（4）生成结果。

（5）分析结论（小组讨论）。

4．招聘过程分析

（1）利用《招聘过程情况分析表》，分析招聘过程中的效率，计算各月的简历筛选合格率、面试邀约成功率情况，见图6-7。

招聘过程情况分析表

月份	月推送简历（份）	邀约人数	面试人数	简历筛选合格率	面试邀约成功率
1月			暂停招聘		
2月					
3月					
4月					
5月					
6月					
7月					
8月					
9月					
10月					

图6-7　招聘过程情况分析表

（2）根据公式完成招聘过程情况分析。

简历筛选合格率=邀约人数÷月推送简历数×100%；

面试邀约成功率=面试人数÷邀约人数×100%。

（3）生成折线分析图。用鼠标选中招聘过程情况分析表区域，单击【插入】→【折线图】。

（4）生成结果见图6-8。

（5）分析结论（小组讨论）。

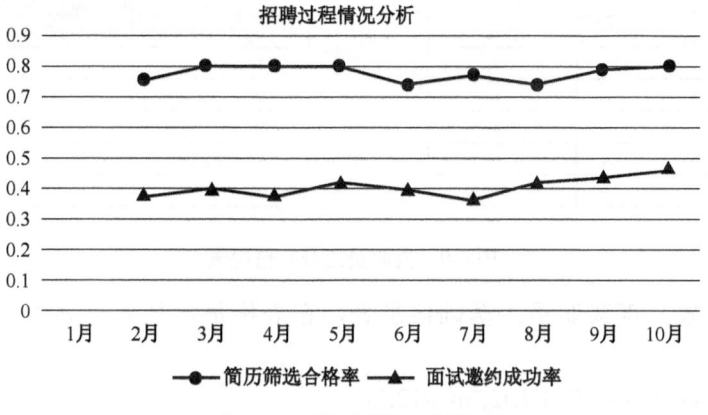

图6-8　招聘过程情况折线图

6.2.3 找出原因：分析研发人员紧缺的原因

项目描述：分析研发二部人员紧缺的原因。

任务描述：

（1）学习【任务导航】中的内容，掌握员工离职分析的方法；

（2）单击【做任务】进入邮箱，查收助理周妮进一步整理的资料；

（3）根据助理周妮提供的数据资料，明确人力资源离职分析的内容及人员分工，开始分析工作；

（4）由培训专员将大家的分析成果汇总形成《研发二部人员离职分析报告》，上传至【云盘】→【我的文件】。

具体操作步骤如下。

1. 离职现状分析

（1）根据邮件中给定的数据制作如下表格，见图6-9。

1. 性别分布情况		
性别	人数	占比
男		
女		
总计		

2. 绩效水平分布情况		
绩效结果	人数	占比
A		
B		
C		
总计		

3. 职级分布情况		
职级	人数	占比
初级		
中级		
高级		
总计		

4. 年龄分布情况		
年龄	人数	占比
25岁（含）以下		
25~29岁（含）		
30~34岁（含）		
35岁（含）以上		
总计		

5. 工龄分布情况		
工龄	人数	占比
1~3年（含）		
3~5年（含）		
5~10年（含）		
10年以上		
总计		

6. 司龄分布情况		
司龄	人数	占比
1~2年（含）		
2~3年（含）		
3~5年（含）		
5年以上		
总计		

图6-9 离职员工分布情况表

（2）打开研发二部离职员工基础信息表，在表格最后插入一列"司龄"，计算出司龄。

司龄=ROUND(DATEDIF(E2,J2,"m")/12,1)

注意：

DATEDIF 函数功能是：返回两个日期之间的年\月\日间隔数，=DATEDIF("起始日期"，"终止日期","Y")；"Y"是时间段中的整年数；"M"是时间段中的整月数；"D"是时间段中的天数。

Round 函数功能是：返回一个数值，该数值是按照指定的小数位数进行四舍五入运算的结果。

（3）创建数据透视表。

① 用鼠标选中基础信息表格，单击【插入】→【数据透视表】，弹出【创建数据透视表】对话框，选择需要分类的数据区域，选择设置数据透视表的位置，最后单击【确定】，见图 6-10；

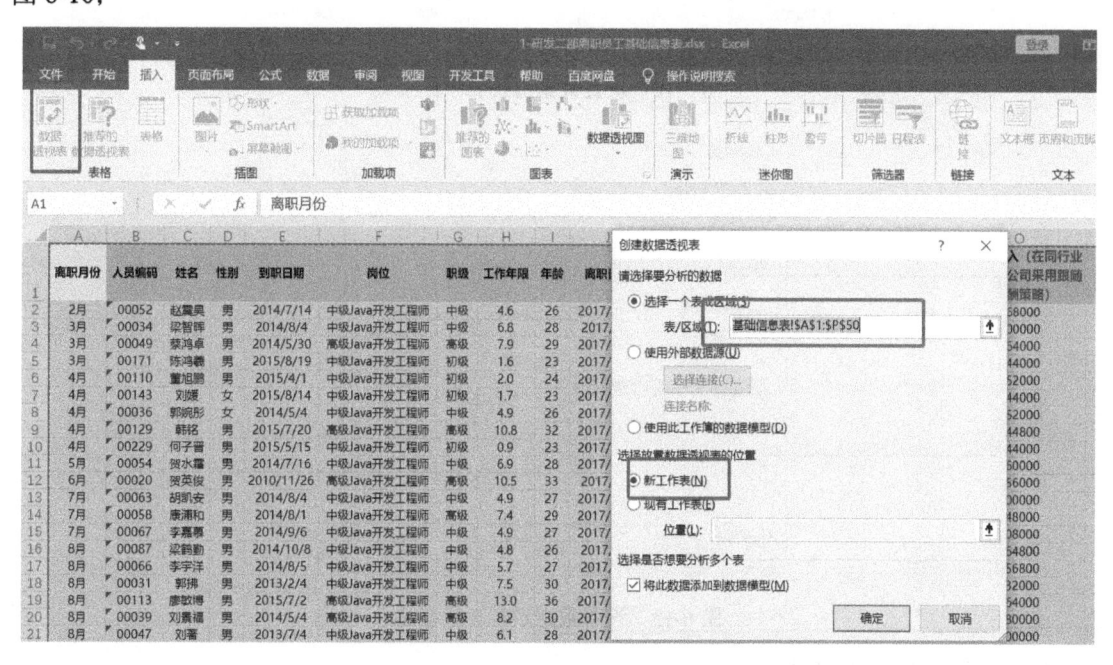

图 6-10 创建数据透视表

② 设置数据透视表字段，具体操作见图 6-11～图 6-13。

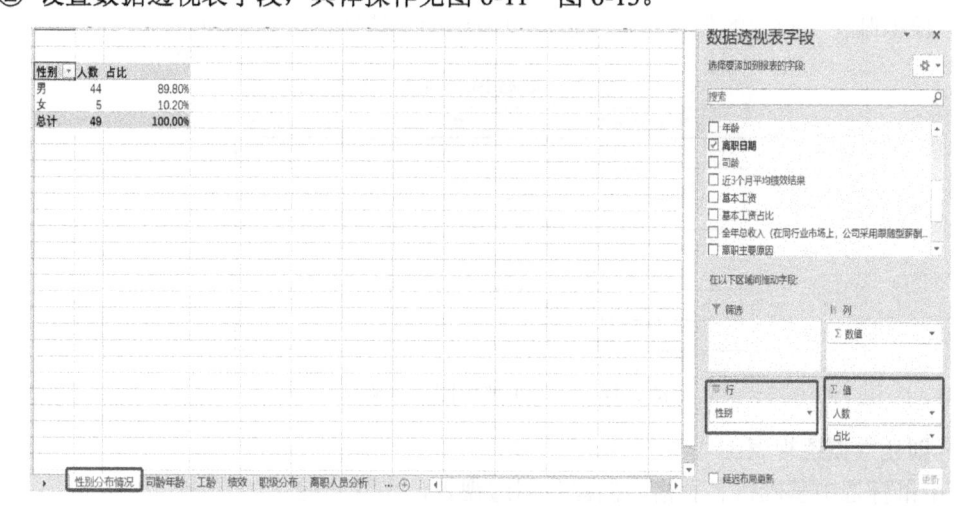

图 6-11 设置数据透视表字段 1

第 6 章 业务问题解决训练

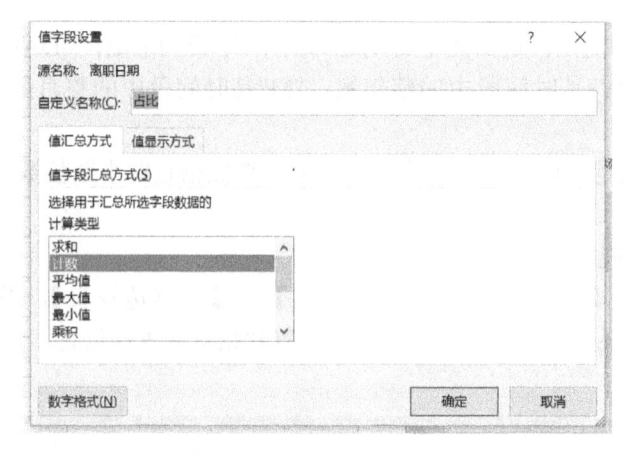

图 6-12　设置数据透视表字段 2

图 6-13　设置数据透视表字段 3

(4) 分析结论（小组讨论）。

2. 离职原因分析

(1) 根据邮件中给定的数据用数据透视表做出如下统计，见图 6-14。

离职主要原因分布情况		
离职主要原因	人数	占比
福利不够		
工资水平低		
健康原因		
没有职业晋升机会		
企业文化不适应		
缺少培训学习		
总计		

图 6-14　离职主要原因分布情况表

(2) 创建数据透视表。
① 用鼠标选中基础信息表格，创建数据透视表，步骤同前。
② 设置数据透视表字段，具体操作见图 6-15。

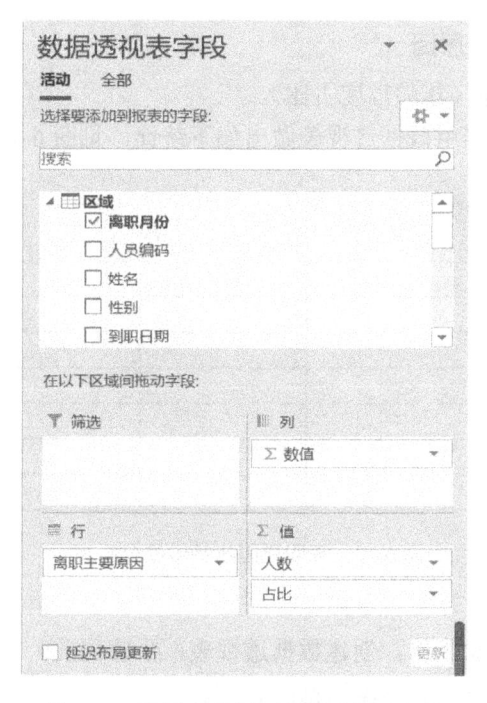

图 6-15　设置离职原因数据透视表字段

（3）生成饼状分析图。用鼠标选中"离职主要原因"区域，单击【插入】→【饼状图】，见图 6-16。

图 6-16　生成饼状图

（4）生成结果见图 6-17。

离职主要原因分析情况

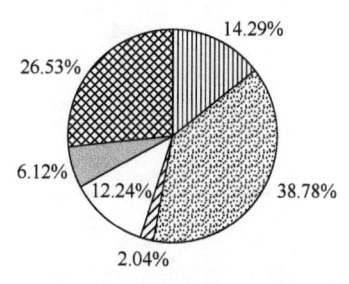

14.29%
26.53%
6.12%
12.24%
2.04%
38.78%

▥ 福利不够　　▨ 工资水平低　　▧ 健康原因
☐ 没有职业晋升机会　▤ 企业文化不适应　▦ 缺少培训学习

图 6-17　离职主要原因饼状图

（5）分析结论（小组讨论）。

第 6 章　业务问题解决训练　▶　161

3. 不同人员特征的离职原因

（1）离职主要原因分布（年龄维度占比）。

① 根据邮件中给定数据用数据透视表做出如下统计，见图6-18。

离职主要原因	离职主要原因分布（年龄维度占比）			
	25岁以下	25~29岁（含）	30~34岁（含）	35岁及以上
福利不够				
工资水平低				
健康原因				
没有职业晋升机会				
企业文化不适应				
缺少培训学习				
总计				

图6-18 离职原因年龄维度分析表

② 创建数据透视表。

A. 用鼠标选中基础信息表格，创建数据透视表，步骤同前。

B. 设置数据透视表字段，具体操作见图6-19。

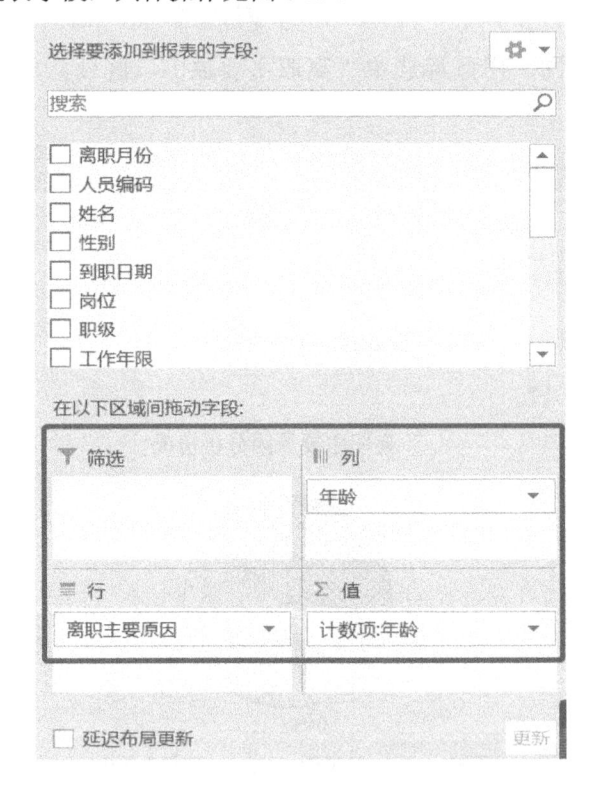

图6-19 设置年龄维度透视表字段

③ 用数据透视表，将"年龄"列进行分组。用鼠标选中年龄的任意数值，右击【组合】进行分组，【起始于】选择年龄的最小值，【终止于】选择年龄的最大值，【步长】就是间隔区间，见图6-20。

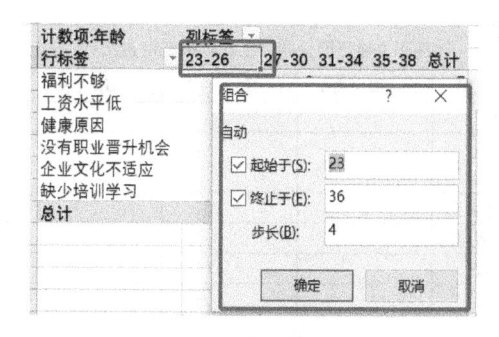

图 6-20 设置年龄分组

④ 生成条形分析图。用鼠标选中离职原因分析表区域，单击【插入】→【条形图】，见图 6-21。

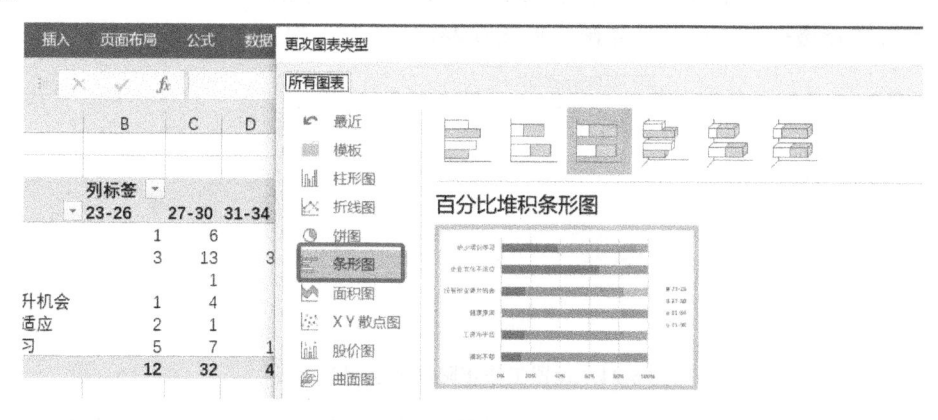

图 6-21 生成条形分析图

⑤ 生成结果见图 6-22。

离职主要原因分布（年龄维度占比）

年龄段	福利不够	工资水平低	健康原因	没有职业晋升机会	企业文化不适应	缺少培训学习
35岁及以上	0%	100.00%				0.00
30～34岁	0%	75.00%		0.00%		25.00%
25～29岁（含）	15.79%	42.11%	2.63%	10.53%	0.63%	26.32%
25岁以下（含）	16.67%	0.00%	16.67%	33.33%		33.33%

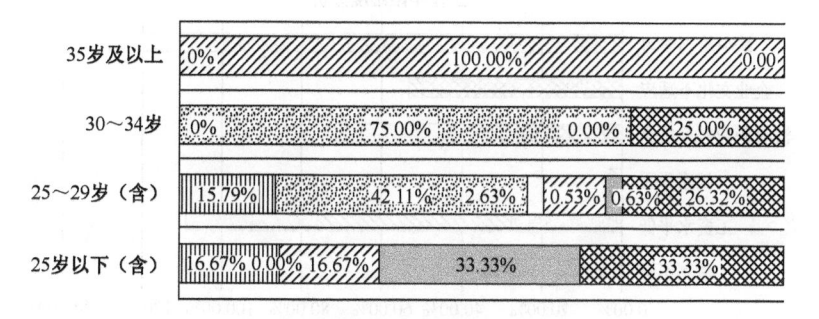

图 6-22 离职原因年龄维度条形图

⑥ 分析结论（小组讨论）。

（2）离职主要原因分布（工作年限维度占比）。

① 根据邮件中给定的数据用数据透视表做出如下统计，见图 6-23。

第 6 章 业务问题解决训练 163

离职主要原因分布（工作年限维度占比）				
离开职主要原因	1~3年（含）	3~5年（含）	5~10年（含）	10年以上
福利不够				
工资水平低				
健康原因				
没有职业晋升机会				
企业文化不适应				
缺少培训学习				
总计				

图 6-23　离职原因工作年限维度分析表

② 创建数据透视表。

A. 用鼠标选中基础信息表格，创建数据透视表，步骤同前。

B. 设置数据透视表字段，具体操作见图 6-24。

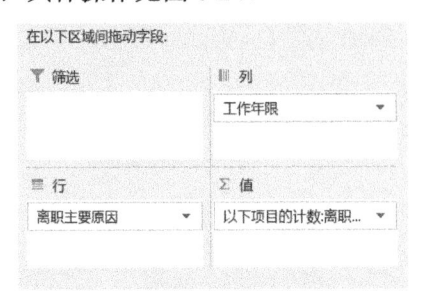

图 6-24　设置工作年限维度透视表字段

③ 用数据透视表，将"工作年限"列进行分组。用鼠标选中工作年限的任意数值，右击【组合】进行分组，【起始于】选择工作年限的最小值，【终止于】选择工作年限的最大值，【步长】就是间隔区间，大家可以根据自己的需求拟定。

④ 生成条形分析图。用鼠标选中离职原因分析表区域，单击【插入】→【条形图】。

⑤ 生成结果见图 6-25。

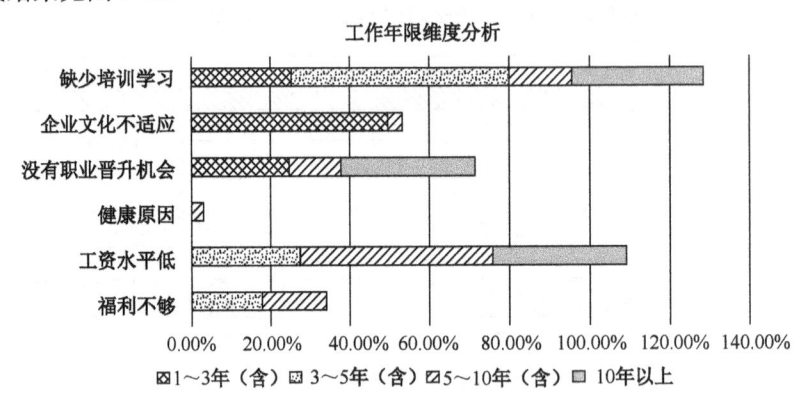

图 6-25　离职原因工作年限维度条形图

⑥ 分析结论（小组讨论）。

(3) 离职主要原因分布（司龄维度占比）。

① 根据邮件中给定的数据用数据透视表做出如下统计，见图 6-26。

离职主要原因	1~2年（含）	2~3年（含）	3~5年（含）	5年以上
福利不够				
工资水平低				
健康原因				
没有职业晋升机会				
企业文化不适应				
缺少培训学习				
总计	0.00%	0.00%	0.00%	0.00%

图 6-26　离职原因司龄维度分析表

② 创建数据透视表。

A. 用鼠标选中基础信息表格，创建数据透视表，步骤同前。

B. 设置数据透视表字段，具体操作同前。

③ 用数据透视表，将"司龄"列进行分组。用鼠标选中司龄的任意数值，右击【组合】进行分组，【起始于】选择司龄的最小值，【终止于】选择司龄的最大值，【步长】就是间隔区间，大家可以根据自己的需求拟定。

④ 生成条形分析图。用鼠标选中离职原因分析表区域，单击【插入】→【条形图】。

⑤ 生成结果见图 6-27。

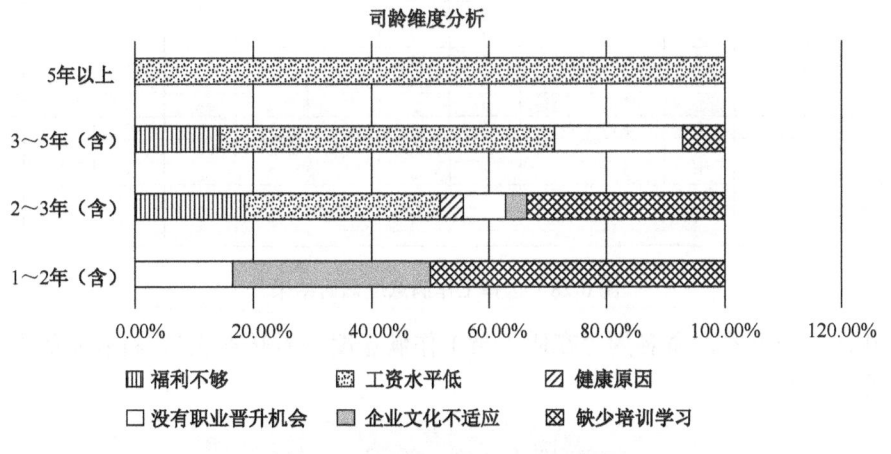

图 6-27　离职原因司龄维度条形图

⑥ 分析结论（小组讨论）。

6.2.4　进行验证

任务描述：

（1）根据员工满意度调研记录表，用数据透视表对在职人员工作满意度进行数据统计并形成可视化图表，通过分析，了解员工在哪方面的满意度水平比较低，从而印证对离职员工的调研结果；

（2）根据北京市 Java 开发工程师岗位薪酬数据表，利用 Excel 函数工具，首先计算出各公司 Java 开发工程师的平均工资水平，然后再计算出不同工作年限分别对应的 10、25、50、75、90 分位的薪酬水平，判断公司是否符合之前制定的在同行业中采用的跟随型薪酬战略；

（3）根据研发中心培训记录表，进行过往培训盘点，了解过往培训是否存在一定问题。具体操作步骤如下。

1. 人员工作满意度分析

（1）打开员工满意度调研记录表，选中表格第二行第二列到最后一列的所有内容，右击【复制】，见图 6-28。

问卷编码	工作条件和环境	管理方式	工作气氛和文化	获得的成就感	工作压力	工作内容	对与直属主管的配合度	同事间的相处方式	对个人目前的工资水平	福利水平	绩效考核制度	对公司培训与学习	对公司提供的晋升机会
记分说明：非常满意=5；满意=4；一般=3；不满意：2；非常不满意=1													
wj001	4	4	1	1	5	3	4	3	3	1	3	3	3
wj002	5	3	3	3	5	3	3	5	1	4	2	1	2
wj003	5	4	3	3	5	1	3	3	1	2	5	1	3
wj004	5	3	5	5	5	4	5	5	1	3	1	4	3
wj005	4	4	3	4	4	4	1	4	1	5	1	5	2
wj006	4	4	3	5	3	3	4	5	4	4	4	3	4
wj007	4	4	4	4	4	4	4	4	4	4	4	4	4
wj008	5	4	5	4	5	4	3	5	2	5	2	5	2
wj009	5	4	5	5	5	5	4	5	4	4	4	4	4
wj010	5	4	4	4	4	4	5	4	4	4	4	4	4
wj011	4	2	4	3	3	5	4	3	3	1	2	2	3
wj012	3	4	5	5	3	5	3	3	3	3	3	3	3
wj013	4	4	3	4	4	4	3	3	3	3	3	3	3
wj014	1	2	5	4	1	4	3	2	4	5	4	2	3
wj015	5	5	4	2	5	2	3	5	2	3	2	2	2
wj016	5	4	3	3	4	2	4	4	3	4	4	2	4
wj017	5	2	5	1	3	2	5	5	3	3	3	4	1
wj018	4	3	5	3	4	4	4	4	3	4	3	3	3
wj019	4	5	1	3	5	3	5	4	3	2	2	3	3
wj020	5	3	4	4	5	5	4	5	5	2	3	4	3
wj021	1	1	2	1	1	4	5	3	4	5	3	3	3
wj022	5	3	5	3	3	5	5	3	5	5	5	3	3
wj023	5	5	3	3	5	4	4	5	4	4	5	2	4
wj024	5	5	5	3	4	2	4	5	2	3	3	2	4
wj025	5	4	3	3	5	3	3	3	3	3	5	3	1
wj026	4	3	5	5	3	2	4	5	3	3	3	1	3

图 6-28 选择工作满意度调研结果

（2）新建一个页签，命名为"在职人员工作满意度分析转换表"，将复制的内容进行转置粘贴，见图 6-29。

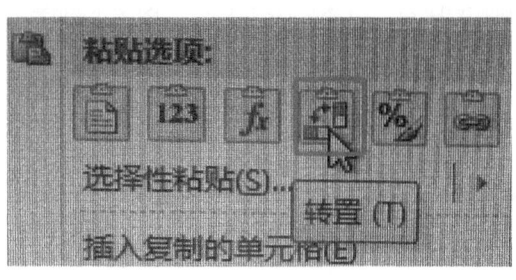

图 6-29 转置粘贴

（3）粘贴完之后，在表头插入一行，在 A1 单元格录入"离职原因"，将 X:AN 单元格区域进行合并，输入"分数"作为表头，见图 6-30。

离职原因	X	Y	Z	AA	AB	AC	AD	AE	AF	AG	AH	AI	AJ	AK	AL	AM	AN
							分数										
工作条件和环境	5	5	4	4	5	4	4	5	4	4	5	5	4	4	4	4	5
管理方式	5	5	3	3	5	2	4	5	3	5	4	3	4	4	4	2	3
工作氛围和文化	3	5	3	5	3	5	5	4	3	4	5	3	2	4	5	2
获得的成就感	3	2	5	5	4	3	2	3	5	5	3	2	3	5	4	5	3
工作压力	5	4	3	3	5	1	4	5	4	4	5	4	4	3	1	5
工作内容	4	2	1	2	5	3	2	5	4	5	3	4	3	3	4	2	4
对与直属主管的配合度	4	4	5	4	4	4	4	3	4	4	4	5	2	3	4	3	2
同事间的相处方式	5	4	3	5	5	5	4	3	5	3	3	5	5	5	4	5	3
对个人目前的工资水平	4	3	3	3	1	3	4	3	4	3	4	2	2	4	2	2
福利水平	4	3	3	3	5	3	4	3	3	2	3	5	1	3	4	1	4
绩效考核制度	5	5	5	3	5	3	5	5	3	5	3	5	2	3	4	5	3
对公司培训与学习	2	2	3	1	1	4	2	2	3	5	3	5	2	4	4	2	3
对公司提供的晋升机会	4	4	1	3	4	3	3	4	4	4	4	2	3	3	4	2

图 6-30 设置表头

（4）创建数据透视表。

① 选中"在职人员工作满意度分析转换表"，创建数据透视表，步骤同前。

② 设置数据透视表字段，具体操作见图 6-31、图 6-32。

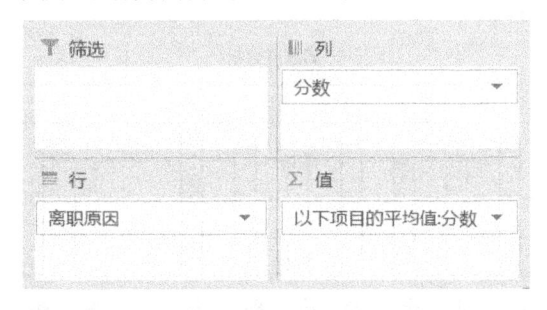

图 6-31 设置在职人员数据透视表

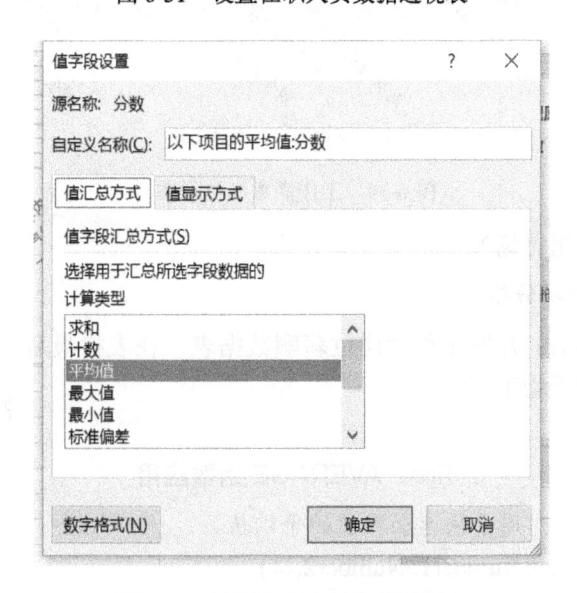

图 6-32 设置在职人员数据透视表

第 6 章 业务问题解决训练 167

（5）生成柱形分析图。用鼠标选中数据透视表区域，单击【插入】→【柱形图】，见图 6-33。

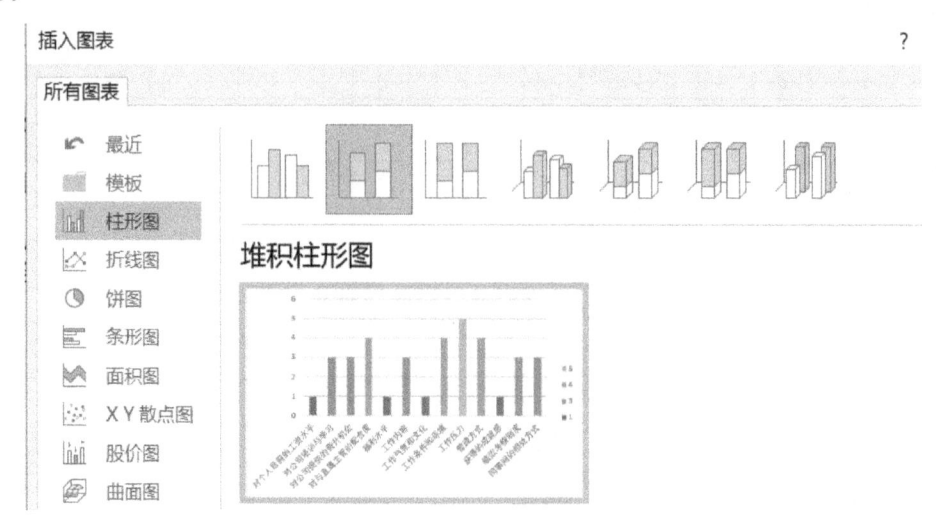

图 6-33　生成柱形图

（6）生成结果见图 6-34。

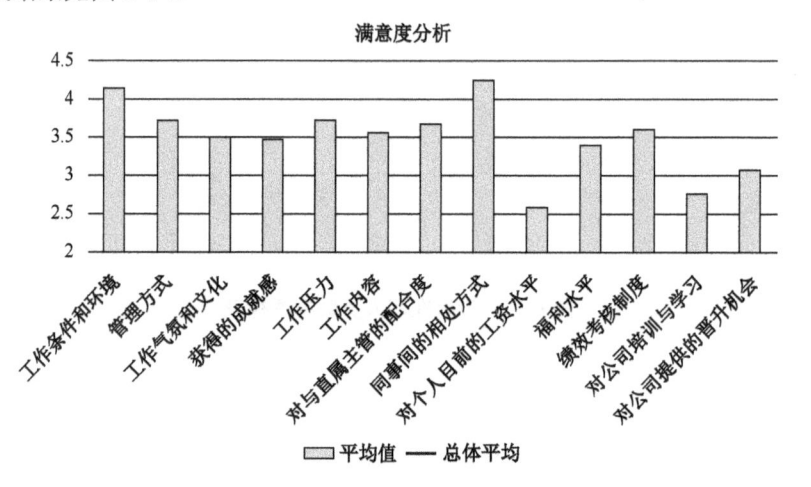

图 6-34　工作满意度柱形图

（7）分析结论（小组讨论）。

2. 市场薪酬水平对标分析

（1）打开北京市 Java 开发工程师岗位薪酬数据表，在表格最后一列加入"平均工资"列，计算出每个岗位的平均工资。

Tips：AVERAGE 函数应用

AVERAGE 函数用途：用于快速求数值的平均值。

语法规则：AVERAGE(Number1, Number2,…)

参数说明：Number1, Number2,…指的是求平均数的数值之一。

例如，求某一发布职位的薪酬平均值，具体见下图。

```
=AVERAGE(H2,I2)
```

C	D	E	F	G	H	I	J	K
式	工作年限	学历	企业类型	企业规模	薪酬下线	薪酬上线	薪酬平均值	
	10年以上	本科	民营	100~499人	30000	50000	40000	
	10年以上	本科	民营	100~499人	30000	50000	40000	

求出一个平均值后，再运用鼠标向下拖动，即把公式填充到其他待计算的"薪酬平均值"单元格中。

（2）计算不同工作年限分别对应的 10、25、50、75、90 分位的薪酬水平分值，完成如图 6-35 所示的表。

工作年限	无经验	1~3年（含）	3~5年（含）	5~10年（含）	10年以上
10分位值					
25分位值					
50分位值					
75分位值					
90分位值					
公司月平均工资					

图 6-35　计算不同工作年限的薪酬水平

Tips：PERCENTILE 函数(array,k)应用

PERCENTILE 函数(array,k)用途：此处可用于求按照不同"工作年限"段分类的职位薪酬分位值。

薪酬分位值主要反映市场的薪酬水平状态：
10 分位值表示有 10%的数据小于此数值，反映市场的低端水平；
25 分位值表示有 25%的数据小于此数值，反映市场的较低端水平；
50 分位值（中位值）表示有 50%的数据小于此数值，反映市场的中等水平；
75 分位值表示有 75%的数据小于此数值，反映市场的较高端水平；
90 分位值表示有 90%的数据小于此数值，反映市场的高端水平。
语法规则：PERCENTILE(array,k)
参数说明：
array: 表示要求分位值的数据区域；
k: 表示具体要求的哪一个分位值。
如果 k =0.1，函数 PERCENTILE 返回 10 分位值；
如果 k =0.25，函数 PERCENTILE 返回 25 分位值；
如果 k =0.5，函数 PERCENTILE 返回 50 分位值；
如果 k =0.75，函数 PERCENTILE 返回 75 分位值；
如果 k =0.9，函数 PERCENTILE 返回 90 分位值。
例如，运用此函数求工作年限"10 年以上"的职位薪酬 10 分位值，具体见下图。

fx	=PERCENTILE($J$2:$J$5,0.1)	
工作年限	薪酬平均值	10分位值
10年以上	40000	26500
10年以上	40000	
10年以上	30000	
10年以上	25000	

（3）生成折线分析图。用鼠标选中薪酬水平分值表区域，单击【插入】→【折线图】。
（4）生成结果见图 6-36。

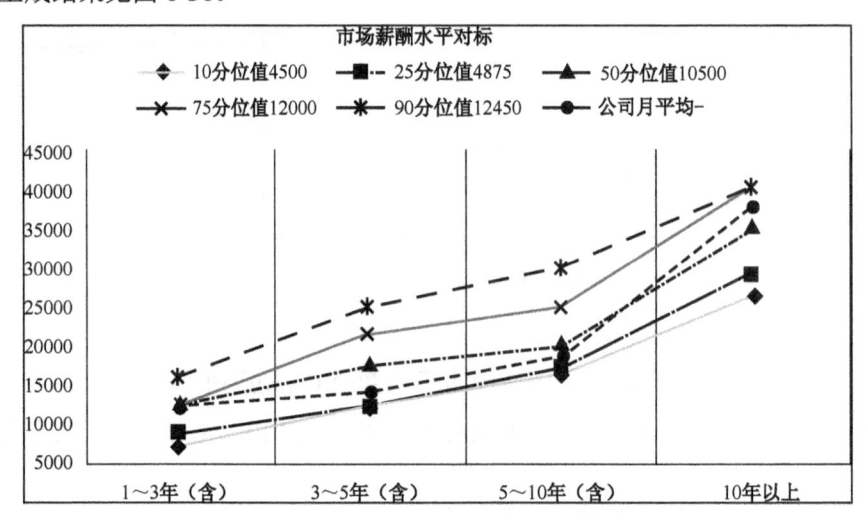

图 6-36　市场薪酬水平对标折线图

（5）分析结论（小组讨论）。

3. 过往培训盘点

（1）打开研发中心培训记录表，见图 6-37。

培训时间	范围	培训课程
2015年8月	研发中心全体	Oracle 数据库管理
2016年3月	研发中心全体	基于组件的设计和开发
2016年9月	研发中心全体	IT项目管理最佳历程
2016年11月	研发中心全体	嵌入式软件架构与设计
2017年3月	研发中心全体	代码重构

图 6-37　研发中心培训记录表

（2）分析结论（小组讨论）。

6.2.5　制订方案

项目描述：针对研发二部人员紧缺的问题，提供人力资源整体解决方案。
任务描述：

（1）学习【任务导航】中的内容，掌握解决方案撰写思路；

Tips：5W2H2R 解决方案撰写思路

序号	What	Why	Where	How	Howe much	Who	When	Risk	Result
	是什么？目的是什么？做什么工作？	为什么要这么做？理由何在？原因是什么？造成这样的结果为什么？	何处？在哪里做？从哪里入手？	怎么做？如何提高效率？如何实施？方法怎样？	做到什么程度？数量如何？质量水平如何？费用产出如何？	由谁来承担？谁来完成？谁负责？	何时？什么时间完成？什么时机最适宜？	存在什么风险？	取得什么效果？会有什么结果？
1									
2									
3									
4									
5									
6									
…									

（2）根据人员现状分析及员工离职原因分析的结果，采用头脑风暴法，制订具有针对性且可以落地执行的解决方案。

6.2.6 汇报方案

项目描述：准备向 CEO 汇报人力资源解决方案。

任务描述：

（1）学习【任务导航】中的内容，掌握方案汇报的技巧；

Tips：方案汇报套路

套路一：不打无准备之仗

准备你的方案：方案应当在整体框架上逻辑清晰，在细节展开处有理有据。根据解决业务问题基本思路的框架形成汇报方案，有理有据就是要着重讲事实而非观点，摆数据而非猜想。

准备你的答案：通常在汇报完成后，与会人员会针对方案进行提问或挑战，因此要提前设想可能面对的提问，准备答案或应对策略。如有必要，事前与与会人员沟通，做好铺垫。

套路二：私"人"定制

在准备方案时，一定要从具体情况出发，有针对性地提出解决方案；不要做成一本放之四海而皆准的"教科书"方案；只有立足本组织的特定问题或背景，形成个性化的解决方案，才能有效地解决组织问题。

套路三：峰终定律

峰终定律，你对一项事物的体验之后，所能记住的就只是在顶峰与终结时的体验，而在过程中好与不好体验的比重、时间长短，对记忆几乎没有影响。

精彩的汇报需要：

- 一个引人入胜的开头；
- 慢慢爬到顶峰的高潮；
- 意犹未尽的结尾。

最后的小心机

方案汇报结束后，拿出准备好的笔和纸，带好耳朵准备聆听；等领导说到一个问题或意见的时候，慢慢点头示意，表示接收到信息；随着领导发言的深入，意见逐渐明确，快速用笔记下。

（2）撰写《研发二部业务问题分析与解决方案》汇报 PPT（可用【工作交接文件】中的公司 PPT 模板）；

（3）由人力资源经理将汇报 PPT 上传至【云盘】→【我的文件】；

（4）准备向 CEO 汇报。

6.3 做懂业务的人力资源经理：推广销售新产品

6.3.1 分析销售人员业绩情况

项目描述：公司新上市的互联网产品的销售业绩情况很不理想，业务主管比较苦恼，希望人力资源部能给些政策方面的支持，你作为人力资源经理首先需要做的就是分析销售人员的业绩情况。

任务描述：

（1）单击【做任务】进入邮箱，查收销售部经理赵聚帅发来的邮件，了解销售部遇到的问题（见图 6-38）；查收助理周妮发来的销售人员基础信息表；

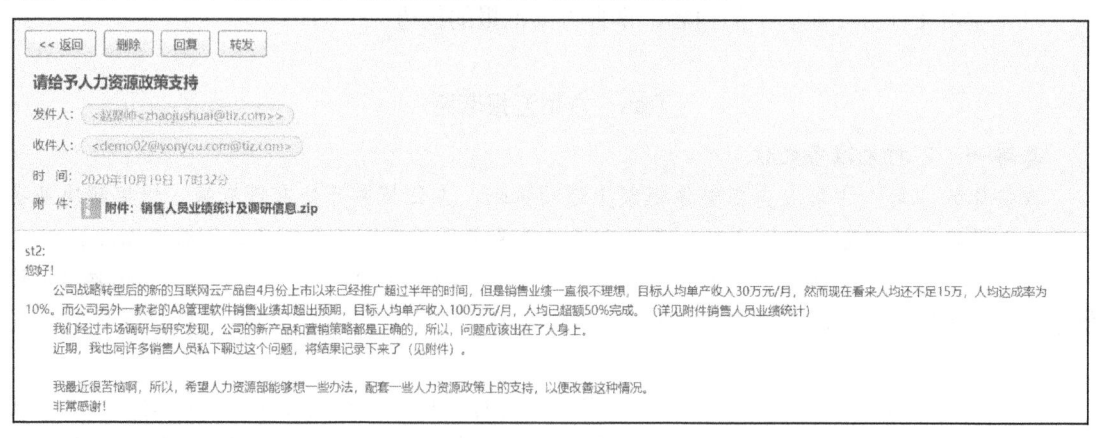

图 6-38 销售部问题邮件

（2）由人力资源经理召集人力资源部会议，明确要解决的业务问题；

（3）学习【任务导航】中的内容，了解可以从哪些人力资源指标进行销售业绩差异的分析；

（4）结合销售人员基础信息和销售业绩进行销售现状分析。

具体操作步骤如下。

1. 销售业绩状况总体分析

（1）根据邮件中给定的数据制作销售业绩状况总体分析表，通过各月业绩完成总额判断销量的变化趋势，见图 6-39。

月份	4月	5月	6月	7月	8月	9月	10月
业绩完成总额（万元）							
业绩完成率							
业绩月增长率							

图 6-39　销售业绩状况总体分析表

（2）根据销售部经理赵聚帅发来的邮件，里面描述到目标人均单产收入为 30 万元/月，计算业绩完成率，通过业绩完成率判断绩效目标达成情况。

业绩完成率=实际销售业绩÷目标销售业绩×100%。

（3）通过业绩增长率看销量的变化程度。

业绩月增长率=（本月销售业绩总额−上月销售业绩总额）÷上月销售业绩总额×100%。

（4）生成折线分析图。用鼠标选中销售业绩状况总体分析表区域，单击【插入】→【折线图】。

（5）生成结果见图 6-40。

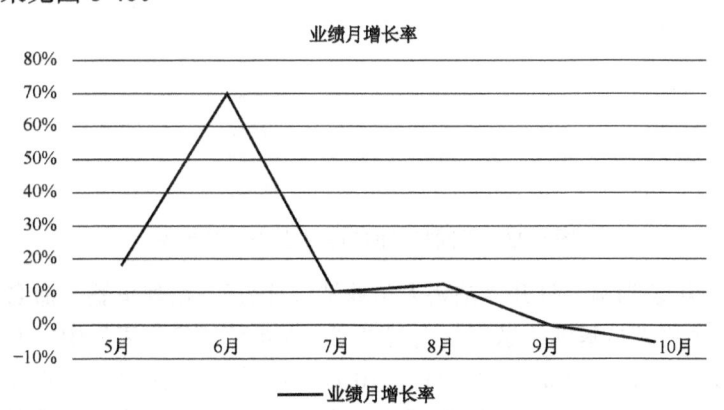

图 6-40　业绩月增长率折线图

（6）分析结论（小组讨论）。

2. 月度人均单产分析

（1）根据邮件中给定的数据制作月度人均单产表，见图 6-41。

月份	4月	5月	6月	7月	8月	9月	10月
人均单产（万元）							
目标人均单产（万元）							

图 6-41　月度人均单产分析表

（2）计算公司月度人均单产。

月度人均单产=本月销售业绩总额÷本月销售人数。

（3）用鼠标选中月度人均单产分析表区域，单击【插入】→【折线图】。

（4）生成结果见图 6-42。

（5）分析结论（小组讨论）。

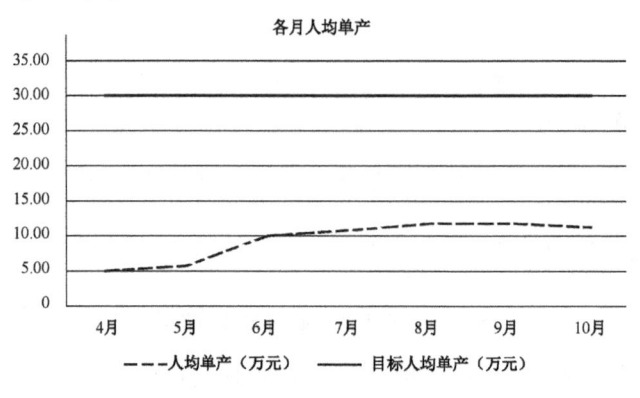

图 6-42　各月人均单产折线图

3. 按销售人员不同特征进行业绩分析

（1）可按以下几个维度进行分析，制作相应表格，见图 6-43。

图 6-43　不同特征的销售人员业绩分析表

（2）以职称分析表为例，打开"销售人员业绩统计表"，新建页签，命名为"销售人员整体信息表"。将"销售人员基础信息"复制到"销售人员整体信息表"中，并在此表后面加入"4月""5月""6月""7月""8月""9月""10月"几列。将销售人员业绩统计表中 4～10 月每个销售人员完成的业绩通过 VLOOKUP 函数取数到"销售人员整体信息表"，见图 6-44。

图 6-44　制作销售人员整体信息表

174　◀　企业人力资源管理综合实训教程

Tips：VLOOKUP 函数应用

VLOOKUP 函数是做什么的？

VLOOKUP 函数是 Excel 中的一个纵向查找函数，它可以用来进行数据核对、多个表格之间的数据进行快速引用、动态表格的制作等。

它主要包括四个参数：

VLOOKUP(lookup_value, table_array, col_index_num, [range_lookup])

（1）lookup_value：要查找的值，如数值、引用或文本字符串；

（2）table_array：要查找的数据表区域；

（3）col_index_num：返回数据在查找区域的第几列数，应为正整数；

（4）range_lookup：查找时是精确匹配还是近似匹配。如为 FALSE 或 0，则返回精确匹配，如为 TRUE 或 1，则返回近似匹配。

举例，见下图。

在这里我们要查找橙子的单价，橙子所在位置为 D2，我们查找的区域是水果单价区域即 A2:B5 单元格区域，水果单价在区域的第 2 列，所以匹配列为 2，因为要精确获得水果单价所以我们选择精确匹配。前期如果不太熟悉 VLOOKUP 函数，我们可以调用函数参数对话框来设置函数，效果是一样的，而且操作起来更加直观，更加便于理解。

（3）单击【开始】→【排序和筛选】，见图 6-45。

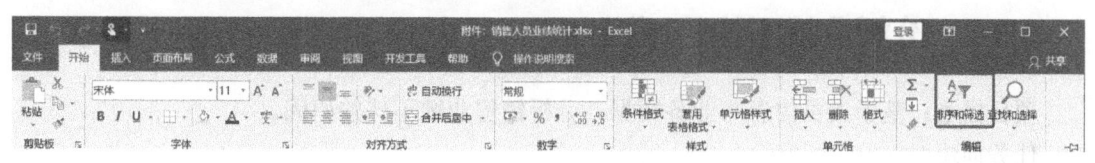

图 6-45 排序和筛选

（4）选中"职级筛选"，分别过滤出职级为初级、高级、中级的销售人员数据，见图 6-46 和图 6-47。

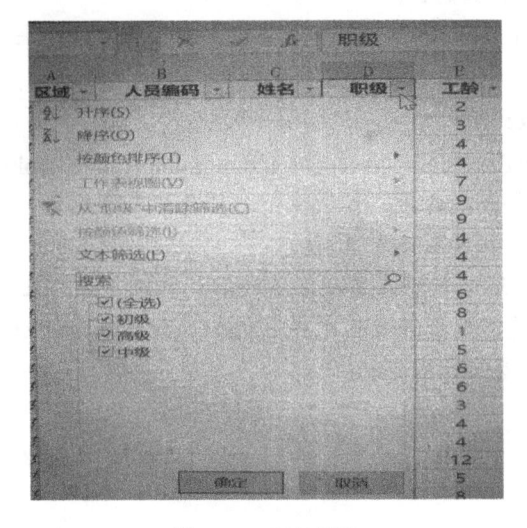

图 6-46　职级筛选

图 6-47　职级筛选结果

（5）根据筛选后的数据，分别计算出职级为初级、高级、中级的销售人员月均业绩（万元）。月均业绩=月总业绩÷人数。

（6）分析结论（小组讨论）。

6.3.2　分析业绩不佳的原因

项目描述：基于人员信息与业务数据，分析销售业绩不佳的原因。

任务描述：

（1）学习【任务导航】中的内容，掌握"杨三角"理论模型与鱼骨图分析方法；

（2）基于"杨三角"理论模型，采用鱼骨图分析方法，分析新产品销售业绩不理想的原因。

Tips："杨三角"理论模型与鱼骨图分析方法

一、"杨三角"理论模型

HR 新定位：构建与战略相匹配的组织能力。

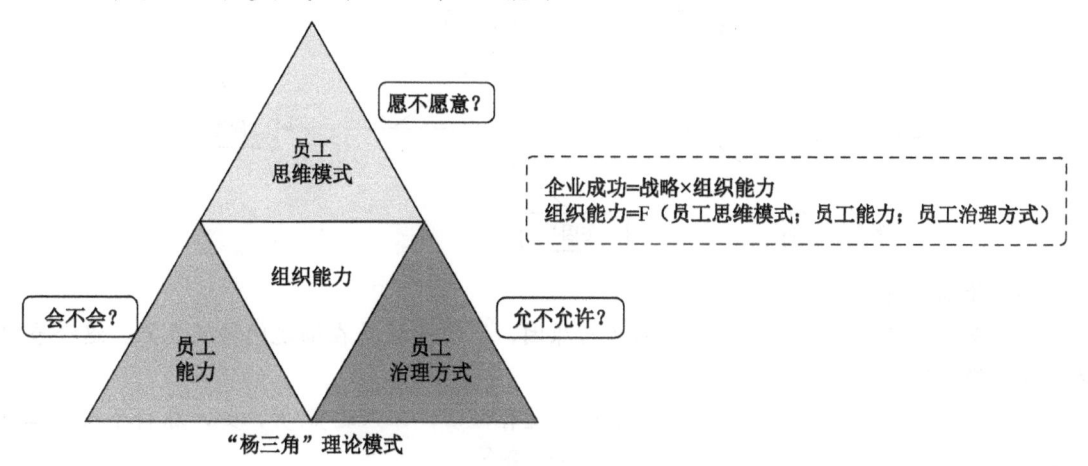

企业成功=战略×组织能力
组织能力=F（员工思维模式；员工能力；员工治理方式）

"杨三角"理论模式

员工能力：能够实施企业战略、打造所需组织能力的知识、技能和素质。

员工能力提升 5B 法：

(1) 内建（Build），指培训和培养；
(2) 外购（Buy），指招聘；
(3) 解雇（Bounce），指淘汰低绩效者；
(4) 留才（Bind），指留住关键人才；
(5) 外借（Borrow），指外借人员、顾问。

员工思维模式：员工会做不等于愿意做，所以正确的思维模式应该是让大家每天在工作中所关心、追求和重视的事情与所需的组织能力相匹配。

思维模式转换的 3 类工具：

(1) 由上而下，指依靠高管通过个人言行、决策、制度等多方面参与和推动的方法；
(2) 由下而上，指依靠基层员工的参与和推动；
(3) 由外而内，指依靠外部力量和竞争对手。

二、鱼骨图

鱼骨图，又名"石川图"，是一种发现问题"根本原因"的方法，是一种梳理思路、透过现象看本质的分析方法。

问题的特性总是受到一些因素的影响，我们通过头脑风暴法找出这些因素，并将它们与特性值一起，按相互关联性整理而成的层次分明、条理清楚，并标出重要因素的图形。

绘制步骤与要点。

(1) 明确要解决的问题。

制作鱼骨图前，跟团队所有成员明确"问题"是什么，明确一个要解决的目标。

该阶段成果：鱼骨图的鱼头和主骨完成。

(2) 主因分类。

确定分析问题的主要方向与角度，常规采用"5M1E"六个要素分类（人、机、料、法、环、测），但从 HR 分析与解决问题的角度，可以基于"杨三角"理论模型、人力资源六大模块、四大支柱（机制、制度、流程、技术）或四大机制（激励机制、牵引机制、约束机制、竞争淘汰机制）进行分析。

该阶段成果：鱼骨图的第一层框架完成。

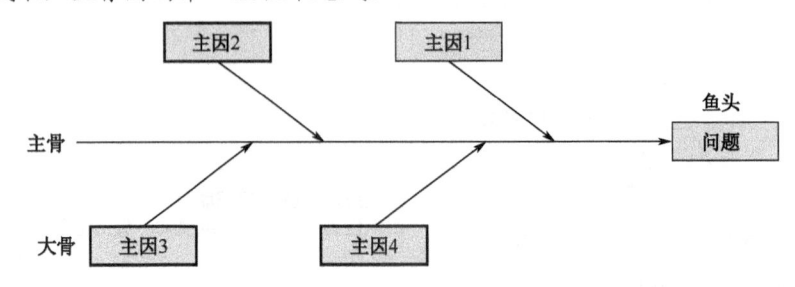

```
         主因2        主因1
                                          鱼头
主骨 ─────────────────────────────────→   问题

大骨    主因3        主因4
```

（3）子因描述。

组织头脑风暴，尽可能多地找出问题与原因，这个阶段是在描述问题的表象，这个表象要符合已经确定的分类。

推荐的描述方法：××不良，××不足，没有××，××过多/少，如，原料不良，工具不良，经验不足，培训不足，资源不足，没有检查等。

该阶段成果：二级鱼骨图完成。

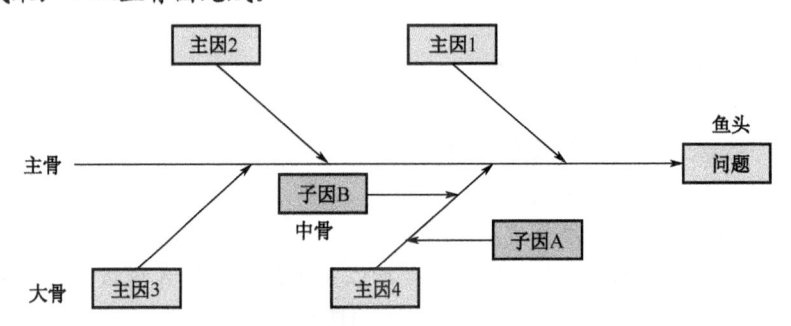

```
         主因2            主因1
                                          鱼头
主骨 ──────────┬──────────────────────→   问题
              子因B
           中骨        子因A
大骨    主因3         主因4
```

（4）孙因描述（三级、四级等要因描述）。

该阶段工作进入实质性内容，即进行问题探究，这是找到根本原因的重要步骤。该阶段需要配合使用"丰田五问法"，即每一层分鱼骨都要解释上一层预估的原因，为什么会造成那样的问题。举例见下图。

> 有一次，丰田汽车公司前副社长大野耐一发现一条生产线上的机器总是停转，停转的原因都是因为保险丝烧断了。每次虽然及时更换保险丝，但用不了多久又会被烧断，严重影响了整条生产线的效率，也就是说，更换保险丝并没有解决根本问题，于是，大野耐一与工人进行了以下的问答：
> 一问："为什么机器停了？" 答："因为超过了负荷，保险丝就断了。"
> 二问："为什么超负荷呢？" 答："因为轴承的润滑不够。"
> 三问："为什么润滑不够？" 答："因为润滑泵吸不上油来。"
> 四问："为什么吸不上油来？" 答："因为油泵轴磨损、松动了。"
> 五问："为什么磨损了呢？" 答："因为没有安装过滤器，混进了铁屑等杂质。"
> 经过连续五次不断地追问"为什么"，找到了问题的真正原因和解决的方法，即在油泵轴上安装过滤器。

（5）鱼骨图制成后的后续工作。

鱼骨图绘制完成后，根据分析出来的问题或原因，寻找对应的解决方案，举例见下图。

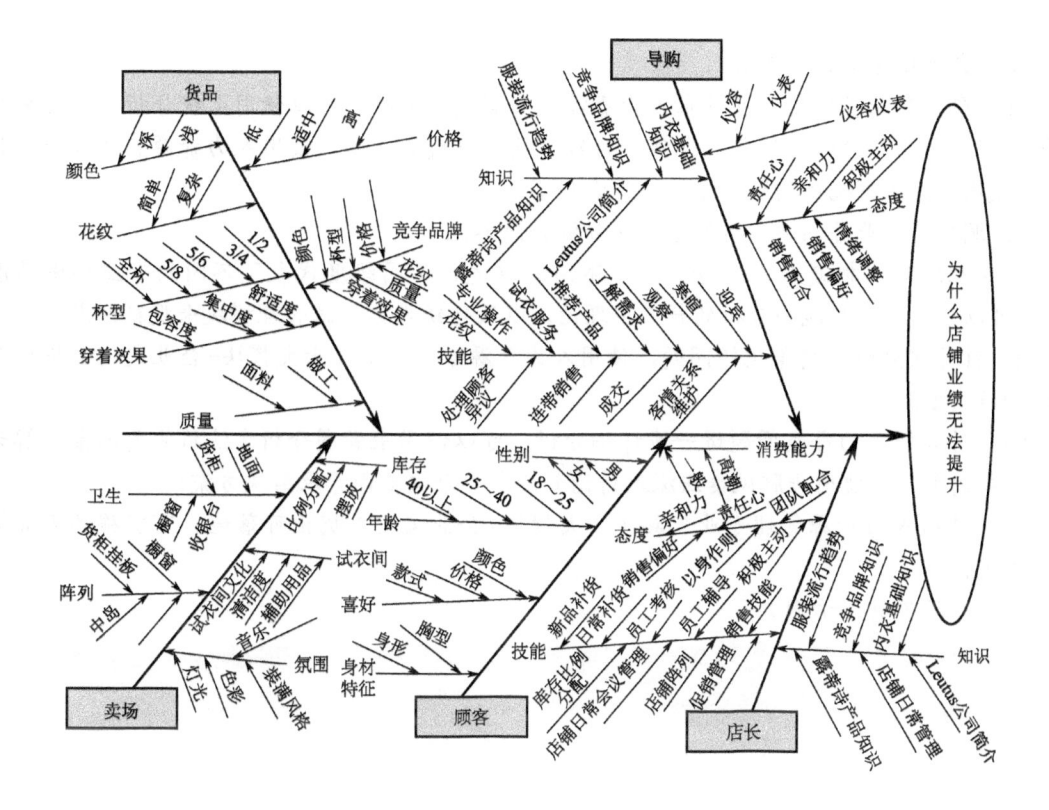

6.3.3 制订解决方案

项目描述：基于上面的分析，制订提升销售业绩的解决方案。

任务描述：

（1）学习【任务导航】中的内容，掌握系统性思考问题的方法；
（2）基于前面新产品销售业绩不佳的原因分析，绘制分析矩阵，探究人力资源解决方案；
（3）评估与筛选方案，并准备向 CEO 汇报。

Tips：系统性思考-分析矩阵

一、系统思考的力量

正确的坐标系能把一个不可能解决的问题，变成两个可以解决的问题。

二、分析矩阵工具的使用

在洞察复杂业务问题，并寻求人力资源专业解决方案时，可以使用系统分析工具（分析矩阵）将复杂问题分解并简单化；然后再针对被分解后的问题，使用人力资源管理专业工具（六大模块）提出系统化的解决方案，步骤如下。

1. 洞察复杂业务问题，将复杂问题分解并简单化

分析矩阵可以把复杂问题分为两个不同的维度，不同维度代表了不同的专业思考角度（如，可以分别从组织能力分析的杨三角理论，以及传统人力资源管理模块来观察问题）；

2. 针对被分解后简单化的问题，使用人力资源专业工具（六大模块+企业文化）提出系统化的解决方案

（1）对分解后的每类问题进一步详细分析：可以使用鱼骨图分析方法将主要因素拆解为各个次要因素，并使用头脑风暴法深入讨论并确定各个次要因素及解决方案；

（2）使用人力资源管理专业工具（六大模块+企业文化）提出可落地、可实施的专业解决方案。

分析矩阵工具（示例）

实施方案 问题	招聘	绩效	薪酬	劳动关系	培训与开发	人力规划	企业文化
思维模式							
治理机制							
能力							

本章小结

本章主要围绕业务部门的具体需要和面临的问题，要求学生站在业务部门的角度完成相应的人力资源管理实训任务，帮助学生思考如何从人力资源管理角度解决实际业务问题，确保人力资源管理真正落地，最终需要提交的成果见表6-2。

表 6-2　业务问题解决阶段提交的成果

任务名称	提交成果
6.1 学习解决业务问题的思路与方法★★	汇报提纲
6.2.2 分析现状：分析人力资源现状★★★	《研发二部人员现状分析报告》
6.2.3 找出原因：分析研发人员紧缺的原因★★★	《研发二部人员离职分析报告》
6.2.6 方案汇报★★	《研发二部业务问题分析与解决方案》
6.3.1 分析销售人员业绩情况★★★	《销售业绩状况总体分析表》《按销售人员不同特征进行的业绩分析》
6.3.2 分析业绩不佳的原因★★★	《原因分析结果（"杨三角"理论模型和鱼骨图）》
6.3.3 制订解决方案★★★	《解决方案矩阵分析图》

第 7 章　推动公司战略落地训练

📁 **学习目标**

（1）通过对公司战略与重点工作任务的识别与了解，形成战略思维与意识，掌握解决业务问题的思路与方法；

（2）能够依据战略落地对人力资源支撑工作的要求，确定人力资源工作的重点与难点；

（3）能够掌握人力资源三支柱模式搭建的关键与核心；

（4）培养在资源约束下做好人力资源规划工作的意识、方式与方法。

本章一共有 3 个实训任务，具体见表 7-1。

表 7-1　推动公司战略落地实训任务

操作角色	任务/活动	具体动作
人力资源经理	7.1 HR 三支柱模式改革会议★★★	
	7.2 人员编制及人工成本预测★★★	1.根据月度业务量变化核定人员编制 2.预算全年人工成本
	7.3 拟订人员招聘与调配计划★★★	

7.1　HR 三支柱模式改革会议

项目描述：公司进行战略转型，要求 HR 按照三支柱模型进行变革，现就此召集部门会议进行讨论。

任务描述：

（1）学习【任务导航】中的内容，了解 HR 三支柱模式与传统人力资源管理模式的区别与联系；

（2）单击【做任务】进入邮箱，查收 CEO 发送的邮件（见图 7-1），了解其提出的相关工作要求，重点关注 2018 年发展目标及重点工作；

（3）由人力资源经理召集人力资源部门会议，讨论如何从人力资源管理角度支撑公司战略，议题为：①比较公司现在运行的人力资源管理模式与三支柱模式的差异，构建适用于公司业务战略转型的 HR 三支柱组织架构；②HR 三支柱组织架构各中心（COE、HRBP、SSC）职能定位和各岗位主要职责；

（4）形成汇报 PPT（公司 PPT 模板在【工作交接文件】中），由人事专员上传至【云盘】→【我的文件】。

```
st2(demo02@yonyou.com@tiz.com)
写邮件
<<返回  删除  回复  转发

st2:
您好！
　　根据公司战略会议精神和2018年发展目标与重点工作内容，经过公司高管会议决定，近期你们人力资源部有两项重点工作需要完成：
　　（1）依据公司战略转型的要求，人力资源要紧跟时代发展趋势，逐步转变为三支柱模式。根据前期沟通结果，需要你们继续推进人力资源变革，构建适用于公司业务战略转型的HR三支柱组织架构，并确定好各支柱（中心）的职能定位及各岗位的职责；
　　（2）公司将于明年1月在西安新成立电话服务中心，以**初、中级人员**为主，于北京服务中心经理吴易会提供相关数据和明确的工作要求；届时北京服务中心将以**高级人员**为主体，不再承担电话支持工作，而是将工作重心转到客户回访与二线支持上。
　　因为支撑业务发展是未来人力资源三支柱能够落地的关键和核心，请人力资源部借此机会，以新成立的西安电话服务中心为试点，积极支持吴易提前做好一系列的调整、准备工作，要严格按照公司确定的成本预算要求，完成西安电话服务中心人员需求及招聘调配计划。
要求如下：
1. 体现人力资源管理的专业性；
2. 解决以前业务部门提出的人力资源不懂业务的问题；
3. 西安电话服务中心新招调选派1名高级HRBP（薪酬标准对标服务类高级）以高效服务员工；
4. 考虑公司成本问题，全年**人工成本预算不超过325万元**，招聘培训费用**不超过30万元**。
以上请认真思考，做好PPT，后天上午向我汇报。附件《2018年公司发展目标与重点工作》请查收，作为参考。
```

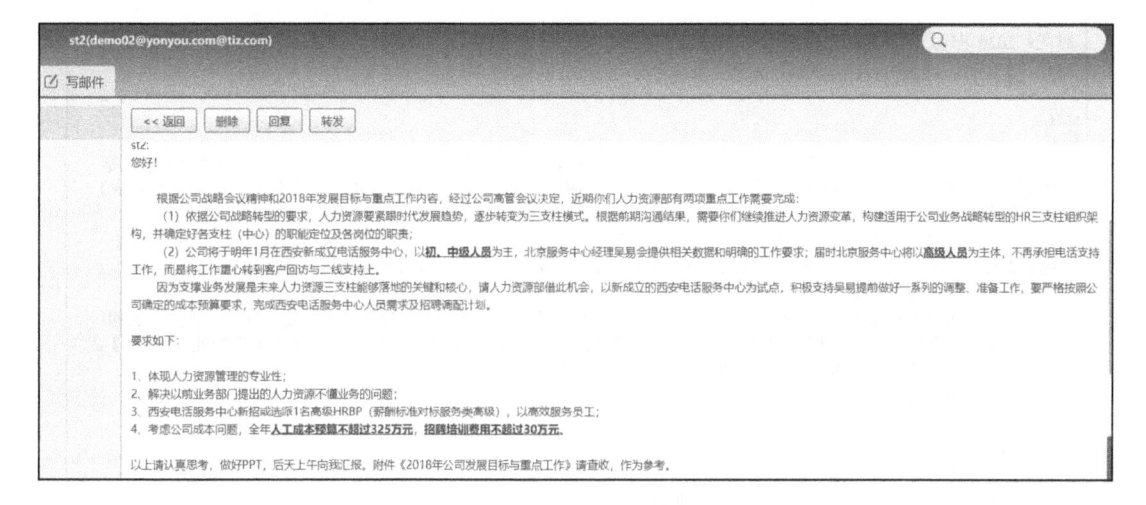

图 7-1　重点工作目标邮件

7.2　人员编制及人工成本预测

项目描述：对拟新成立的西安电话服务中心进行人员编制及人工成本预测。

任务描述：

（1）单击【做任务】进入邮箱，查收助理周妮整理的人工成本测算相关资料的邮件（见图 7-2）；查收服务中心经理吴易的邮件（见图 7-3），了解北京中心 2017 年月度工作量详细情况、西安电话服务中心 2018 年电话支持量预测结果、2018 年西安电话服务中心人员需求反馈，以及西安电话服务中心编制测算；

```
您好！
　　请查收我整理的人工成本测算相关资料（见附件压缩包）。
　　同时，我通过几个其他公司的HR朋友了解到一些公司一线客服中心的人员结构情况，如下：

| 类别 | 公司名称 | 初级：中级：高级 |
|---|---|---|
| 外部同行业 | 西西科技公司 | 7:3:2 |
|  | 优品软件公司 | 9:3:0 |
| 集团内其他子公司 | TZ能源科技公司 | 5:2:1 |
|  | TZ医疗科技公司 | 3:1:0 |
|  | TZ地产科技公司 | 4:1:0 |

附件压缩包文件清单：
4.1 人员费用预算假定.xlsx
4.2 各岗位等级薪酬标准参考表.xlsx
4.3 2017—2018年西安社保缴纳规定.xlsx
4.4 人员工资成本标准.xlsx
4.5 人工成本测算表.xlsx
4.6 人工成本预算汇总表.xlsx
4.7 北京服务中心人员花名册.xlsx
```

图 7-2　人工成本测算资料邮件

（2）学习【任务导航】中的内容，了解人员需求计划的制订方法与人工成本预算的编制方法；

> 时间：2020年10月24日10时55分
> 附件： 服务中心业务资料及人员要求.rar
>
> st2：
> 您好！
> 　　根据郭总指示，结合北京服务中心的具体情况，请查收我们做的《北京中心2017年月度工作量表》《西安电话服务中心2018年电话支持量预测结果》《2018年西安电话服务中心需求反馈表》《西安电话服务中心编制测算表》等相关资料（见附件）。
> 　　在进行人员需求测算时，特别要注意考虑到北京服务中心的难处，在西安电话服务中心只设置1名部门经理，电话支持团队只有服务专员（中级）和服务助理（初级），其中，中级人员比例建议按照季度递减，2018年4个季度分别为：40%、30%、25%、20%。
> 　　另外，根据北京服务中心的经验，高级人员、中级人员及初级人员的工作效率（平均处理时长）正好环比相等，即【（高级人员平均处理时长/中级人员平均处理时长）=（中级人员平均处理时长/初级人员平均处理时长）】。建议西安电话服务中心参考比例核定初级服务人员的工作效率。
> 　　以上内容，请参考。
>
> 　　附件：
> 　　1. 北京中心2017年月度工作量表
> 　　2. 西安电话服务中心2018年电话支持量预测
> 　　3. 2018年西安电话服务中心人员需求反馈
> 　　4. 西安电话服务中心编制测算表

图7-3　服务中心业务资料及人员要求邮件

Tips：人员需求及人员定编方法

一、人员需求——新成立部门即为人员定编

人员编制：指公司或部门为了完成未来或过去的任务而确定的公司或部门的人员数量的配置，其对人员的实际配置工作产生指导和约束作用。

编制：编制的概念有广义和狭义之分。

广义编制：指各种机构的设置及其人员数量定额、结构和职务配置。

狭义编制：即人员编制，指为完成组织的功能，经过被授权的机关或部门批准的机关或单位内部人员的定额、人员结构比例及对职位（岗位）的分配。

二、人员定编方法

人员定编的方法有很多，可根据"定量-定性"及"业务-职能"进行划分。

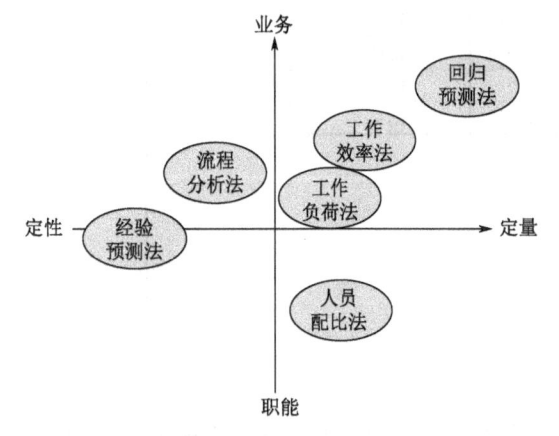

定编方法	定义
经验预测法	用以往经验推测未来人员需求
流程分析法	根据业务流程衔接，分析各岗位工作量确定各岗位单个人员单位时间工作量，并根据企业总业务目标，确定各岗位人员配置
工作负荷法	通过对岗位职责，以及工作量饱和程度进行分析确定人员数量的方法
工作效率法	根据工作量和员工的劳动效率以及出勤率等因素来计算岗位人数的方法
人员配比法	根据不同类型员工总量之间的比例关系确定人员数量的方法
回归预测法	根据企业历史数据和战略目标，确定企业在未来一定时期内的岗位人数

其中，一般电话服务中心人员的定编可考虑工作效率法。

基本步骤为：

（1）根据历史数据或未来发展需要预测部门未来业务量（如接电话次数）；

（2）根据统计数据分析每个电话平均处理时长，核定未来月度工作量；

（3）根据历史数据做好出勤率与宽放率假定；

（4）核定月度制度工作时间标准，计算月度有效工作时间；

（5）计算月度人员需求量，即月度编制数量，并进行适当调整。

注：出勤率、宽放率、制度工作时间标准、有效工作时间等概念见后面详解。

（3）各岗位开展会议讨论，根据月度业务量变化核定人员编制：①计算出《西安电话服务中心 2018 年电话支持量预测》中各职级“平均处理时长”；②完成《西安电话服务中心编制测算表》；

（4）预算全年人工成本：①根据助理周妮发送的人工成本测算相关资料编写《人员工资成本标准》；②编写《人工成本测算表》；③完成《人工成本预算汇总表》；

（5）由薪酬专员将《西安电话服务中心编制测算表》《人员工资成本标准》《人工成本测算表》《人工成本预算汇总表》上传至【云盘】→【我的文件】。

基本操作步骤如下。

1. 根据月度业务量变化核定人员编制

（1）完成《西安电话服务中心 2018 年电话支持量预测》。

① 根据《北京中心 2017 年月度工作量表》（见图 7-4），完成《西安电话服务中心 2018 年电话支持量预测》（见图 7-5），根据历史数据预测部门未来业务量。

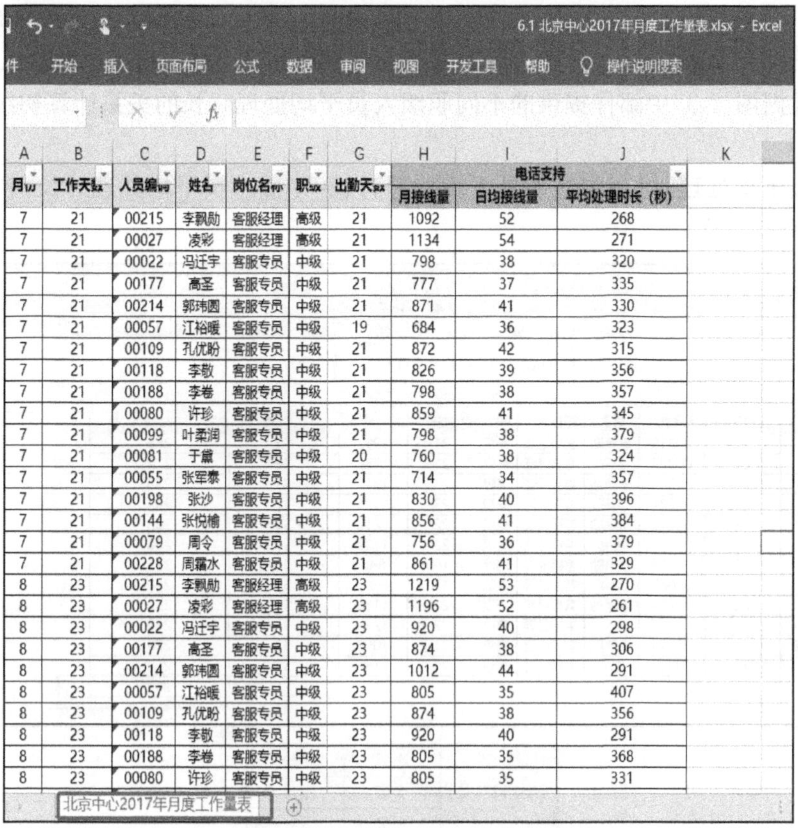

月份	工作天数	人员编号	姓名	岗位名称	职级	出勤天数	电话支持		
							月接线量	日均接线量	平均处理时长（秒）
7	21	00215	李飘勋	客服经理	高级	21	1092	52	268
7	21	00027	凌彩	客服经理	高级	21	1134	54	271
7	21	00022	冯迁宇	客服专员	中级	21	798	38	320
7	21	00177	高圣	客服专员	中级	21	777	37	335
7	21	00214	郭玮圆	客服专员	中级	21	871	41	330
7	21	00057	江裕暖	客服专员	中级	19	684	36	323
7	21	00109	孔优盼	客服专员	中级	21	872	42	315
7	21	00118	李敬	客服专员	中级	21	826	39	356
7	21	00188	李卷	客服专员	中级	21	798	38	357
7	21	00080	许珍	客服专员	中级	21	859	41	345
7	21	00099	叶柔润	客服专员	中级	21	798	38	379
7	21	00081	于黛	客服专员	中级	20	760	38	324
7	21	00055	张军泰	客服专员	中级	21	714	34	357
7	21	00198	张沙	客服专员	中级	21	830	40	396
7	21	00144	张悦榆	客服专员	中级	21	856	41	384
7	21	00079	周令	客服专员	中级	21	756	36	379
7	21	00228	周霜水	客服专员	中级	21	861	41	329
8	23	00215	李飘勋	客服经理	高级	23	1219	53	270
8	23	00027	凌彩	客服经理	高级	23	1196	52	261
8	23	00022	冯迁宇	客服专员	中级	23	920	40	298
8	23	00177	高圣	客服专员	中级	23	874	38	306
8	23	00214	郭玮圆	客服专员	中级	23	1012	44	291
8	23	00057	江裕暖	客服专员	中级	23	805	35	407
8	23	00109	孔优盼	客服专员	中级	23	874	38	356
8	23	00118	李敬	客服专员	中级	23	920	40	291
8	23	00188	李卷	客服专员	中级	23	805	35	368
8	23	00080	许珍	客服专员	中级	23	805	35	331

图 7-4　北京中心 2017 年月度工作量表

电话支持					
月接线量（个）	日均接线量（个）	中级人员配备比例	加权平均处理时长（秒）	月度工作量	
15431	701				
13952	775				
18843	819				
19822	1043				
23009	1046				
25425	1271				
28096	1277				
31047	1350				
34308	1634				
34020	1890				
41893	1904				
46293	2204				
332139	15915			0	

	高级
平均处理时长	中级
	初级

注：平均处理时长应根据不同级别人员平均处理时长加权平均计算而成，权重为不同级别人员配备比例

图 7-5 西安电话服务中心 2018 年电话支持量预测表

（注：为满足教学需要，本章大多数表格中的数据需由学生计算后填入表格中，数据不再显示）

② 根据统计数据估算每个电话平均处理时长，核定未来工作量。

A. 员工职级不同，工作效率有差异，因此，需要分职级估算平均处理时长。在本例中，需要计算不同职级所有人员平均处理时长的平均值，作为核算编制时不同职级人员平均处理时长的估计。

打开《北京中心 2017 年月度工作量表》分别用过滤条件筛选出"高级""中级"人员电话支持数据，计算高级人员平均处理时长（见图 7-6）。其中，高级人员平均处理时长=高级人员处理时长/高级人员人数，同样计算出中级人员平均处理时长，公式同高级人员的。

注意：根据图 7-3 中邮件提供的不同职级人员平均处理时长的关系计算初级人员平均处理时长。

高级人员平均处理时长÷中级人员平均处理时长=中级人员平均处理时长÷初级人员平均处理时长。

图 7-6 计算高级人员平均处理时长

B. 根据第一步估算的不同职级人员平均处理时长，考虑不同职级人员的配备比例，计算加权平均处理时长。

注意：根据图 7-3 中邮件提供的内容填写图中划线区域的数据（见图 7-7、图 7-8 和图 7-9）。

在西安电话服务中心只设置 1 名部门经理，电话支持团队只有服务专员（中级）和服务助理（初级），其中，中级人员配备比例建议按照季度递减，即 2018 年 4 个季度的比例分别为 40%、30%、25%、20%。

| 月份 | 工作天数 | 电话支持 ||||| 月度工作量 |
		月接线量（个）	日均接线量（个）	中级人员配备比例	加权平均处理时长（秒）	
1	22	15431	701			
2	18	13952	775			
3	23	18843	819			
4	19	19822	1043			
5	22	23009	1046			
6	20	25425	1271			
7	22	28096	1277			
8	23	31047	1350			
9	21	34308	1634			
10	18	34020	1890			
11	22	41893	1904			
12	21	46293	2204			
合计	251	332139	15915			0

注：平均处理时长应根据不同级别人员平均处理时长加权平均计算而成，权重为不同级别人员配备比例

图 7-7　填写中级人员配备比例

加权平均处理时长=中级人员平均处理时长×中级人员配备比例+初级人员平均处理时长×初级人员配备比例

| 月份 | 工作天数 | 电话支持 ||||| 月度工作量 |
		月接线量（个）	日均接线量（个）	中级人员配备比例	加权平均处理时长（秒）	
1	22	15431	701			
2	18	13952	775			
3	23	18843	819			
4	19	19822	1043			
5	22	23009	1046			
6	20	25425	1271			
7	22	28096	1277			
8	23	31047	1350			
9	21	34308	1634			
10	18	34020	1890			
11	22	41893	1904			
12	21	46293	2204			
合计	251	332139	15915			0

注：平均处理时长应根据不同级别人员平均处理时长加权平均计算而成，权重为不同级别人员配备比例

图 7-8　计算加权平均处理时长

C. 核定未来工作量。

月度工作量=月接线量×加权平均处理时长。

例如，2018 年 1 月的工作量（总时长）= 15431（个）×419（秒/个）= 6 459 476（秒）

月份	工作天数	电话支持					月度工作量
		月接线量（个）	日均接线量（个）	中级人员配备比例	加权平均处理时长（秒）		
1	22	15431	701				
2	18	13952	775				
3	23	18843	819				
4	19	19822	1043				
5	22	23009	1046				
6	20	25425	1271				
7	22	28096	1277				
8	23	31047	1350				
9	21	34308	1634				
10	18	34020	1890				
11	22	41893	1904				
12	21	46293	2204				
合计	251	332139	15915				0

注：平均处理时长应根据不同级别人员平均处理时长加权平均计算而成，权重为不同级别人员配备比例

图 7-9　计算月度工作量

（2）完成《北京服务中心不同职级人员的出勤率》。

根据历史数据做好出勤率与宽放率假定。

根据公式完成《北京服务中心不同职级人员的出勤率》（见图 7-10）。

注意：出勤率=当月实际出勤天数÷应出勤天数×100%。

北京服务中心不同职级人员的出勤率

月份	7月	8月	9月	10月	11月	12月	平均出勤率
高级							
中级							

图 7-10　计算不同职级人员出勤率

可采用数据透视表里的条件均值函数 AVERAGEIFS() 计算不同月份不同职级人员的出勤率，再计算不同职级人员 7～12 月总体的平均出勤率（可采用函数 AVERAGE()）。

注意：结合以上数据分析，再考虑到西安电话服务中心刚刚组建，出勤率可能无法达到北京服务中心的水平，因此，西安电话服务中心出勤率的假定应在北京服务中心出勤率的基础上下调 1%～2%，以应付可能出现的风险。

（3）完成《西安电话服务中心编制测算表》。

Tips：宽放率假定

宽放：在任何工作环境下，员工会因疲劳、生理需求（上厕所、喝水等）、作业准备、突发事件、配合不当等原因造成工作停顿。以制度规定的工作时间（8 小时）作为持续工作的标准时间来要求员工显然不合理。因此，必须在基本时间之外，考虑一定的宽放，才能与现实情况相吻合。

宽放时间：是将接线工作所需的停顿或休息加入正常时间。包括准备与结束时间、接线宽放时间，以及个人需要与休息的宽放时间等。

宽放率：宽放率(%)=宽放时间÷正常时间 × 100%

一般参照行业标准宽放率在 20%～40%，也就是有效工作时间在 60%～80%。考虑到电

话服务的特点，这里我们假定宽放率为 30%。

根据《中华人民共和国劳动法》第三十六条和国务院《关于职工工作时间的规定》的有关规定，我国现行的标准工时制度是劳动者每日工作时间不超过八小时，平均每周工作时间不超过四十小时。在正常情况下，任何单位和个人不得擅自延长劳动者的工作时间。

另外，根据《关于职工全年月平均工作时间和工资折算问题的通知》的规定，法定的公休日为 104 天/年，法定节假日为 11 天。

制度工作时间的计算：

年工作日：365 天–104 天（休息日）–11 天（法定节假日）＝250 天

日制度工作时间：8 小时=8×3600=28 800（秒）

A. 计算月有效工作时间。

打开《西安电话服务中心编制测算》，将《西安电话服务中心 2018 年电话支持量预测》里面的“日均接线量（个）”“平均处理时长（秒）”“月度总时长（秒）”“中级人员比例”数据复制过来（见图 7-11）。

月份	工作天数	电话支持			月度总时长（秒）	月出勤率	宽放率	日制度工作时间秒/人天	月有效工作时间	编制数	调整编制数	中级人员比例	中级人员数	初级人
		月接线量（个）	日均接线量（个）	平均处理时长（秒）										
1	22	15431				98%	30%							
2	18	13952				98%	30%							
3	23	18843				98%	30%							
4	19	19822				98%	30%							
5	22	23009				98%	30%							
6	20	25425				98%	30%							
7	22	28096				98%	30%							
8	23	31047				98%	30%							
9	21	34308				98%	30%							
10	18	34020				98%	30%							
11	22	41893				98%	30%							
12	21	46293				98%	30%							
合计	251	332139												

图 7-11　复制相关数据

注意：

月有效工作时间=日制度工作时间×出勤率×（1–宽放率）×月制度工作天数

例如，2018 年 1 月的有效工作时间=28 800（秒/人天）×98.0%×（1–30%）×22（天）=434 650（秒/人）。

B. 计算月度人员需求量，即月度编制数量，并进行适当调整。

注意：

人员需求量=月度工作量÷月有效工作时间

例如，2018 年 3 月人员需求量= 7 895 217（秒）÷454 406（秒/人）= 17.37（人）

适度调整：因需求人数不能为小数，需要进行向上调整（不是四舍五入，而是直接取整数后+1），因此，2018 年 3 月人员需求量为 18 人。

根据人员配备比例要求再行测算：

中级人员需求数=18×40%=7.2（人），即为 7 人（向下调整，以保证中级人员比例不超过 40%）。

初级人员需求数=18–7=11(人)。

注意：因为中级人员需求比例有要求，中级人员需求数出现小数情况时，应向下调整，而不是向上调整。向下调整在 Excel 中可采用取整函数 INT()，或者采用函数 ROUNDDOWN()。

2. 预算全年人工成本

Tips:人工成本预算的编制方法

人工成本，简单来说就是企业为雇佣员工而花费的各项费用。员工从公司得到的直接货币及间接的货币性福利，都应计入公司的人工成本。

根据国家原劳动部（1997）261号文件规定，人工成本范围包括：职工工资总额、职工福利费用、社会保险费用、职工住房费用、职工教育经费、劳动保护费用和其他人工成本支出等。

人工成本预算编制的重要意义：人工成本是企业成本的重要组成部分，人工成本的把控对企业总成本的控制及整体战略目标的实现发挥着重要作用。

本案例人工成本预算假设如下。

类别	项目	假设及重要概念说明
人员费用	基本工资	对照表"各岗位等级基本工资标准参照表"及"地区调整系数表"确定
	绩效工资	绩效工资=年薪合计×绩效工资占比
	绩效奖金	绩效奖金=年薪合计×绩效奖金占比
	年薪合计	年薪合计=月基本工资÷基本工资占比×12
	社会保险费	所有人员的月基本工资为基数缴纳社会保险
	住房公积金	所有人员的月基本工资为基数缴纳住房公积金
福利费	公共福利费	1. 节日补贴：春节400元/人，中秋200元/人，端午100元/人，三八妇女节女员工50元/人； 2. 员工关怀：员工体检不超过300元/人，员工生日100元/人
	专项福利费	残保金：按照上年度公司人均年薪的1.7%的60%再乘以该部门实际在职职工人数计算（2017年公司在职职工人数为164865.23元）；团队文化建设：200元/人；优秀员工（年末总人数的30%）奖励：100元/人；骨干人员（高级、中级人员）弹性福利：300元/月

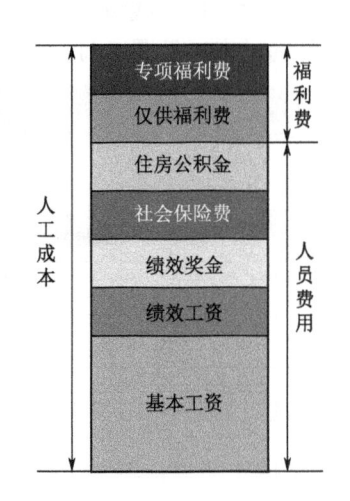

依据各人工成本项目的标准和计算方法，逐一计算不同级别人员单月人员费用总额（不含培训费用），再与各月不同级别人数相乘，可得不同级别人员的月度人员费用总额，具体见下图。

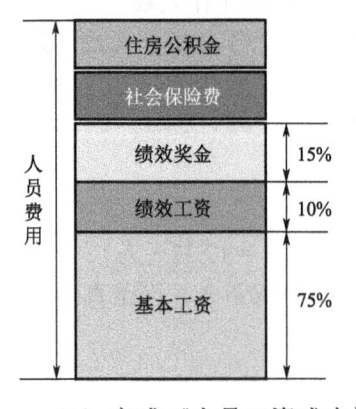

缴费额=缴纳基数*缴纳比例，新进人员以月基本工资为基数。在核算人工成本时，仅考虑单位需要缴费的社会保险费与公积金（不考虑个人）

绩效奖金=月薪酬总额*绩效奖金占比

绩效工资=月薪酬总额*绩效工资占比

（1）在《各岗位等级基本工资标准参照表》中查找客服类人员基本工资参考标准，可知，高级为10000元、中级为7000元、初级为5500元；
（2）根据地区调整系数，查找到西安的系数为0.75，计算西安地区基本工资参考标准，高级为7500元、中级为5250元、初级为4125元；
（3）查找到服务类基本工资比例为75%，计算月薪酬总额（=基本工资/75%），西安地区高级为10000元、中级为7000元、初级为5500元

（1）完成《人员工资成本标准表》。

① 根据《岗位等级薪酬标准参考表》（见图7-12），完成《人员工资成本标准表》中"基本工资""绩效工资""绩效奖金""月薪合计"数据（见图7-13）。

二、薪酬标准

岗位	等级	基本工资参考标准（元/月）					
		平台开发 80%	产品开发 75%	直销 40%	渠道 65%	财务 75%	服务 75%
平台开发工程师	高级	18,000					
IOS开发工程师	高级		17,500				
	中级		15,000				
Web前端开发工程师	高级		18,000				
	中级		15,500				
JAVA开发工程师	高级		16,000				
	中级		13,500				
	初级		8,000				
测试工程师	高级		14,000				
	中级		10,000				
	初级		8,000				
出纳	中级					8,000	
	初级					6,600	
客户经理	高级			8,500			
	中级			6,000			
区域渠道总监	专家				14,500		
	高级				10,000		
客服	高级						10,000
	中级						7,000
	初级						5,500
实习生		每天100-120元					

三、地区调整系数

城市	系数
上海、深圳	1.2
北京、杭州、广州	1
厦门、苏州、南京、无锡	0.85
武汉、重庆、成都、天津、宁波	0.8
郑州、济南、西安、长沙、合肥、沈阳、乌鲁木齐、南昌、南宁、昆明、福州、石家庄、哈尔滨、海口、长春、银川	0.75
呼和浩特、太原、贵阳、兰州	0.7

一、薪酬结构

岗位序列	基本工资	绩效工资	绩效奖金	备注
平台开发	80%	10%	10%	主要指架构设计、平台设计开发人员
应用开发	75%	10%	15%	主要指产品开发人员
销售	40%	10%	50%	
渠道	65%	10%	25%	
服务	75%	10%	15%	
职能	75%	10%	15%	含企管、人力、财务、市场

图 7-12　岗位等级薪酬标准参考表

岗位基本信息				薪资信息			
地区	类别编码	岗位名称	职级	基本工资	绩效工资	绩效奖金	月薪合计
西安	1	部门经理	高级	7500.00	1000.00	1500.00	10000.00
西安	2	客服专员	中级	5250.00	700.00	1050.00	7000.00
西安	3	客服助理	初级	4125.00	550.00	825.00	5500.00
北京	4	部门经理	高级	10000.00	1333.33	2000.00	13333.33
北京	5	客服专员	中级	7000.00	933.33	1400.00	9333.33
北京	6	客服助理	初级	5500.00	733.33	1100.00	7333.33

图 7-13　人员工资成本标准表

② 根据基本工资来计算五险一金，从而算出人员年度工资费用合计（见图7-14）。

注意：

人员单月费用=基本工资+绩效工资+绩效奖金+缴纳社保费用+住房公积金。

第7章　推动公司战略落地训练

养老基数	其他保险基数	住房公积金基数	公司缴纳月度养老保险 20%	公司缴纳月度医疗保险 7%+6.4	公司缴纳月度失业保险 0.7%	公司缴纳月度工伤保险 0.28%	公司缴纳月度生育保险 0.25%	公司缴纳月度住房公积金 12%	公司缴纳月度社保小计	公司缴纳月度住房公积金小计	2018年公司缴纳社保公积金合计	2018年人员工资费用合计	北京与西安月费用差额
7500.00	7500.00	7500.00	1500.00	531.40	52.50	21.00	18.75	900.00	2123.65	900.00	3023.65	13023.65	-
5250.00	5250.00	5250.00	1050.00	373.90	36.75	14.70	13.13	630.00	1488.48	630.00	2118.48	9118.48	-
4125.00	4125.00	4125.00	825.00	295.15	28.88	11.55	10.31	495.00	1170.89	495.00	1665.89	7165.89	-
10000.00	10000.00	10000.00	2000.00	706.40	70.00	28.00	25.00	1200.00	2829.40	1200.00	4029.40	17362.73	362.00
7000.00	7000.00	7000.00	1400.00	496.40	49.00	19.60	17.50	840.00	1982.50	840.00	2822.50	12155.83	253.00
5500.00	5500.00	5500.00	1100.00	391.40	38.50	15.40	13.75	660.00	1559.05	660.00	2219.05	9552.38	199.00

图 7-14　计算人员年度工资费用

（2）完成"人工成本测算表"。

① 打开《西安电话服务中心编制测算表》（见图 7-15），把中级、高级、初级人员数据复制到《人工成本测算表》（见图 7-16）。

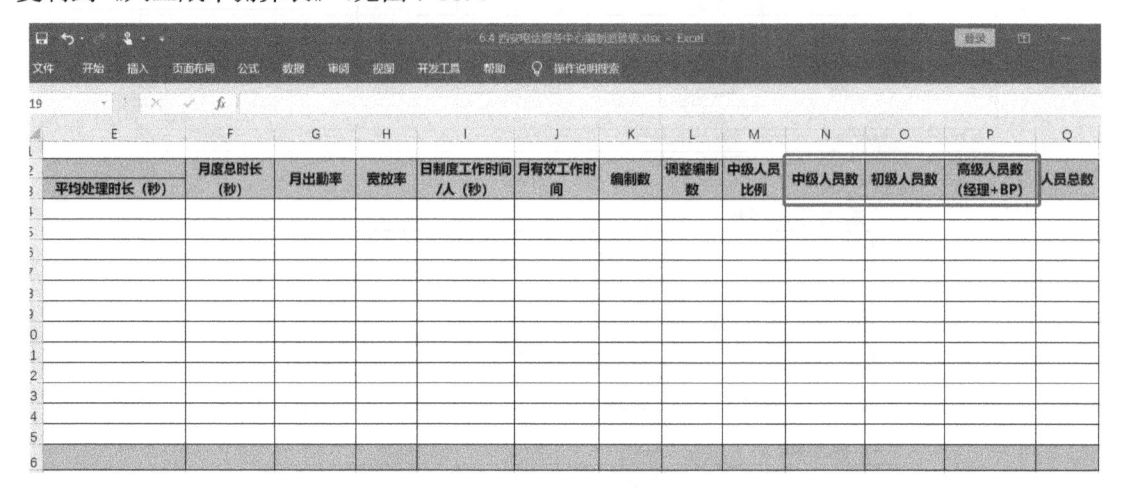

图 7-15　复制初中高级人员数据

图 7-16　人工成本测算表

② 根据《人员工资成本标准表》数据和公式，完成《人工成本测算表》中"基本工资""绩效工资""绩效奖金""保险公积金""人员费用"几列数据（见图 7-17）。

图 7-17 测算人员成本

Tips：计算过程举例

单月人员费用总额=高级人员数×单月高级人员费用+中级人员数×单月中级人员费用）+初级人员数×单月初级人员费用

例如，2018 年第 1 个月：

人员需求：高级 2 人，中级 6 人，初级 9 人；

单月费用标准：高级 13 023.65 元，中级 9118.48 元，初级 7165.89 元；

那么，2018 年 1 月人员费用总额=13 023.65×2+9118.48×6+7165.89×9=145 251.19（元）。

依此类推，核算全年人员费用总额。

③ 根据"Tips：人工成本预算的编制方法"里的信息，完成《人工成本测算表》中的福利费（见图 7-18）。

月份	高级人数	中级人数	初级人数	高级人员费用	中级人员费用	初级人员费用	工资小计	福利标准	福利费	残保金	团队文化建设费用	优秀员工奖励	骨干人员弹性福利	专项福利费小计	人工成本合计
1	2	6	9	13023.65	9118.48	7165.89	145251.14	400	6800				2400	2400	
2	2	6	11	13023.65	9118.48	7165.89	159582.91						2400	2400	
3	2	7	11	13023.65	9118.48	7165.89	168701.39	50	1000				2700	2700	
4	2	6	17	13023.65	9118.48	7165.89	202578.24						2400	2400	
5	2	6	17	13023.65	9118.48	7165.89	202578.24						2400	2400	
6	2	8	20	13023.65	9118.48	7165.89	242312.85	100	3000				3000	3000	
7	2	7	22	13023.65	9118.48	7165.89	247526.15						2700	2700	
8	2	7	23	13023.65	9118.48	7165.89	254692.04						2700	2700	
9	2	9	28	13023.65	9118.48	7165.89	308758.43	200	7800				3300	3300	
10	2	8	35	13023.65	9118.48	7165.89	349801.16						3000	3000	
11	2	8	35	13023.65	9118.48	7165.89	349801.16						3000	3000	
12	2	10	40	13023.65	9118.48	7165.89	403867.55	400	20800	87444.52	10400	1560	3600	103004.518	
合计							3035451.25		39400	87444.52	10400	1560	33600	133004.518	¥ 3,207,855.77

图 7-18 计算福利费

注意：福利费分为公共福利费与专项福利费，需要视情况按月或按年计算。

公共福利费。

A. 节日补贴与所在月份和当月在岗人数有关。因此,
- 春节 400 元计入 1 月份;
- 三八妇女节 50 元计入 3 月份（假定均为女性）;
- 端午节 100 元计入 6 月份;
- 中秋节 200 元计入 9 月份。

B. 员工体检、员工生日与年底人数有关。因此，员工体检、员工生日合计 400 元计入 12 月份。

专项福利费。

A. 残保金以年为单位缴纳，按照 2018 年年底实际在职人数缴纳，纳入 2018 年预算。残保金以年为单位缴纳，按 12 月人数计入 12 月份成本残保金=164 865.23×1.7%×60%×52=87 444.76（元）。

B. 团建费用按照年底人数发放；优秀员工奖励按照优秀员工人数（年底人数×优秀人员奖励比例）和奖励标准发放。团建费用 200 元/人，优秀员工（年末总人数的 30%）奖励 100 元/人，计入 12 月份。

C. 骨干人员弹性福利按月计发。

（3）根据《人工成本测算表》数据，完成《人工成本预算汇总表》。

7.3 拟订人员招聘与调配计划

项目描述：为拟新成立的西安电话服务中心拟订人员招聘与调配计划。

任务描述：

（1）单击【做任务】进入邮箱，查收助理周妮的邮件，并下载附件《人员招聘与调配计划相关资料》（见图 7-19）;

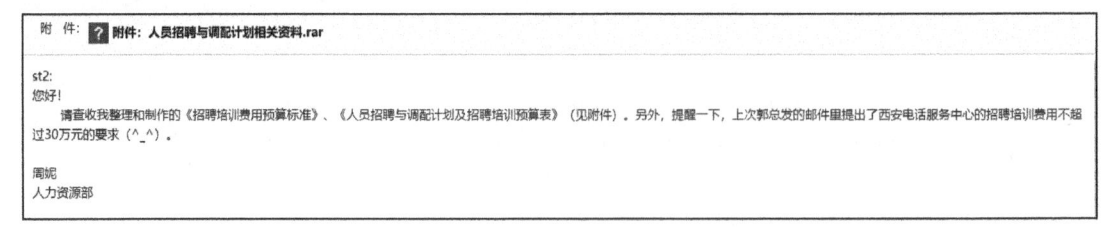

图 7-19　人员招聘与调配计划邮件

（2）学习【任务导航】中的内容，了解人员招聘与调配计划的制订方法;

Tips：西安电话服务中心人员招聘与调配计划的制订方法

招聘计划的制订：

根据西安电话服务中心的月度人员需求，需要制订有针对性的人员补充计划，即招聘计划。通过招聘计划使"期末人员数=编制人数"。

招聘可采取外部招聘与内部调配（推荐）的方式。

内部调配+外部招聘=本期拟补充人数=编制人数−期初人员数−离职人数−调出人数。

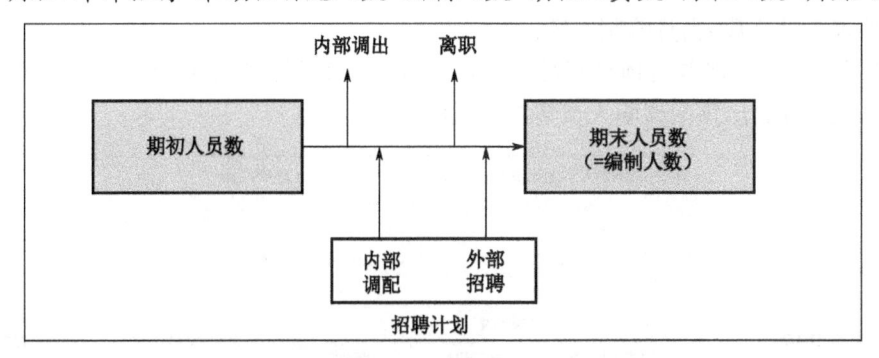

```
                    内部调出    离职
                        ↑       ↑
  ┌─────────┐          │       │         ┌─────────┐
  │ 期初人员数 │──────────┼───────┼────────→│ 期末人员数 │
  └─────────┘          │       │         │(=编制人数)│
                        │       │         └─────────┘
                     ┌──┴───┬───┴──┐
                     │ 内部 │ 外部 │
                     │ 调配 │ 招聘 │
                     └──────┴──────┘
                        招聘计划
```

人员补充方式可以分为内部调配和外部招聘两种方式。首先考虑内部调配方式。在本案例中，因为需要强化电话服务中心职能，可考虑由北京服务中心抽调人员转岗到西安。尤其是新组建部门，部门经理及 HRBP 人员必须在第 1 个月到位，再抽调部分中级人员，以保证前期工作的正常开展。在考虑内部调配后，再考虑外部招聘方式进行人员补充。这里需要综合权衡外部招聘培训成本与内部调配人员的限制性要求，以确定合理的招聘人员数。

在本任务中，未考虑内部调出的情况，仅考虑外部招聘、内部调配与离职三种情况。根据任务提供的信息，假定不同级别人员离职率有所区别，招聘计划制定步骤如下：

（1）根据人员需求量与上月离职人数计算当月需要补充的人员数；
（2）确定需外部招聘与内部调配的补充人员数；
（3）测算人员外部招聘成本、培训成本与内部调配成本、培训成本；
（4）根据全年招聘培训费用预算要求，调整外部招聘与内部调配人数，形成人员招聘与调配计划表。

（3）各岗位开展讨论，结合招聘需求、培训需求和招聘培训预算要求，拟定月度西安电话服务中心人员招聘与调配计划；
（4）在人员招聘与调配计划的基础上，测算人员外部招聘培训成本与内部调配培训成本。

具体操作步骤如下。
① 打开《西安电话服务中心编制测算表》，将"中级""初级""高级""人员总数" 4 列复制到《人员招聘与调配计划及招聘培训预算表》"期末人员数"对应的列中（见图 7-20）。

图 7-20 人员招聘与调配计划及招聘预算表

注意：

当月期末人员总数=当月编制人数。

② 打开《招聘培训费用预算标准》表，查找不同级别人员离职率，根据离职率和上月期末人员总数，计算出预期离职人员情况（见图7-21）。

图 7-21　计算预期离职人员人数

注意：

当月预期离职人员总数=上月期末人员总数×离职率。

③ 填入当月期初人员总数（1月期初人员总数均为0）（见图7-22）。

图 7-22　填写期初人员情况

注意：

当月期初人员总数=上月期末人员总数。

④ 计算当月需求总人数（见图7-23）。

月份	期初人员情况				招聘情况										预期离职人数情况				期末人员数			
	期初人员总数	高级人数	中级人数	初级人数	需求总人数				外部招聘			内部调配			预期离职人员总数	高级人数	中级人数	初级人数	期末人员总数	高级人数	中级人数	初级人数
					需求总人数	高级人数	中级人数	初级人数	高级人员	中级人数	初级人数	高级人数	中级人数	初级人数								
1																						
2																						
3																						
4																						
5																						
6																						
7																						
8																						
9																						
10																						
11																						
12																						
合计																							招聘培训总预算

图7-23 计算需求总人数

注意：
当月需求总人数=期末人员总数–期初人员总数+预期离职人员总数。

⑤ 小组讨论确定需要进行外部招聘与内部调配的人数（见7-24）。

月份	期初人员情况				招聘情况										预期离职人数情况				期末人员数			
	期初人员总数	高级人数	中级人数	初级人数	需求总人数				外部招聘			内部调配			预期离职人员总数	高级人数	中级人数	初级人数	期末人员总数	高级人数	中级人数	初级人数
					需求总人数	高级人数	中级人数	初级人数	高级人员	中级人数	初级人数	高级人数	中级人数	初级人数								
1																						
2																						
3																						
4																						
5																						
6																						
7																						
8																						
9																						
10																						
11																						
12																						
合计																							招聘培训总预算

图7-24 确定外部招聘与内部调配人数

注意：
高级人员需求总数=外部招聘高级人员数+内部调配高级人员数；
中级人员需求总数=外部招聘中级人员数+内部调配中级人员数；
初级人员需求总数=外部招聘初级人员数+内部调配初级人员数。

⑥ 根据《人员工资成本标准表》中工资水平差，完成《招聘培训预算标准测算表》，测算人员外部招聘培训成本与内部调配培训成本（见图7-25）。

第7章 推动公司战略落地训练

序号	成本大类	成本类型	高级	中级	初级	备注
1	外部招聘	外部招聘标准成本(每人次)	4680	2850	1800	每成功招聘1人次所需的标准成本
2		外部招聘难度系数	1.6	1	0.8	衡量招聘难度的指标,越大意味着越难招聘,成本越高
3		外部招聘成本(每人次)				外部招聘成本=外部招聘标准成本*外部招聘难度系数
4	内部调配	内部调配成本				从北京调配人员到西安的费用
5		# 探亲交通费(每人每月)	500	500	500	每个月1次,北京往返西安交通费
6		# 异地安置费(每人每月)	200	200	200	从北京调入西安的房租补贴
7		#工资补偿成本(维持原北京工资水平)				补偿员工在北京工作时的工资水平差额
8	培训费	外部招聘人员培训费用(每月)	400	500	500	每月每外部招聘人员培训费用
9		内部调配人员培训费用(每月)	200	100	100	每月每内部调配人员培训费用
10	招聘培训总成本	外部招聘培训总成本				
11		内部调配培训总成本				
*	职位流动率(每月)		0%	20%	25%	即为月离职率

图 7-25 外部招聘培训成本与内部调配培训成本

注意：

工资补偿成本=在北京应花费的人工成本−在西安应花费的人工成本，其中在北京和西安的人工成本根据《人员工资成本标准表》数据进行核算；

外部招聘培训总成本=外部招聘成本+外部招聘人员培训费用；

内部调配培训总成本=内部调配成本+内部调配人员培训费用。

⑦ 根据《招聘培训费用预算标准》的数据，测算《人员招聘与调配计划及招聘培训预算表》中人员外部招聘培训成本与内部调配培训成本（见图7-26）。

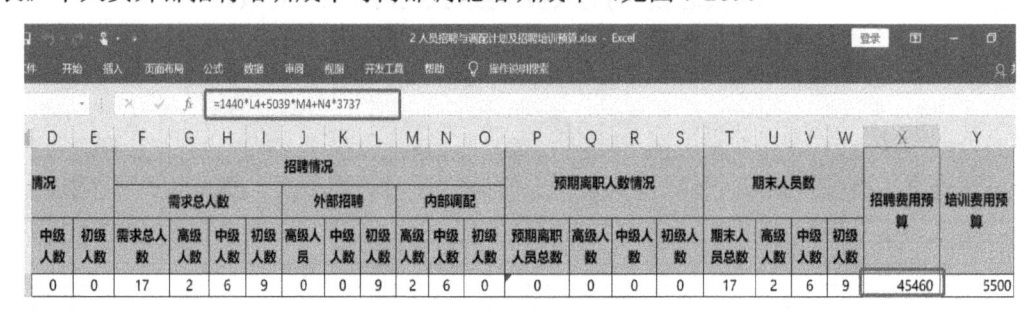

图 7-26 测算招聘费用预算

（5）测算出人员外部招聘培训成本与内部调配培训成本合计之后，再根据邮件内容要求调整外部招聘与内部调配人数（见图7-27），形成人员招聘与调配计划（小组讨论）。

图 7-27 调整外部招聘与内部调配人数

注意：

邮件内容要求，招聘培训总费用不超过 30 万元；各月不同级别人员的比例要符合要求。

本章小结

本章主要围绕公司的战略实施，要求学生完成相应的人力资源规划实训任务，帮助学生思考如何从人力资源管理的角度支撑公司战略的实现，最终需要提交的成果见表 7-2。

表 7-2 推动公司战略落地阶段提交的成果

任务/活动	提交成果
7.1 HR 三支柱模式改革会议★★★	汇报提纲
7.2 人员编制及人工成本预测★★★	《人员工资成本标准表》《人工成本测算表》《人工成本预算汇总表》
7.3 拟订人员招聘与调配计划★★★	《人员招聘与调配计划》

附录1　团队组建训练教辅资料

1-1　　　　　　　　　　团队角色认知测评

【说明】对下列问题的回答，可能在不同程度上描绘了您的行为。每道题有 8 句话，请将 10 分配给这 8 个句子。分配的原则是：最体现您行为的句子得分最高，以此类推。最极端的情况可能是 10 分全部分配给其中的某一句话，当然也可能某几个句子的得分均是 0 分。请根据您的实际情况把分数填入后面的表格中。

示例：我最喜欢的活动是：

（1）A. 跑步
（3）B. 唱歌
（2）C. 散步
（1）D. 购物
（0）E. 看电影
（0）F. 听歌
（3）G. 看书
（0）H. 打游戏

示例	G	3	D	1	F	0	C	2	A	1	H	0	B	3	E	0

一、我认为我能为团队做出的贡献是：

（　）A. 我能很快地发现并把握住新的机遇。
（　）B. 我能与各种类型的人一起合作共事。
（　）C. 我生来就爱出主意。
（　）D. 我的能力在于，一旦发现某些对实现集体目标很有价值的人，我就及时把他们推荐出来。
（　）E. 我能把事情办成，这主要靠我个人的实力。
（　）F. 如果最终能导致有益的结果，我愿面对暂时的冷遇。
（　）G. 我通常能意识到什么是现实的，什么是可能的。
（　）H. 在选择行动方案时，我能不带倾向性，也不带偏见地提出一个合理的替代方案。

二、在团队中，我可能有的弱点是：

（　）A. 如果会议没有得到很好地组织、控制和主持，我就会感到不痛快。
（　）B. 我容易对那些有高见而又没有适当地发表出来的人表现得过于宽容。
（　）C. 只要集体在讨论新的观点，我总是说得太多。
（　）D. 我的客观想法使我很难与同事们打成一片。
（　）E. 在一定要把事情办成的情况下，我有时令人感到特别强硬以致专断。
（　）F. 可能由于我过分重视集体的气氛，我发现自己很难与众不同。

（ ）G. 我易于陷入突发的想象之中，而忘了正在进行的事情。
（ ）H. 我的同事认为我过分注意细节，总有不必要的担心，怕把事情搞糟。

三、当我与其他人共同进行一项工作时：
（ ）A. 我有在不施加任何压力的情况下，去影响其他人的能力。
（ ）B. 我随时注意防止粗心和工作中的疏忽。
（ ）C. 我愿意施加压力以换取行动，确保会议不是在浪费时间或离题太远。
（ ）D. 在提出独到见解方面，我是数一数二的。
（ ）E. 对于与大家共同利益有关的积极建议我总是乐于支持的。
（ ）F. 我热衷寻求最新的思想和新的发展。
（ ）G. 我相信我的判断能力有助于做出正确的决策。
（ ）H. 我能使人放心的是，对那些最基本的工作，我总能安排得井井有条。

四、我在工作团队中的特征是：
（ ）A. 我有兴趣更多地了解我的同事。
（ ）B. 我经常向别人的见解进行挑战或坚持自己的意见。
（ ）C. 在辩论中，我通常能找到论据去推翻那些不甚有理的主张。
（ ）D. 我认为，只要计划必须开始执行，我就有推动工作运转的才能。
（ ）E. 我有意避免使自己太突出或出人意料。
（ ）F. 对承担的任何工作，我都能做到尽善尽美。
（ ）G. 我乐于与工作团队以外的人进行联系。
（ ）H. 尽管我对所有的观点都感兴趣，但这并不影响我在必要的时候下决心。

五、在工作中，我得到满足，因为：
（ ）A. 我喜欢分析情况，权衡所有可能的选择。
（ ）B. 我对寻找解决问题的可行方案感兴趣。
（ ）C. 我感到我在促进良好的工作关系。
（ ）D. 我能对决策有强烈的影响。
（ ）E. 我能适应那些有新意的人。
（ ）F. 我能使人们在某项必要的行动上达成一致意见。
（ ）G. 我感到我身上有一种能使我全身心地投入到工作中去的气质。
（ ）H. 我很高兴能找到一块可以发挥我想象力的天地。

六、如果突然给我一项困难的工作，而且时间有限、人员不熟：
（ ）A. 在有新方案之前，我宁愿先躲进角落，拟订一个解脱困境的方案。
（ ）B. 我比较愿意与那些表现出积极态度的人一道工作。
（ ）C. 我会设想通过用人所长的方法来减轻工作负担。
（ ）D. 我天生的紧迫感将有助于我们不会落在计划后面。
（ ）E. 我认为我能保持头脑冷静并富有条理地思考问题。
（ ）F. 尽管困难重重，我也能保证目标始终如一。
（ ）G. 如果集体工作没有进展，我会采取积极措施去加以推动。
（ ）H. 我愿意展开广泛的讨论，意在激发新思想，推动工作。

七、对于那些在团队工作中或与周围人共事时所遇到的问题：

（ ）A. 我很容易对那些阻碍前进的人表现出不耐烦。

（ ）B. 别人可能批评我太重分析而缺少直觉。

（ ）C. 我有做好工作的愿望，能确保工作的持续进展。

（ ）D. 我常常容易产生厌烦感，需要一两个有激情的人使我振作起来。

（ ）E. 如果目标不明确，那么让我起步是很困难的。

（ ）F. 对于我遇到的复杂问题，我有时不善于加以解释和澄清。

（ ）G. 对于那些我做不到的事，我有意识地求助于他人。

（ ）H. 当我与真正的对立面发生冲突时，我没有把握使对方理解我的观点。

计分统计表

请把每道题中各句分数分别填入下表。每行代表题号，然后按照列的方向汇总分数。

一		G		D		F		C		A		H		B		E
二		A		B		E		G		C		D		F		H
三		H		A		C		D		F		G		E		B
四		D		H		B		E		G		C		A		F
五		B		F		D		H		E		A		C		G
六		F		C		G		A		H		E		B		D
七		E		G		A		F		D		B		H		C
总分	—		—		—		—		—		—		—		—
角色	—	CW		CO		SH		PL		RI		ME		TW		FI

团队角色测试分析

角色类型	典型特征	积极特性	能容忍的弱点	在团队中的作用
智多星 (Plant, PL)	有个性；思想深刻；不拘一格	才华横溢；富有想象力；智慧；知识面广	高高在上；不重细节；不拘礼仪	提出批评并有助于引出相反意见
外交家 (Resource Investigator, RI)	性格外向；开朗、热情；好奇心强；联系广泛；消息灵通，是信息的敏感者	有广泛联系人的能力；不断探索新的事物，勇于迎接新的挑战	事过境迁，见异思迁，兴趣会马上转移	提出建议，并引入外部信息（一个很好的比喻是：RI对于团队的作用，就像天线对于电视机，RI就是团队的天线，就是用来接收外界信号的。注意RI和PL的区别：PL的想法大都是原创的、自己想的，RI则更可能是这个人个性喜欢接受新鲜事物，因此更擅长整合外界新鲜信息）；接触持有其他观点的个体或群体；参加磋商性质的活动
协调员 (Coordinator, CO)	沉着；自信；有控制局面的能力	对各种有价值的意见不带偏见地兼容并蓄，看问题比较客观	在智能及创造力方面并非超常	时刻想着团队的大目标，明确团队的目标和方向；选择需要决策的问题，并明确它们的先后顺序；帮助确定团队中的角色分工、责任和工作界限；总结团队的感受和成就，综合团队的建议
推进者 (Shaper, SH)	思维敏捷；坦荡；主动探索	积极，主动，有干劲，随时准备向传统、低效率、自满自足挑战；有紧迫感，视成功为目标，追求高效率	好激起争端，爱冲动，易急躁，容易给别人压力；说话太直接，虽然SH总是就事论事，但是经常伤人不伤己	寻找和发现团队讨论中可行的方案。SH一旦找到自己认为好的方案或模式，他会希望团队都认可这一方案或模式，因此SH会强力地向团队成员推销自己认为好的方案或模式，使团队内的任务和目标成形，推动团队达成一致意见，并向目标行动。SH经常自觉不自觉地在团队中扮演第二领导的角色，即SH可能不是名义上的领导（CO一般是领导），但SH却给人二老板的感觉
监督员 (Monitor Evaluator, ME)	清醒；理智；谨慎	判断力强；分辨力强；讲求实际	缺乏鼓动和激发他人的能力；自己也不容易被别人鼓动和激发；缺乏想象力；缺乏热情	能分析问题和情景；对繁杂的材料予以简化，并澄清模糊不清的问题；对他人的判断和作用做出评价。基本上ME就是那种特喜欢给别人泼冷水的人，他们靠着强大的分析判断能力，敢于直言不讳地提出和坚持异议。但ME对于一个成功的团队来说是非常必要的，因为ME就是团队的守门员。一个没有守门员的球队是没法赢的
凝聚者 (Team Worker, TW)	擅长人际交往；温和、敏感，是人际关系的敏感者（注意：RI是外界信息的敏感者）	有适应周围环境及人的能力；能促进团队的合作；倾听能力最强	在危急时刻往往优柔寡断，一般很中庸	能给予他人支持，并帮助别人；打破讨论中的沉默；采取行动扭转或克服团队中的分歧
实干家 (Company Worker, CW)	保守；顺从；务实可靠	有组织能力、实践经验；工作勤奋；有自我约束力	缺乏灵活性，应变能力弱；对没有把握的主意不感兴趣	能把谈话与建议转换为实际步骤；考虑什么是行得通的，什么是行不通的；整理建议，使之与已经取得一致意见的计划和已有的系统相配合；实干家就是好的执行者，能够可靠地落实一个既定的计划，但却未必擅长制订一个新的计划
完美主义者 (Completer Finisher, FI)	勤奋有序；认真；有紧迫感	理想主义者；追求完美；持之以恒	常常拘泥于细节；焦虑感（注意和SH的不同，SH有紧迫感，但FI有焦虑感）；不洒脱	强调任务的目标要求和活动日程表；在方案中寻找并指出错误、遗漏和被忽视的内容；刺激其他人参加活动，并促使团队成员产生时间紧迫感

1-2 工作登记表

个人基本信息					
姓　　名		部　　门			
曾用名		身份证/护照号码			
性　　别		籍　贯		省　　市(县)	照片
民　　族		户口所在地		省　　市(县)	
血　　型		户口性质	农村/非农村		
婚姻状况		政治面貌	党员/团员/群众		
最高学历		入党/团时间			
毕业学校		院系/专业			
联系电话	家庭： 手机：	家庭详细地址 邮编			
首次参加工作时间	年　月　日	入司时间		年　月　日	
现专业职称		职称取得时间			
紧急情况下联系人		联系电话		与本人关系	

社会关系状况（仅限父母 配偶 子女）			
与本人关系	姓名	工作单位与职务	联系方式

工作经历（请顺序填写毕业后全部经历）			
任职期间	工作单位	部门	职务
年　月— 年　月			
年　月— 年　月			
年　月— 年　月			
年　月— 年　月			
年　月— 年　月			

所受学历教育（仅限高中以后）				
起止时间	学校或培训机构	专业或培训内容	学历	学位
年　月— 年　月				
年　月— 年　月				
年　月— 年　月				
年　月— 年　月				

专业特长	
外语	

我声明：
我已与原单位解除劳动关系。
我已如实告知公司我所承担的保密和竞业限制义务，因未主动告知而使公司遭受索赔的，公司有权向我追偿，我就该索赔承担一切法律责任。
以上填写内容完全属实，如有变更，我将及时通知公司。
本人其他需声明的内容：
　　　　　　　　　　　　　　　　　　　　　　　　　　签名：　　　　　　日期：

其他（专业资格证书）	

1-3

社会保险参保资料情况说明

1 我在 □北京　□其他城市（名称）_____缴纳过社会保险，原单位已为我缴纳至_____年____月，缴纳基数为_____。

2 我在 □北京　□其他城市（名称）_____缴纳过住房公积金，原单位已为我缴纳至_____年____月，缴纳基数为_____。

3 在北京是否有工作居住证：　□有　　□无

社保公积金办理材料（新参保需要，非新参保不需要）
我暂未向公司提交的资料如下：
□　身份证复印件，可以补齐的时间：_____月_____日
□　1寸白底彩色证件照片1张，可以补齐的时间：_____月_____日
现在无法提交的原因：
上述资料我承诺会在我约定的时间内补齐。

由于我无法提供上述资料作为缴纳社会保险必需的资料，因此我清楚地知晓公司目前尚无法为我缴纳社会保险。公司已经向我承诺，待我提供相应资料并公司确认后，可以根据社保中心相关规定为我补缴社会保险。但由此产生的相关处罚性费用(包括但不限于滞纳金)我愿意个人承担。

本人签名：　　　　　　　　　　　　日期：

1-4

劳 动 合 同 书

甲　　方：＿＿＿＿＿＿＿＿＿＿

乙　　方：＿＿＿＿＿＿＿＿＿＿

签订日期：＿＿＿＿年＿＿＿月＿＿日

甲方：
法定代表人：
地址：
邮政编码：
乙方：
身份证号码：
有效通信地址：
邮政编码：
联系电话：

根据《中华人民共和国劳动法》《中华人民共和国劳动合同法》及相关劳动法律法规、行政规章、知识产权法律保护方面的规定和企业依法制定的规章制度，双方本着平等自愿、协商一致的原则，订立本劳动合同，共同信守本合同所列条款，并确认本合同为解决争议时的依据。

一、工作内容、工作地点和劳动合同期限

第一条 乙方在甲方工作实行合同聘用制。甲方聘请乙方从事＿＿＿＿＿＿＿＿＿＿＿＿＿＿＿＿＿＿＿＿岗位工作，主要工作地点在＿＿＿＿＿＿＿＿＿＿，乙方工作可能需要较多、较长期地出差，且工作任务分配具有较多灵活性。乙方同意接受甲方的任何工作指派，到任何项目所在地工作，前提是甲方确保合理的工作条件。

第二条 乙方的工资发放、社会保险和住房公积金缴纳采用以下方式（ ）执行：

（一）乙方的工资和社会保险、住房公积金均由甲方发放、缴纳；

（二）乙方因个人诸多原因提出申请，经甲方审核，同意乙方如下事宜：

工资发放地点在＿＿＿＿＿＿＿＿＿，甲方委托＿＿＿＿＿＿＿＿＿＿＿＿＿＿＿＿＿＿＿＿＿公司协助办理，社会保险缴纳地点在＿＿＿＿＿＿＿＿＿，甲方委托＿＿＿＿＿＿＿＿＿＿＿＿＿＿＿＿＿＿＿＿＿公司协助办理，住房公积金缴纳地点在＿＿＿＿＿＿＿＿，甲方委托＿＿＿＿＿＿＿＿＿＿＿＿＿＿＿＿＿＿＿＿＿公司协助办理。

第三条 本合同期限采用下列第（ ）种方式。如遇乙方有法定顺延情形之一时，本合同期限顺延至法定情形消失。

(一)订立**固定期限劳动合同**，合同期限自＿＿＿＿年＿＿＿月＿＿＿日起至＿＿＿＿年＿＿＿月＿＿＿日止。(其中，试用期＿＿＿个月，自＿＿＿＿年＿＿＿月＿＿＿日起至＿＿＿＿年＿＿＿月＿＿＿日止)。

(二)订立**无固定期限劳动合同**，合同期限自＿＿＿＿＿＿年＿＿＿月＿＿＿日起。本合同履行期间，非法定终止或解除条件出现，不得终止和解除。

(三)本合同自＿＿＿年＿＿＿月＿＿＿日起，以完成＿＿工作任务为合同终止期限。

二、甲方对乙方的要求

第四条 乙方在甲方工作期间，必须严格遵守《中华人民共和国劳动法》《中华人民共

和国劳动合同法》及国家其他法律及甲方规章制度的有关规定。乙方违反国家相关法律法规及甲方规章制度规定的，甲方可依据本单位制度给予纪律处罚，直至解除本合同，并可移交有关部门依法追究乙方相应的法律责任。

第五条 乙方在甲方工作期间，职能权限应符合甲方规章制度和其他文件的规定：

（一）乙方确保达到甲方岗位的要求，按期完成甲方规定数量、质量指标的工作/生产任务；

（二）在规定的工作时间内，乙方须将全部的时间、精力、能力和技术，仅用于履行本合同规定的义务上，并有效地行使职权，尽最大努力协助甲方达到或超出预期的工作计划；

（三）乙方将遵守本合同的条款、有关法律法规和甲方内部的规章制度、纪律、文件，服从甲方合理的指示和决定，对甲方恪尽职守，不从事损害甲方利益的活动，不利用在甲方的地位和职权直接或间接地为自己或他人谋取私利；

（四）未经甲方书面同意，乙方在受聘期间内，不得直接或间接地从事任何与甲方正在或将要从事的经营活动类似的竞争活动。

第六条 甲方因生产和工作需要，依据乙方的专业、特长、工作能力和表现，需调整乙方工作岗位、工作内容及其工作报酬的，原则上应协商一致，但在以下情况下，甲方可单方做出调整，如需与乙方相应变更劳动合同内容的，乙方应当配合：

（一）乙方因违反国家规定或甲方规章制度，甲方依法或依照规章制度进行调整的；

（二）甲方因生产和工作需要，可以临时安排乙方从事其他岗位工作，工作期限由双方协商确定；

（三）乙方因患病或非因工负伤，在规定的医疗期满后不能从事原工作的；

（四）乙方达不到甲方生产服务、工作质量、数量等指标，不能胜任工作的；

（五）乙方在甲方从事的岗位为管理类岗位，甲方依据《干部管理制度》及相关规章制度对乙方进行任免的。

三、甲方为乙方提供的工作（生产）条件

第七条 甲方负责对乙方进行政治思想、职业道德、业务技术、安全生产及有关规章制度的教育和培训，乙方应认真参加甲方组织的各项必要的教育、培训。

第八条 根据国家和甲方的有关规定，甲方按工作需要为乙方提供必要的劳动设备和工作条件。

第九条 甲方为乙方提供符合国家规定的劳动安全卫生条件和必要的劳动防护用品及职业危害防护措施，并定期进行身体健康检查。

四、工作时间和休假制度

第十条 甲方实行国家统一规定的每日工作时间不超过八小时，每周工作时间不超过四十小时的工时制度。

甲方因工作需要安排乙方在正常工作时间以外进行加班的，应安排乙方同等时间补休或按照国家规定标准向乙方支付加班加点工资。对因乙方未在合理时间内完成相关工作，而由乙方自愿进行的加班不在此条规定范围之内。

乙方加班须按照甲方相关规章制度的规定征得甲方确认同意，否则不视为加班。

第十一条 乙方可按甲方和国家规定的标准和程序享受带薪休假，休假办法和其他工作期间的休息休假均按照国家及甲方《员工考勤管理制度》的有关规定执行。

乙方未事先办理请假手续而缺勤、请假未经批准而缺勤、以虚假理由请假、虽有考勤记录但不能证明本人在指定工作区域工作的行为，都视为严重违反公司规章制度的旷工行为。

五、劳动报酬和保险福利待遇

第十二条 乙方在甲方工作期间所享受的工资待遇、各种福利补贴及奖金分配按甲方颁布的在有效期内的《员工薪酬制度》和《绩效奖金计提考核办法》的有关规定执行。其中乙方基本工资按月支付，绩效工资和绩效奖金根据公司业绩（销售收入、利润、客户满意度、所在组织各项年度工作任务的完成结果等）和乙方转正后的实际表现确定。

甲方根据乙方的现任职务和工作岗位，确定乙方的试用期税前工资为_____元/月，转正后基本工资税前为_____元/月，年薪为_____元。

甲方可将下列费用和款项从付给乙方的工资中扣减或扣除：

（一）乙方的工资个人所得税；

（二）社会保险和住房公积金个人应缴纳的部分；

（三）按照有关规定，可从工资中扣除的其他款项。

第十三条 甲方有权根据生产经营状况，乙方工作岗位、工作内容、工作地点的变更和依法制定的劳动报酬分配办法调整乙方的工资待遇和薪酬结构。

第十四条 甲乙双方按国家和本合同确定的社会保险及住房公积金缴纳地人民政府的有关规定缴纳社会保险及住房公积金费用，具体按甲方有关规定执行。

第十五条 乙方在甲方享受的其他福利待遇按甲方有关规定执行。

六、劳动纪律和规章制度

第十六条 乙方应服从甲方的工作安排，遵守甲方依法制定的规章制度，严格遵守劳动安全卫生、生产工艺、操作规程和工作规范，爱护甲方的财产，遵守职业道德，积极参加甲方组织的培训，提高职业技能。

第十七条 乙方违反劳动纪律和规章制度，甲方可依据本单位规章制度（包括但不限于《员工奖惩制度》）给予各类处罚，直至解除本合同。

第十八条 甲方根据经营管理的需要，依法制定、修改规章制度。甲方依法制定的各项规章制度，甲方可通过向乙方提供书面文件、张贴通知、电子邮件、培训、公司内部网公告等方式向乙方公示或告知。乙方承诺会在第一时间详细了解甲方变更的相关信息。

七、劳动合同的变更、解除和终止

第十九条 有下列情形之一的，甲乙双方应变更本合同并及时办理变更合同手续：

（一）甲乙双方协商一致的；

（二）订立本合同所依据的客观情况发生重大变化，致使本合同无法履行的；

（三）订立本合同所依据的法律、法规、规章发生变化的。

一方要求变更本合同的，应将变更要求书面通知另一方，另一方应于15日内（含）书面答复对方；15日内(含)未答复的视为不同意变更本合同。

第二十条 经甲乙双方协商一致，本合同可以解除。

乙方在试用期后提前三十日或在试用期内提前三日以书面形式通知甲方，可以解除本合同。

第二十一条 本合同期限届满劳动合同即终止。甲乙双方经协商同意可以续订劳动合同。

第二十二条 乙方有下列情形之一的，甲方可以解除劳动合同，并且不支付经济补偿金：

（一）乙方在试用期间被证明不符合录用条件的，包括但不限于以下情形：

1. 乙方工作能力、表现不符合工作岗位需求的；

2. 乙方未能在上岗后 30 天内提供其被录用时要求提供的相关资料，致使甲方无法办理录用及社会保险缴纳手续的；

3. 在乙方到岗后一个月内，经甲方书面通知后，乙方不与甲方订立书面劳动合同的。

（二）乙方严重违反甲方规章制度的（包括但不限于《员工奖惩制度》等）；

（三）乙方严重失职，营私舞弊，给甲方造成重大损害的（重大损害指乙方给甲方造成 5000 元(含)以上经济损失的或者虽不足 5000 元但严重损害甲方公司声誉和形象的）；

（四）乙方同时与其他用人单位建立劳动关系经甲方提出拒不改正的；

（五）乙方以欺诈、胁迫的手段或者乘人之危，使甲方在违背真实意思的情况下订立或者变更合同，致使本合同无效的；

如乙方被查实在应聘时向甲方提供虚假的个人资料或隐瞒个人真实情况，包括但不限于以下情形的，则视为乙方使用欺诈手段，使甲方在违背真实意思的情况下订立或者变更合同：

1. 离职证明、身份证明、户籍证明、学历证明、体检证明、履历等是虚假或伪造的；

2. 应聘前患有精神病、传染性疾病、已怀孕或其他严重影响工作的疾病而在应聘时未声明的；

3. 应聘前曾受到其他单位记过、留厂察看、开除或除名等严重处分，或者有吸毒等劣迹而在应聘时未声明的；

4. 应聘前曾被劳动教养、拘役或者依法追究刑事责任而在应聘时未声明的。

（六）乙方被依法追究刑事责任的。

第二十三条 乙方有下列情形之一的，甲方可以按照国家有关规定解除本合同，但应提前三十日以书面形式通知乙方或者额外支付乙方一个月工资：

（一）乙方患病或者非因工负伤，医疗期满后，不能从事原工作也不能从事甲方另行安排的工作的；

（二）乙方不能胜任工作，经过培训或者调整工作岗位，仍不能胜任的；如果甲方对乙方在参加培训后安排考试的，考试不能通过的可视为仍不能胜任；

（三）本合同签订时所依据的客观情况发生重大变化，致使本合同无法履行，经甲乙双方协商不能就变更劳动合同达成协议的。

第二十四条 甲方有下列情形之一，需要裁减人员二十人以上或者裁减不足二十人但占甲方职工总数百分之十以上的，应提前三十日向工会或者全体职工说明情况，听取工会或者职工的意见后，裁减人员方案经向劳动行政部门报告，可以裁减人员：

（一）依照企业破产法规定进行重整的；

（二）生产经营发生严重困难的；

（三）企业出现转产、重大技术革新或者经营方式调整等情况，经变更劳动合同后仍需裁减人员的；

（四）其他因劳动合同订立时所依据的客观经济情况发生重大变化，致使劳动合同无法履行的。

甲方依照本条第一款裁减人员，在六个月内重新招用人员的，应当通知被裁减的人员，并在同等条件下优先招用被裁减的人员。

第二十五条　乙方有下列情形之一的，甲方不得依据本合同第二十三条、二十四条的规定终止、解除劳动合同：

（一）从事职业病危害作业，未进行离岗前职业健康检查，或者疑似职业病病人在诊断或者医学观察期间的；

（二）在甲方工作期间患职业病或者因工负伤并被确认丧失或者部分丧失劳动能力的；

（三）患病或者非因工负伤，在规定的医疗期内的；

（四）女职工在孕期、产期、哺乳期内的，但试用期被证明不符合录用条件的，或应聘时因向甲方提供虚假个人资料或隐瞒个人真实情况致使甲方在违背真实意思的情况下订立或者变更合同的除外；

（五）在甲方连续工作满十五年，且距法定退休年龄不足五年的；

（六）法律、行政法规规定的其他情况。

第二十六条　有下列情形之一，乙方可以解除本合同：

（一）甲方未按照劳动合同约定提供劳动保护或者劳动条件的；

（二）甲方未及时足额支付劳动报酬的；

（三）甲方未依法为乙方缴纳社会保险费的；

（四）甲方的规章制度违反法律、法规的规定，损害乙方权益的；

（五）甲方以欺诈、胁迫的手段或者乘人之危，使乙方在违背真实意思的情况下订立或者变更合同，致使本合同无效的；

（六）甲方以暴力、威胁或者非法限制人身自由的手段强迫乙方劳动的，或者甲方违章指挥、强令冒险作业危及乙方人身安全的，乙方可以立即解除劳动合同；

（七）法律、行政法规规定的其他情形。

第二十七条　有下列情形之一的，本合同终止：

（一）本合同期限届满的；

（二）乙方开始依法享受基本养老保险待遇的；

（三）乙方死亡或者被人民法院宣告失踪、死亡的；

（四）甲方被依法宣告破产的；

（五）甲方被吊销营业执照、责令关闭、撤销或者甲方决定提前解散的；

（六）法律、行政法规规定的其他情形。

第二十八条　本合同在依照相关条款解除或终止时，知识产权保护及保密协议仍然有效。乙方应立即停止以甲方名义从事一切活动，或根据甲方的要求完成其未了事务，结清所有财务账目，并归还甲方所有财产。包括但不限于：

（一）乙方负责保管、使用的所有有关甲方的管理、经营和产品的文件、档案及其复印件；

（二）甲方的供应商、客户，以及其他联系单位和个人的名单和资料；

（三）甲方为乙方配备的办公设备，以及包括公司资料和信息的软件、磁盘、硬盘、光盘和其他办公用品。

第二十九条　乙方离职时应按照甲方规定办理相关手续，甲方将在乙方交回用于证明乙方办结工作交接手续的离职流转程序文件后的当月工资支付日支付乙方应付未付的工资。乙方存在尚未处理完毕事宜时，甲方有权不予办理离职手续，乙方应承担全部责任和损失。

八、经济补偿与赔偿

第三十条　有下列情形之一的，甲方应当向乙方支付经济补偿：

（一）甲方依照本合同第二十三条、第二十四条第一款规定解除劳动合同的；

（二）除甲方维持或者提高本合同约定条件续订合同，乙方不同意续订的情形外，依照本合同第二十七条第一款规定终止固定期限劳动合同的；

（三）乙方依照本合同第二十六条规定解除劳动合同的；

（四）甲方依照本合同第二十条规定向乙方提出解除劳动合同并协商一致的；

（五）依照本合同第二十七条第（四）、（五）项终止劳动合同的；

（六）法律、行政法规规定的其他情形。

经济补偿按乙方在甲方工作的年限，每满一年甲方向乙方支付一个月工资，六个月以上不满一年的，按一年计算；不满六个月的，支付半个月工资。乙方月工资标准高于本合同确定的工资发放地人民政府公布的该地区上年度职工月平均工资三倍的，以月平均工资三倍作为经济补偿金的月工资标准，经济补偿的年限最高不超过十二年。经济补偿在乙方办结工作交接手续后再进行支付。

第三十一条　乙方接受甲方安排的专业技术培训项目，双方应当签订相应的培训协议。乙方的权利义务由培训协议具体规定，包括约定乙方受训后在甲方的服务期限。如乙方违反该协议及《员工培训管理办法》延长服务期的相关规定，应当按照约定向甲方支付违约金，对已履行部分服务期的，按照服务期尚未履行部分所应分摊的培训费用偿付。给甲方造成其他损失的，还应赔偿因此给甲方造成的其他损失（具体按甲方《员工培训管理办法》执行）。

第三十二条　乙方欠付甲方任何款项，或者乙方违反合同约定的条件解除劳动合同，给甲方造成任何经济损失，依照法律法规约定和合同约定应承担的赔偿责任，甲方有权从乙方的工资、绩效工资、绩效奖金及津贴、补贴等（包括并不限于此）中做相应的扣除。不够扣除的，甲方仍然有权就剩余部分向乙方追偿。

九、争议解决条款

第三十三条　因履行本合同发生的劳动争议，甲乙双方可以协商解决，协商不成，任何一方均有权自争议发生之日起六十日内向劳动合同履行地或甲方所在地劳动争议仲裁委员会申请仲裁。对仲裁裁决不服的，可以按照法律规定向人民法院起诉。

十、附则

第三十四条　甲方的规章制度（包括但不限于《员工考勤管理制度》《员工薪酬制度》《绩效奖金计提考核办法》《员工奖惩制度》《员工培训管理办法》《岗位职责》等）为本合同附件。本附件在公司内部网上公布，供乙方随时查阅或通过培训方式告知乙方。

第三十五条 本合同未尽事宜，双方另有约定的从约定；双方没有约定的从法律、法规和规章制度的规定。

第三十六条 本合同一式两份，甲乙双方各持一份，两份具有同等的法律效力。

第三十七条 本合同经甲乙双方签字（盖章）后生效。本合同生效前签订的相关协议文本的规定与本合同不一致的，以相关协议文本为准，相关协议的部分条款被依法认定为无效的不影响其他条款的效力。

第三十八条 双方在此确认，乙方的收件地址为本合同首页所明示的地址，甲方向该地址所送达的一切法律文书，均视为已经履行了对乙方的送达。

双方的收件地址和联系电话为甲乙双方联系的唯一固定地址及联系电话，若其中一方收件地址及联系电话发生变化，应立即书面通知另一方，否则视为未变更，由此造成甲乙双方联系障碍或损失的，由过错一方承担。

第三十九条 甲乙双方另行约定的其他条款：

_____

_____

乙方在此声明并保证，乙方已经对本合同所示的附件及甲方的规章制度进行了认真学习，并了解其内容。乙方可以合法地签署本合同并受本合同约束，且乙方签订本合同和履行本合同不会违反对乙方有约束力的任何其他合同、协议或规定。

甲方： 乙方：

法定代表人：

签订日期： 年 月 日

【免责声明】本合同中条款仅供教学使用，签订后不产生任何法律上的权利与义务。

劳动合同变更书

经甲乙双方平等自愿，协商同意，对本合同做如下变更：

甲方：　　　　　　　（盖章）　　　　　　　　　乙方：
法定代表人或授权委托人：　　　　　　　　　　　　（签字）
（签章）

　　　　　　　　　　　　　　　　　签订日期：　　年　　月　　日

劳动合同变更书

经甲乙双方平等自愿，协商同意，对本合同做如下变更：

甲方：　　　　　　　（盖章）　　　　　　　　　乙方：
法定代表人或授权委托人：　　　　　　　　　　　　（签字）
（签章）

　　　　　　　　　　　　　　　　　签订日期：　　年　　月　　日

劳动合同变更书

经甲乙双方平等自愿，协商同意，对本合同做如下变更：

甲方：　　　　　　　（盖章）　　　　　　　　　乙方：
法定代表人或授权委托人：　　　　　　　　　　　　（签字）
（签章）

　　　　　　　　　　　　　　　　　签订日期：　　年　　月　　日

1-5

知识产权保护及保密协议

甲方：
法定代表人：
地址：
邮政编码：

乙方：
身份证号码：

鉴于乙方受聘于甲方及其对甲方所承担的责任，乙方在聘用期间，将在其职务工作中做出一些研究、开发结果，或者因业务需要接触到甲方拥有的或合法使用的知识产权、各项研究和开发结果以及甲方有关技术、市场、经营管理等方面的商业秘密。为保护甲方的知识产权，保守甲方的商业秘密，同时维护乙方的合法权益，双方本着平等自愿、协商一致的原则签订本协议，并共同遵守本协议所列条款。

第一章 定义

第一条 本协议所称知识产权是指（包括但不限于）归属于甲方所有的：

（一）计算机软件及其他作品的著作权。

（二）注册商标、字号的专用权及其他商标、标识、标记的知识产权权利。

（三）专利权和专利申请权，包括但不限于职务发明创造（含技术发明、外观设计、实用新型等）的专利权和专利申请权。

（四）职务作品（包括但不限于产品文档、产品原型、产品源代码、产品目标代码、产品数据文件、工具、模型、论文、报告、图书、图册、地图、摄影、声像、文字、工程设计、产品设计图纸等）的著作权。

（五）专有技术或其他专有权利。

第二条 本协议所称商业秘密是指以甲方为权利人的，能给甲方带来经济利益的，非公知的具有实用性的并经甲方采取保密措施的以纸及电子介质记载的所有信息，包括但不限于以下类型：

（一）关于产品与技术开发的信息，包括：甲方现有的及正在开发或者构想之中的业务规划、产品计划、产品开发计划、产品分析设计、产品原型、计算机软件及其算法、测试方案、数据、手册、报告、工具、开发过程与规范、未公开的专利、产品课件、研发最佳实践等方面的信息，以及相关的文档资料、源代码、目标代码、图纸、数据文件等。

（二）关于市场营销的信息，包括：甲方现有的、正在开发或者构想之中的营销计划、市场计划、销售方法、宣传方法、供应商、经销商、合作单位等商业伙伴信息、客户信息、客户的专门需求，未公开的销售、服务网络，以及经营项目、招投标项目等信息。

（三）关于服务的信息，包括：甲方现有的、正在开发或者构想之中的产品实施及维护、商业伙伴服务、咨询服务、培训教育等工作中的服务业务计划、方案、质量信息、工作进度、其他服务状况及其相关的文档资料、计算机软件等技术开发信息。

（四）关于运营管理的信息，包括：甲方现有的、正在开发或者构想之中的经营模式、经营规模、组织结构、经营方针与计划、人事、财务、薪资、福利、采购、内部信息系统权限与密码等信息，以及内部管理体系、业务流程、各种重要管理文件等。

（五）关于甲方法律关系的信息，如甲方合同的签订、履行情况，知识产权申请、许可、转让情况，诉讼、仲裁、纠纷、争议情况等。

（六）甲方内部信息系统和知识管理系统内的各类知识文档、信息资料和知识产权信息等（知识管理系统包括但不限于"团队知识库""知识资产库"等；内部信息系统包括研发搜索平台、各部门资料库等）。

（七）其他商业秘密：

（1）甲方客户的知识产权和商业秘密；

（2）甲方合作伙伴的知识产权和商业秘密；

（3）按照法律规定及/或协议约定，甲方负有保密责任的第三方保密信息（包括但不限于商业秘密）；

（4）甲方要求乙方保密的、与甲方相关的其他信息。

第三条 本协议所称职务开发结果是指：

（一）乙方在聘用期间，在履行本职工作中或者履行甲方交付的与本职工作无关的任务时或者主要利用甲方的物质技术条件、资源及商业秘密所完成的或者所构想的所有创作、研究、开发成果及已经开始但尚未完成的任何阶段性创作、研究、开发成果，以及对甲方现有创作、研究、开发成果的改进。

（二）乙方接受甲方委派在其他单位（包括但不限于客户单位、伙伴单位）工作期间做出的创作、研究、开发成果也属于职务开发结果，除非甲方另有规定。

（三）不论何种原因，乙方与甲方劳动关系终止后一年内做出的与其在原单位承担的本职工作或与其在甲方工作时分配的任务有关的创作、研究、开发成果。

（四）按照国家法律规定或乙方与甲方签署的劳动合同和本协议中约定的应归甲方享有的其他智力劳动成果。

第四条 本协议所称聘用期间，是指甲乙双方劳动关系建立至劳动关系终止。

第二章 知识产权的归属与保护

第五条 在任何情形下乙方均不得侵犯甲方的知识产权。

第六条 职务开发结果的知识产权保护。

（一）乙方在聘用期间做出的所有职务开发结果应立即向甲方报告。

（二）除了法律另有规定，乙方任何职务开发结果所含或可能形成的知识产权均归甲方所有，甲方在其业务范围内可充分自由地利用这些开发结果及知识产权进行生产、经营、再开发或处分。

（三）乙方同意按照甲方的要求，协助甲方采取取得和保持上述职务开发结果知识产权所需的一切法律行动，包括但不限于申请、注册、登记等；并同意按照甲方的要求，出具必要的文件、采取必要的措施，以确认甲方对上述职务开发结果拥有知识产权。

第七条 非职务开发结果的知识产权归属

（一）乙方所得的创作、研究、开发成果不是执行其在甲方的本职工作或甲方交付的其他任务的结果，而是完全利用自己的时间，同时又未使用甲方的知识产权、商业秘密、物质

技术条件、资源所得的结果,则该结果的知识产权归乙方所有。但以下情形除外:

(1) 该创作、研究、开发成果与甲方的业务密切相关;

(2) 该创作、研究、开发成果是抢先占用了甲方的创作、研究、开发成果;

(3) 该创作、研究、开发成果是在乙方的职务开发结果的基础上形成的。

(二) 乙方主张其创作、研究、开发成果为非职务开发结果并申明其享有知识产权的,需经甲方核实、确认。

(1) 由乙方享有知识产权的,甲方不得在未经乙方明确许可的前提下,以任何方式使用该创作、研究、开发成果;

(2) 乙方没有申明的,即视为职务开发结果,即使日后证明该创作、研究、开发成果实际为非职务开发结果,乙方亦不得要求甲方承担任何责任;

(3) 乙方申明后,甲方对该创作、研究、开发成果的权属有异议的,双方可协商解决,协商不成的,可通过仲裁或诉讼途径解决。

第八条 其他单位的知识产权。

(一) 乙方如果为新入职人员,其所携带的知识产权经甲方同意后可以转让给甲方,乙方可以要求甲方支付合理的费用,但乙方必须确认并保证其合法拥有该知识产权并出具书面承诺。如因乙方转让给甲方其所携带的知识产权引起侵权等法律纠纷,一切责任由乙方承担。如能提供相应的证据,乙方应予以提供。

(二) 乙方如因职务工作需要而确需使用包括原工作单位在内的其他单位知识产权的,应符合法律规定及甲方与该单位的合同约定,并在本职工作范围内合理使用。甲方不接受乙方任何非法使用其他单位知识产权的行为,因该非法使用而产生的一切责任由乙方承担。

第九条 乙方承诺,除第七条约定的权利归乙方所有的情形外,乙方在甲方聘用期间所产生的所有知识产权及智力成果的权利均归属于甲方。

第十条 甲方如有需要,乙方应协助甲方在任何国家和地区通过正常合理的途径执行所有与知识产权注册有关的事务,包括:

(一) 知识产权的申请、获取、延续及法律回复(除非甲方另有指示外)。

(二) 在提出上述权利申请遭反对或拒绝时,或经法律程序反对上述知识产权时,或提出呈请或申请撤销上述知识产权时,协助甲方做出答辩。

(三) 配合甲方进行与知识产权保护有关的法律行动。

第十一条 乙方保证在执行本协议时,无意将现已存在的构思、程序、发明、发现、改进措施排除在本协议之外,并且,至今并没有与任何第三方(包括但不限于政府部门)签订任何涉及转让上述构思、程序、发明、发现、改进措施的法律文件。

第十二条 不论何种原因,乙方与甲方终止劳动关系一年内所得的与其在甲方工作时所承担的本职工作或分配的任务有关的创作、研究、开发成果,其知识产权均归甲方所有,甲方可以根据乙方提出的申请给予适当奖励。

第十三条 当发现甲方知识产权受到侵害或被非法使用时,乙方有义务通知甲方并采取合理措施协助甲方,防止侵害的扩大或进一步散失。

第三章 商业秘密的保护

第十四条 乙方在聘用期间:

(一) 应遵守甲方制定的以各种形式存在的保密规章制度,履行与其工作岗位相应的保密职责；

（二）因工作需要接触或使用甲方的商业秘密，应按照甲方要求的范围和程度使用。乙方绝不能为其他目的而使用甲方的商业秘密，更不得利用甲方商业秘密为与甲方有竞争关系的单位或个人工作、提供帮助，或通过任何途径泄漏给任何第三方，包括不应知悉该商业秘密的甲方其他员工。

（三）若甲方的保密规章制度没有规定或者规定有不明确之处，乙方亦应本着谨慎、诚实的态度，采取任何必要、合理的措施，维护其于任职期间知悉或者持有的甲方秘密。

第十五条 在处理商业秘密时，乙方必须遵守下列行为准则。

（一）如果与甲方外部人员或单位分享商业秘密信息是必要和适当的，均应要求对方签署保密协议。

（二）不得泄露商业秘密。在可能被无意中听到或被偷听的场合（包括餐厅、饭店、公共交通工具、电梯等公共场所，以及网上聊天室、微博、社区等），应避免讨论秘密信息，必须讨论的，讨论秘密信息时应当小心谨慎，避免泄露；在整理和存放与商业秘密相关的文件时也应当小心谨慎，不得泄露。

（三）未经甲方书面同意，乙方不得随意进行复制、交流或转移含有甲方商业秘密的资料，不得在学术会议、产品展示会、技术鉴定会等会议或活动以及媒体、信息网络等媒介上披露甲方商业秘密。

（四）以纸质或电子形式通过邮政、电信、互联网等通信传输方式（包括但不限于通过信函、传真、短信息、电子邮件、微博、微信、QQ、社区等）发送的含有甲方商业秘密的文件，发件人应在发送前仔细核对收件人信息，并在显著位置标明声明文字"本邮件及附件均含有保密信息并受相关法律法规保护，仅供本邮件的预期收件人按发件人允许合法使用。如果您不是本邮件的预期收件人，请立即回复告知发件人并删除本邮件及附件。未经本邮件的发件人允许，严禁任何人对本邮件、附件或其包含的信息进行散播、披露或复制。谢谢！"。

第十六条 如乙方工作中涉及甲方或甲方关联公司内幕信息，必须严格遵照《公司内幕信息知情人登记管理制度》中的相关规定和要求。

第十七条 乙方因工作需要或其他原因调离原工作岗位或离开甲方，应将接触到的以电子或其他任何介质记载、存储的所有甲方商业秘密的文档、记录、笔记、数据、软件程序、提纲、模型等资料如数交回甲方，尤其对软件等产品开发资料（包括但不限于产品的文档资料、源代码、目标代码、图纸、数据文件）应做专项移交。乙方不得复制留存或擅自带走本条约定的任何资料。

第十八条 不论何种原因，乙方与甲方劳动关系终止后，仍有义务为甲方保守商业秘密，不得将其泄漏给任何第三方；未经甲方同意，不得利用甲方商业秘密进行生产和经营，或进行新的创作、研究和开发，直到这些信息在本行业中成为公知性信息为止。

第十九条 当发现甲方的商业秘密被非法使用或泄漏时，乙方有义务通知甲方并采取合理措施。

第二十条 乙方承诺，在为甲方履行职务时，决不擅自使用任何属于他人的商业秘密，也不擅自实施可能侵犯他人知识产权的行为。因违反该承诺而导致甲方受到第三方指控时，乙方应承担甲方为应诉而支付的一切费用。甲方因此而承担侵权赔偿责任的，有权向乙方追偿。

第四章　违约责任

第二十一条　甲乙双方若有违反上述条款的行为，将承担违约行为的法律责任，并赔偿因其违约行为给对方造成的经济损失。

第二十二条　免责条款

如果乙方因按照国家法律法规规定，需配合国家行政、执法机关执行国家公务时，应立即上报甲方，经甲方同意后透露本协议约定的知识产权或商业秘密的，可免除违约责任。

第五章　附则

第二十三条　如存在下列情况，乙方在签订本协议和《劳动合同》前，应向甲方书面说明：

（一）乙方在此之前已经拥有的各项专利技术、著作权和商业秘密；

（二）乙方在此之前按照法律或协议已经向任何第三方承担保密义务的商业秘密；

（三）乙方在此之前已经向任何第三方许诺在一定时期、一定工作领域内不得从事的活动。

乙方因未履行上述说明义务，给甲方造成损失及其他后果，由乙方承担一切责任。

第二十四条　乙方承诺，已阅读过本协议，确切了解协议条款的法律含义，并保证严格遵守甲方知识产权和保密管理制度的规定，保守甲方的商业秘密，保护甲方的知识产权不受侵犯。

第二十五条　本协议如与双方以前的口头或书面的协议有抵触，以本协议为准。本协议签署后，非经双方同意并签署书面修改协议，不得修改。

第二十六条　本协议一式二份，甲方执一份，乙方执一份，具有相同法律效力。

第二十七条　本协议经甲方盖章、乙方签字后生效。

甲方：　　　　　　　　　　　　　　　　乙方：

法定代表人：

　　　　　　　　　　　　　　　　　　签订日期：　　　年　　　月　　　日

【免责声明】本协议中条款仅供教学使用，签订后不产生任何法律上的权利与义务。

1-6

姓 名　王美丽
性 别　女　民 族　汉
出 生　1991 年 6 月 4 日
住 址　福建三明市三元区

公民身份号码　350403199106044522

中华人民共和国
居民身份证

签发机关　三明市公安局
有效期限　2011.02.28-2031.02.28

1-7

普通高等学校
毕业证书

学生 王美丽 性别 女，一九九一 年 六 月 四 日生，于二〇〇九 年 九 月至二〇一二 年 六 月在本校 计算机科学与技术 专业 三年制专科学习，修完教学计划规定的全部课程，成绩合格，准予毕业。

校　名：北京科技职业学院　　校（院）长：张田立

证书编号：1370312012063066666　　二〇一二 年 六 月 三十 日

中华人民共和国教育部学历证书查询网址：www.chsi.com.cn

1-8

健康体检报告
MEDICAL EXAMINATION REPORT

王美丽　　　　项目号：A1540210　　　　性别：女

单　　位：TZ 网络科技有限公司
联系电话：189****9990　　　　项目简称：TZ
员工号：
类　　别：入职　　　　　　　　卡　号：0010900083063100
部　　门：
报告递送方式：纸质报告　　　　报告接收人：
递送地址：
邮　　编：　　　　　　　　　　体检号：2120150920052
北京中关村体检分院一部　　　　检查日期：2017.03.07

尊敬的 王美丽 女士：您好！
　　北京中关村体检分院一部欢迎您的光临，感谢您对我们的信任和支持。现将您 2017 年 3 月 7 日的体检报告呈上，希望能为维护您的健康提供参考。
　　报告阅读说明：
　　您本次体检报告由健康信息、本次体检主要异常指标汇总及专家指导建议和本次体检结果等部分组成。
　　健康体检数据只是针对本次体检覆盖的相关器官的相关项目或指标的检查结果，并非能覆盖人体全部器官及全部指标。如果您提供健康信息不完整，可能会导致体检结果有偏差。
　　由于体检选项及医学本身的局限性，本次体检未见异常并不代表没有疾病，如您有不适症状，请及时到医院就诊。

健康体检结果

• 一般项目检查				检查者：王瑜
检查项目	测量结果	单位	异常描述	正常参考值
身高	163.0	cm		
体重	46.5	Kg		
体重指数	17.5		↓	18.5~23.99
收缩压	101	mmHg		90~139
舒张压	60	mmHg		60~89
初步意见	体重指数降低			

• 血常规			操作者：崔淑慧		审核者：岳钟华
检查项目	缩写	测量结果	提示	参考区间	单位
白细胞计数	WBC	4.6		4.0～10.0	10^9/L
淋巴细胞百分比	LYM%	46.9		20～50	%
中间细胞百分比	MON%	6.7		3～12	%
中性粒细胞百分比	GRA%	56.4		50～70	%
淋巴细胞绝对值	LYM#	2.2		0.8～5.0	10^9/L
中间细胞绝对值	MON#	0.3		0.1～0.8	10^9/L
中性粒细胞绝对值	GRA#	2.1		2.0～7.2	10^9/L
红细胞计数	RBC	4.29		3.5～5.0	10^12/L
血红蛋白	HGB	131		110～150	g/L
红细胞压积	HCT	0.386		0.35～0.49	L/L
平均红细胞体积	MCV	90.0		80.0～00.0	fL
平均红细胞血红蛋白含量	MCH	30.5		26.0～38.0	pg
平均红细胞血红蛋白浓度	MCHC	339		300～400	g/L
红细胞分布宽度-变异系数	RDW-CV	13.6		10～15	%
血小板计数	PLT	206		100～300	10^9/L
平均血小板体积	MPV	11.3		6.8～13.5	fL
血小板分布宽度	PDW	13.1		10～15	fL
小结		未见明显异常			

此检验结果仅对本次标本负责，仅供临床参考

• 尿常规			操作者：白琳		审核者：吴荣芝
检查项目	缩写	测量结果	提示	参考区间	单位
尿比重	SG	1.015		1.005～1.030	
尿酸碱度	PH	7.0		4.5～8.0	
尿白细胞	LEU	阴性		阴性	
尿亚硝酸盐	NIT	阴性		阴性	
尿蛋白质	PRO	阴性		阴性	
尿糖	GLU	阴性		阴性	
尿酮体	KET	阴性		阴性	
尿胆原	URO	阴性		阴性	
尿胆红素	BIL	阴性		阴性	
尿隐血	OBT	阴性		阴性	
小结		未见明显异常			

此检验结果仅对本次标本负责，仅供临床参考

• 实验室检查			操作者：梁艳		审核者：吴秀娟
检查项目	缩写	测量结果	提示	参考区间	单位
丙氨酸氨基转移酶	ALT	17		0～40	U/L
小结		未见明显异常			

此检验结果仅对本次标本负责，仅供临床参考

· 心电图室		检查者：张兵
检查项目	检查结果	单位
心电图	心电图大致正常，窦性心动过缓	
初步意见	窦性心动过缓	
· 放射科		检查者：庞巧云
检查项目	检查结果	单位
胸部	胸廓对称，骨结构完整，双肺清晰，心膈未见异常	
初步意见	未见明显异常	

专家建议与指导

【1】体重指数低：

1. 体重指数（体重(kg)÷身高(m)的平方）小于 18.5 为体重指数低；
2. 建议加强营养、平衡饮食，锻炼身体、增强体质。

【2】窦性心动过缓：

1. 指心率＜60 次/分，大多数心动过缓无重要的临床意义，如运动员、经常运动健身的人，少数见于冠心病、病窦综合征等；
2. 如果您有胸闷、心悸、气短等症状，或显著心动过缓，必要时进一步做 24 小时动态心电图，请到心血管内科进一步诊治。

评审医师：白 玉 霞
主检医师：顾 芳

1-9

离职证明

兹证明 __王美丽__ （身份证号码：__350403199106044522__），自 __2014__ 年 __09__ 月 __01__ 日至 __2017__ 年 __02__ 月 __28__ 日在我公司 __北京万孚科技有限公司__ 从事 __人力资源__ 工作。

现与我公司正式解除劳动合同关系，并办理完毕全部离职手续。

特此证明。

公司名称（加盖公章）
2017 年 02 月 28 日

1-10

招商银行储蓄卡复印件

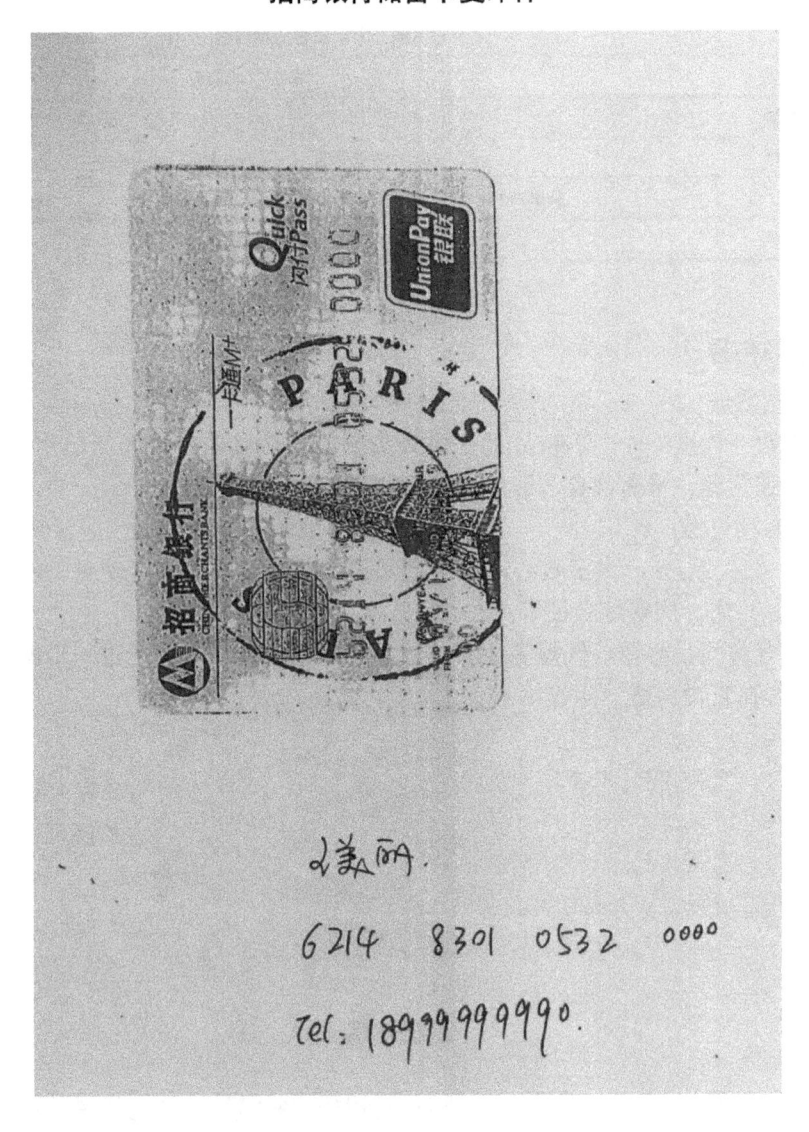

刘美丽

6214 8301 0532 0000

Tel: 18999999990

员工试用期绩效计划

员工姓名：		所属部门：人力资源部		入职时间：			
考核期间： 20__年__月__日 — 20__年__月__日							

一、试用期绩效计划

指标类型	绩效指标	指标权重	目标值（计划完成情况）	评分标准	实际完成情况（结果）	自评分	考核上级评分
关键业绩指标(80%)	依照公司相关制度、流程执行工作	40%	合规度达95%	合规度=合规操作工作任务数量/全部工作任务数量×100% 每低1%扣2分，最高扣30分			
	完成各项工作的准备率	20%	准确率达90%	准确率=任务正确完成数量/全部任务数量×100%； 每低1%扣2分，最高扣20分			
	完成各项工作的及时率	20%	及时率达90%	及时率=按时完成任务数量/全部任务数量*100% 及时率大于等于85%小于90%时，扣5分 及时率大于等于80%小于85%时，扣12分 及时率大于等于75%小于80%时，扣20分 每主动完成一项挑战任务，额外加5分，最高加20分			
个人成长指标(20%)	对相关制度、流程的学习	20%	学习掌握度达90%	学习掌握度=完成《新员工培训知识列表》90%内容的学习 每低1%扣2分，最高扣20分			
	总计	100%	——	——	——		

以下内容我已知晓：
  若试用期考核通过，公司将准许转正；
  若试用期考核不通过，将对我的岗位、薪酬进行调整或解除与我签订的劳动合同。

员工签字：　　　　　　年　月　日

考核上级审批

签字：　　　　　　年　月　日

附录2　企业认知训练教辅资料

TZ 网络科技有限公司新员工入职保证书

（由本人阅读并签署）

以下制度本人均已仔细阅读并同意制度内容，本人保证严格按照制度规定执行，如因本人违反以上制度而造成的损失，本人愿意承担一切责任，并赔偿公司受到的全部损失。

制度包括：

1.《考勤与休假管理制度》（签发日期：2017 年 01 月 01 日）；
2.《公司培训管理规范》（签发日期：2017 年 01 月 01 日）；
3.《绩效考核实施细则》（签发日期：2017 年 01 月 01 日）；
4.《薪酬管理制度》（签发日期：2016 年 09 月 01 日）；
5.《干部管理制度》（签发日期：2016 年 10 月 10 日）；
6.《专业人员发展与管理制度》（签发日期：2016 年 10 月 10 日）。

保证人：
日期：

附录3　全岗体验训练教辅资料

3-1　　应聘人员面试评价表A

姓名		应聘部门（一级）		应聘末级部门	
岗位		工作地点		编制类型	□正编　□实习生

表一：HR面试填写部分

- **资格审核**（人力资源招聘专岗或指定授权人填写）

仪表形象：	□	较好	□	尚可	□	欠佳
行为举止与谈吐：	□	较好	□	一般	□	较差
专业背景：	□	符合	□	较符合	□	不符
工作经验：	□	符合	□	较符合	□	不符或较少
求职动机：						
稳定性/离职原因：						

- **通用胜任能力评价**

填写说明：下表是对此序列不同岗位级别通用胜任力的要求，请在候选人能力评价框内对候选人的实际能力进行评价（空白处可自行确定考核内容，并进行评价）。

等级递进分别为：了解（1~3分）——熟悉（3~6分）——掌握（6~8分）——精通（8~10分）

通用胜任力	要求				候选人能力评价
	了解	熟悉	掌握	精通	
有效沟通	1~3分	3~6分	6~8分	8~10分	评核分数：
学习与创新	1~3分	3~6分	6~8分	8~10分	评核分数：
服务客户	1~3分	3~6分	6~8分	8~10分	评核分数：
团队影响力	1~3分	3~6分	6~8分	8~10分	评核分数：
	1~3分	3~6分	6~8分	8~10分	评核分数：
	1~3分	3~6分	6~8分	8~10分	评核分数：

面试评价
优势：
短板：（请重点记录，不得为空，此内容将作为转正答辩时重点考核的指标）

- **考核评价结论**

通用能力评定岗位等级为：
□ 不符合岗位要求
□ 初级　　□中级　　□高级　　□专家
如不符合此岗位要求，建议推荐部门（没有请填写无）：
HR面试负责人签字：＿＿＿＿＿＿　　　年　　月　　日

3-2 应聘人员面试评价表 B

姓名		应聘部门（一级）		应聘末级部门		
岗位		工作地点		编制类型	□正编	□实习生

表一：HR 面试填写部分

● 资格审核（人力资源招聘专岗或指定授权人填写）

仪表形象：	□	较好	□	尚可	□	欠佳
行为举止与谈吐：	□	较好	□	一般	□	较差
专业背景：	□	符合	□	较符合	□	不符
工作经验：	□	符合	□	较符合	□	不符或较少
求职动机：						
稳定性/离职原因：						

● 通用胜任能力评价

填写说明：下表是对此序列不同岗位级别通用胜任力的要求，请在候选人能力评价框内对候选人实际能力进行评价（空白处可自行确定考核内容，并进行评价）。

等级递进分别为：了解（1~3 分）——熟悉（3~6 分）——掌握（6~8 分）——精通（8~10 分）

通用胜任力	要求				候选人能力评价
	了解	熟悉	掌握	精通	
有效沟通	1~3 分	3~6 分	6~8 分	8~10 分	评核分数：
学习与创新	1~3 分	3~6 分	6~8 分	8~10 分	评核分数：
服务客户	1~3 分	3~6 分	6~8 分	8~10 分	评核分数：
团队影响力	1~3 分	3~6 分	6~8 分	8~10 分	评核分数：
	1~3 分	3~6 分	6~8 分	8~10 分	评核分数：
	1~3 分	3~6 分	6~8 分	8~10 分	评核分数：

面试评价

优势：

短板：（请重点记录，不得为空，此内容将作为转正答辩时重点考核的指标）

● 考核评价结论

通用能力评定岗位等级为：

□ 不符合岗位要求
□ 初级　　□ 中级　　□ 高级　　□ 专家

如不符合此岗位要求，建议推荐部门（没有请填写无）：

HR 面试负责人签字：＿＿＿＿＿＿　　年　月　日

3-3 应聘人员面试评价表（职能类）

表二：用人部门面试官填写部分
- 专业胜任能力评价

填写说明：下表是对人力资源不同岗位级别专业胜任力的要求，请在候选人能力评价框内对候选人的实际能力进行评价（空白处可自行确定考核内容，并进行评价）。

专业胜任力	要求				候选人能力评价
	了解	熟悉	掌握	精通	
人力资源专业知识	1~3分	3~6分	6~8分	8~10分	评核分数：
绩效体系设计	1~3分	3~6分	6~8分	8~10分	评核分数：
绩效方案编写	1~3分	3~6分	6~8分	8~10分	评核分数：
绩效方案实施	1~3分	3~6分	6~8分	8~10分	评核分数：
绩效沟通	1~3分	3~6分	6~8分	8~10分	评核分数：
	1~3分	3~6分	6~8分	8~10分	评核分数：
面试评价					
优势： 短板：（请重点记录，不得为空，此内容将作为转正答辩时重点考核的指标）					

- 考核评价结论

专业能力评定岗位等级为：
☐ 不符合研发技术要求，建议推荐部门（没有请填写无）：
☐ 初级　　　☐ 中级　　　☐ 高级　　　☐ 专家
录用建议：☐ 录用　　☐ 不录用　　☐ 待定

面试负责人签字：_____　　年　月　日

3-4　　应聘人员面试评价表（销售类）

表二：用人部门面试官填写部分

● 专业胜任能力评价

填写说明：下表是对营销序列不同岗位级别专业胜任力的要求，请在候选人能力评价框内对候选人的实际能力进行评价（空白处可自行确定考核内容，并进行评价）。

专业胜任力	要求				候选人能力评价
	了解	熟悉	掌握	精通	
影响力	1~3分	3~6分	6~8分	8~10分	评核分数：
成就欲、主动性	1~3分	3~6分	6~8分	8~10分	评核分数：
洞察力	1~3分	3~6分	6~8分	8~10分	评核分数：
思维能力（分析、概念）	1~3分	3~6分	6~8分	8~10分	评核分数：
产品知识	1~3分	3~6分	6~8分	8~10分	评核分数：
客户意识	1~3分	3~6分	6~8分	8~10分	评核分数：
笔试分数			机试分数		
面试评价					

优势：

短板：（请重点记录，不得为空，此内容将作为转正答辩时重点考核的指标）

● 考核评价结论

专业能力评定岗位等级为：
□ 不符合销售中心要求，建议推荐部门（没有请填写无）：
□ 业务代表　　　□ 业务主管　　　□ 业务经理　　　□ 业务总监
录用建议：□ 录用　　□ 不录用　　□ 待定

面试负责人签字：_____　　　年　　月　　日

3-5　应聘人员面试评价表（研发技术类）

表二：用人部门面试官填写部分

● 专业胜任能力评价

填写说明：下表是对研发技术序列不同岗位级别专业胜任力的要求，请在候选人能力评价框内对候选人的实际能力进行评价（空白处可自行确定考核内容，并进行评价）。

专业胜任力	要求				候选人能力评价
	了解	熟悉	掌握	精通	
软件设计	1~3分	3~6分	6~8分	8~10分	评核分数：
代码实现	1~3分	3~6分	6~8分	8~10分	评核分数：
开发技术	1~3分	3~6分	6~8分	8~10分	评核分数：
业务知识	1~3分	3~6分	6~8分	8~10分	评核分数：
	1~3分	3~6分	6~8分	8~10分	评核分数：
	1~3分	3~6分	6~8分	8~10分	评核分数：
笔试分数			机试分数		
面试评价					
优势：					
短板：（请重点记录，不得为空，此内容将作为转正答辩时重点考核的指标）					

● 考核评价结论

专业能力评定岗位等级为：

□ 不符合研发技术要求，建议推荐部门（没有请填写无）：

□ 初级助理工程师　　□ 中级工程师　　□ 高级工程师　　□ 技术专家

录用建议：□ 录用　　□ 不录用　　□ 待定

面试负责人签字：_____　　年　月　日

3-6

入职审批表

部门/项目经理确认信息
归属末级部门：_____ 岗位：_____ 岗位级别：_____（初/中/高级/专家） 导师：_____ 人员类别：□ 正式员工　　□ 实习生 　　　　　　　　　　　　　　　　　部门经理签字：　　　　年　月　日
招聘岗确认信息
确认录用信息： □同意　　□不同意，请注明调整结果_____；试用期：□有　□无，原因_____ 岗位名称：_____ 岗位级别：_____ 年薪：_____ 基本工资占比：_____ 转正工资：_____ 试用期工资：_____ 餐补发放标准：_____ 　　　　　　　　　　　　　　　　招聘负责人签字：　　　　年　月　日
事业部总经理意见
建议： □同意 □不同意，建议调整：_____ 　　　　　　　　　　　　　　　　签字：可邮件审批　　　年　月　日
薪酬岗意见
建议： □同意 □不同意，建议调整：_____ 　　　　　　　　　　　　　　　　　　签字：　　　　　　年　月　日
人力资源经理意见
建议： □同意 □不同意，建议调整：_____ 　　　　　　　　　　　　　　　　　　签字：　　　　　　年　月　日
总裁意见（专家及以上或薪资超过标准线需要）
建议：□ 同意　□不同意　建议调整：_____ 　　　　　　　　　　　　　　　　　总裁签字：　　　　　年　月　日

3-7

离职证明

兹证明_____（身份证号码：_____），自_____年___月___日至____年__月__日在我公司_____从事_____工作。

现与我公司正式解除劳动合同关系，并办理完毕全部离职手续。

特此证明。

公司名称（加盖公章）

年　　月　　日

离职证明存根

_____（身份证号码：_____），已于_____年__月__日将离职证明取走，以此留存。

签字：

年　月　日

参 考 文 献

[1] 国家职业分类大典和职业资格工作委员会. 中华人民共和国职业分类大典. 北京：中国劳动社会保障出版社，2015.

[2] 张建各. 职业道德模拟汇编. 北京：光明日报出版社，2015.

[3] 景扬，彭万忠. 恪守职业道德 提升职业素养. 北京：企业管理出版社，2015.

[4] 李亚慧，池永明. 人力资源管理实验实训教程. 北京：经济科学出版社，2019.

[5] 新道科技股份有限公司. VBSE人力资源实践教学平台教师手册，2019.